O MODERNISMO COMO MOVIMENTO CULTURAL

Dados Internacionais de Catalogação na Publicação (CIP)
(Câmara Brasileira do Livro, SP, Brasil)

Botelho, André
　O modernismo como movimento cultural : Mário de Andrade, um aprendizado / André Botelho, Maurício Hoelz. – Petrópolis, RJ : Vozes, 2022.

ISBN 978-65-5713-366-8

　1. Andrade, Mário de, 1893-1945 – Visão política e social 2. Antropofagia (Movimento literário) 3. Modernismo (Arte) – Século 20 I. Hoelz, Maurício. II. Título.

19-25357   CDD-300.981

Índices para catálogo sistemático:
1. Modernismo : Cultura : Sociologia : História
306.09

Aline Graziele Benitez – Bibliotecária – CRB-81/3129

André Botelho / Maurício Hoelz

O MODERNISMO COMO MOVIMENTO CULTURAL

Mário de Andrade, um aprendizado

Petrópolis

© 2022, Editora Vozes Ltda.
Rua Frei Luís, 100
25689-900 Petrópolis, RJ
www.vozes.com.br
Brasil

Todos os direitos reservados. Nenhuma parte desta obra poderá ser reproduzida ou transmitida por qualquer forma e/ou quaisquer meios (eletrônico ou mecânico, incluindo fotocópia e gravação) ou arquivada em qualquer sistema ou banco de dados sem permissão escrita da editora.

CONSELHO EDITORIAL

Diretor
Gilberto Gonçalves Garcia

Editores
Aline dos Santos Carneiro
Edrian Josué Pasini
Marilac Loraine Oleniki
Welder Lancieri Marchini

Conselheiros
Francisco Morás
Ludovico Garmus
Teobaldo Heidemann
Volney J. Berkenbrock

Secretário executivo
Leonardo A.R.T. dos Santos

Diagramação: Daniela Alessandra Eid
Revisão gráfica: Lorena Delduca Herédias
Capa: Ygor Moretti
Ilustração de capa: Joana Lâvor

ISBN 978-65-5713-366-8

Este livro foi composto e impresso pela Editora Vozes Ltda.

Para Elide Rugai Bastos, Heloisa Buarque de Hollanda e Silviano Santiago; Macunaíma, Maanape e Jiguê, não necessariamente nessa ordem.

"Os sons anunciam o movimento".
Jean-Jacques Roussseau, *Essai sur l'origine des langues*, 1781.

"O movimento de Mário nasce de sua contradição".
Telê Porto Ancona Lopez, *Mário de Andrade: ramais e caminho*, 1972.

"Talvez devêssemos entrar no mundo com outra conversa".
Mário de Andrade, *As Bachianas*, 1938.

SUMÁRIO

Mário de Andrade em movimento, 9

1 Combater o bom combate, 25

2 Polifônica militância, 53

3 Brasil trezentos, trezentos e cinquenta, 87

4 Macunaíma contra a Antropofagia, 115

5 O Estado Novo contra a democracia, 147

6 Projeto interrompido, 173

7 O *self* modernista, 201

Aberto, inacabado, em movimento, 231

Bibliografia, 243

Posfácio (Andre Veiga Bittencourt), 259

MÁRIO DE ANDRADE
EM MOVIMENTO

> Já nada me amarga mais a recusa da vitória
> Do indivíduo, e de me sentir feliz em mim.
> Eu mesmo desisti dessa felicidade deslumbrante,
> E fui por tuas águas levado,
> A me reconciliar com a dor humana pertinaz,
> E a me purificar no barro dos sofrimentos dos homens.
> Eu que decido. E eu mesmo me reconstituí árduo na dor
> Por minhas mãos, por minhas desvividas mãos, por
> Estas minhas próprias mãos que me traem,
> Me desgastaram e me dispersaram por todos os descaminhos,
> Fazendo de mim uma trama onde a aranha insaciada
> Se perdeu em cisco e polem, cadáveres e verdades e ilusões
> (Andrade, 1972: 306).

"A meditação sobre o Tietê" é dos mais pungentes poemas escritos em língua portuguesa. Já nos primeiros versos vamos lendo a confissão de um homem que lutou para mudar o Brasil. E fracassou. E com ele o Brasil inteiro no desafio de democratização da cultura, de reconhecimento dos sujeitos das culturas populares, de uma sociedade mais plural e de convivências democráticas com as diferenças e de enfrentamento das desigualdades sociais. Causas maiores da política da cultura a que Mário de Andrade se entregou de corpo e alma, e deu vida e a sua própria vida, pois era do tipo de escritor que buscava reinventar o mundo, não apenas no papel, mas ao seu redor. Concluído treze dias antes de sua morte repentina, no poema Mário vê passarem nas águas do rio que corta a sua São Paulo natal os seus amores, sonhos, projetos, lutas, derrotas. *Flúmen orationis*, tanto fluxo de imagens quanto qualidade fluvial do discurso contínuo, evocado por Roland Barthes (2005).

Um testamento poético e um retrato do Brasil da primeira metade do século XX e que também traz visões pouco otimistas para o futuro – muitas delas confirmadas no nosso presente. O poema traz à tona um sujeito lançado ao fluxo de forças contrapostas entre a sua subjetividade individual e a objetividade da vida social que delimita possibilidades e a própria liberdade do indivíduo. É no conflito com a sociedade brasileira inaceitável, e com todo um mundo contra o qual se opõe, que a própria subjetividade individual de Mário ganha forma. Não poderia ser diferente num poeta em cuja obra joga-se tão deliberadamente com as fronteiras entre a lírica e a sociedade. O que nos remete à visão do social de Georg Simmel (2013), autor importante para nossa interpretação, e, mais ainda, nos joga diretamente dentro do grande tema da sua sociologia. Na modernidade, o descompasso entre tudo aquilo que os indivíduos produzem fora de sua subjetividade, a "cultura objetiva", e o cultivo pessoal, interior, da individualidade, alcança um nível extremamente assimétrico, gerando uma separação radical entre o indivíduo e seu potencial criativo, "a cultura subjetiva". E essa cisão adquire sentido trágico justamente porque, em Simmel, a ação humana está sempre relacionada à ideia de criatividade originada da subjetividade.

O testamento-retrato do Brasil de Mário de Andrade está cheio de ressonâncias atuais que nos atingem – não simplesmente *ainda*, mas, *sobretudo*, hoje, quando em mais uma volta da espiral da crise da democracia no Brasil nos irmanamos com o sofrimento pessoal e as agruras sociais e políticas do poeta. Cem anos depois do início dessa trajetória, que tem na Semana de Arte Moderna de 1922 seu marco simbólico mais consagrado, assistimos novamente à mobilização de identidades coletivas apelando a um nacionalismo programático autoritário em correntes de opinião, políticas governamentais e manifestações públicas. Mais ainda, vivemos um momento global de recrudescimento dos nacionalismos e das fronteiras nacionais que deixa poucas ilusões sobre a chamada mundialização da cultura – que não parece estar, de fato, gerando relações exatamente multicêntricas ou mais equitativas, apesar da intensificação de trocas de todos os tipos garantidas pelos desenvolvimentos tecnológicos. Também na cultura persiste uma geopolítica com relações e trocas assimétricas que recria hierarquias de vários tipos.

Que o modernismo a que Mário de Andrade deu vida tenha operado uma democratização da cultura parece claro, bastando verificar o que se considera "cultura" e "cultura brasileira" antes e depois dele (Botelho, 2012).

Como, entretanto, por conta da persistência e da recriação das desigualdades sociais (fenômenos diferentes, mas correlatos e implicados um no outro), conviveu pouco com a democratização social e com a própria democracia enquanto forma de exercício do poder político e institucional, a força crítica que o movia parece ter perdido alcance e mesmo fôlego. No meio do caminho do modernismo e especialmente de Mário de Andrade tinha uma ditadura, a do Estado Novo (1937-1945). A seu modo autoritária, centralizada e populista, ela trouxe para a esfera pública a questão da cultura brasileira pela qual os modernistas de diferentes orientações político-ideológicas vinham batalhando. No contexto de exceção, de restrição às liberdades civis e políticas, de repressão policial da ditadura Vargas, porém, foram muitos os limites impostos tanto à democratização dos bens culturais quanto à afirmação da cultura como parte de um processo de democratização mais amplo, da sociedade e do Estado. Ao mesmo tempo, criações e conquistas modernistas iam sendo, *pari passu*, apropriadas, transformadas e ressignificadas em clichês e produtos de brasilidade na então nascente indústria cultural.

Os fracassos pessoais de Mário de Andrade e os fracassos do Brasil, de todo um Brasil que não foi e poderia ter sido, mas que ainda pulsa em sua obra, nos trazem uma possibilidade de aprendizado – não apenas um aprendizado individual do(a) leitor(a), ou da comunidade científica, mas de toda a sociedade brasileira. Afinal, parafraseando um sociólogo alemão contemporâneo importante para nossa análise, Klaus Eder (2001), podemos dizer que sim, as "sociedades aprendem, mas o mundo é difícil de mudar". A história que queremos recontar neste livro cabe inteira nessa frase. Mais do que a tragédia da cultura modernista em si mesmo, queremos, todavia, lembrar e reafirmar igualmente a riqueza e a potência intelectual, cultural e política do legado de Mário de Andrade para a sociedade brasileira. Um legado que, ademais, por suas características próprias, especialmente o sentido aberto e inacabado da sua interpretação do Brasil, exige a interação permanente com o outro, com nós mesmos. São gestos políticos ligados a um projeto de democratização da cultura na sociedade brasileira a que Mário se entregou por inteiro. E que tem muito a nos ensinar sobre cultura, reconhecimento e democracia.

O que teremos aprendido, enquanto sociedade, com a tragédia da busca da brasilidade modernista que, sem uma sociedade civil robusta para lhe dar sustentação política, acabou desembocando no autoritarismo do Estado Novo, requentada pela ditadura civil-militar que tomou o poder em 1964? O Brasil se vê novamente nos últimos anos diante de um conflito agudo pelo controle político da mudança cultural, já que mudanças na sociedade e na política nunca se realizam desacompanhadas de processos culturais que lhes dão significados diversos. O que fazer com o legado modernista de empatia pelo outro, de curiosidade pelo Brasil e de reflexão crítica e desabusada nesse novo contexto que estamos vivendo? A atualidade de Mário de Andrade se deve àquilo que suas obra e trajetória são historicamente, e não apenas porque elas encerram alguns ensinamentos sobre o que o Brasil é. Mas antes porque elas nos oferecem recursos por meio dos quais podemos pensar nosso cotidiano, nossos dilemas, ambiguidades e contradições resultantes da nossa inserção no mundo contemporâneo. Mário de Andrade, o Mário de Andrade dividido que soube se multiplicar, bem meditado, é bom mesmo para pensar e recriar o Brasil.

Temas e contrapontos

"A meditação sobre o Tietê" é uma meditação sobre o Brasil. E meditar sobre o Brasil que pulsa e respira no trabalho de Mário de Andrade constitui de certa forma uma tarefa de Penélope e talvez exija que, antes mesmo de começar, levemos a sério sua própria recomendação: Leia com paciência e ausculte o inacabado do meu ser (Andrade, 2010: 247).

Mário de Andrade se colocou inteiro em tudo (e não era pouco) o que fazia, transitou na fronteira de diferentes mundos e ousou cruzá-las, ocupou o centro de diversos debates, redes e gerações intelectuais. Ele buscou, porém, manter seu pensamento sempre descentrado ao conectar, polifonicamente, outras vozes e escutas do Brasil e do mundo.

Mário de Andrade é mesmo um mundo. Ele costumava dizer isso de Bach e Beethoven. Embora tenha tido atuação extremamente prolífica e diversa em vários campos, acompanharemos neste livro, sobretudo, sua reflexão e atuação no campo musical. Afinal, a música foi sempre o domínio próprio em que seu pensamento e ação se moveram no dia a dia e a partir do qual se expandiram, afetaram e modificaram a sociedade brasileira. Seguimos aqui a sugestão pioneira de Gilda de Mello e Souza (2005) e entendemos a música como uma espécie de código simbólico estruturante da obra e trajetória de Mário de Andrade e como dimensão, inscrita em seu cotidiano, que permite tratar as contingências envolvidas na realização de seu projeto intelectual.[1] Embora seja mais recorrente delinear o pensamento de Mário de Andrade a partir da literatura e da poesia, vale reafirmar a centralidade da música. Mais do que isso, pode-se observar um circuito de trocas assimétricas entre essas esferas em sua obra, pois a música modela e orienta muito mais a literatura e a poesia do que o contrário. Como sugere Santos (2013: 17), o modernismo valorizava as inovações literárias baseadas "na psicologia, nas ciências em geral e nas outras artes, música, cinema, pintura. Pelo caminho inverso, a literariedade da crítica de Mário de Andrade [...] preconizava um julgamento musical liberto de imagens literárias, vistas como enfeites supérfluos".

Como um Jean-Jacques Rousseau brasileiro, talvez se possa mesmo falar de um "paradigma musical" (Prado Jr., 2018) no pensamento de Mário de Andrade. Não nos parece fortuito, assim, que Mário recorra à música para "trabalhar a 'matéria' brasileira" (Andrade, 1968: 150), em suas palavras, buscando nela uma solução formal para o problema da representação de uma formação social saturada de ambivalências e contradições. No seu caso, é como se sua própria escrita, conforme assinala José Miguel Wisnik (2007: 213), sequestrasse, na base, "um desejo deslocado de música, que a acompanha a todo tempo em surdina e contracanto". A multiplicidade do polígrafo "disfarça, em seu núcleo existencial, um nó poético-musical resistente, onde o verbal e o não verbal, em forma de palavra e música, se exigem reciprocamente num balanço perpétuo e irresolvido" (Wisnik, 2007: 214). Lembramos também, nesse sentido, como a aproximação da escrita literária à oralidade popular, que constitui um dos seus mais duradouros legados estéticos – embora controverso, como veremos –, não deixa também de trazer, a seu modo, as ressonâncias rousseauanianas de uma "relação interior" entre

---

1. Para uma abordagem integrada entre autor e obra que valoriza ambivalências e contingências, ver Schwarcz (2017).

música e linguagem formulada no *Essai sur l'origine des langues* (Prado Jr. 2018: 144).

O paradigma musical de Mário de Andrade é crucial ainda, enfim, para o "gesto" não afirmativo e ambíguo que identificamos em seu pensamento, que dribla a dualidade e a síntese e lhe permite a um só tempo apreender as dificuldades e reafirmar uma arte que tem o inacabamento como princípio estético. Uma forma difícil (Naves, 1996) que traduz uma experiência social fraturada, precária e dissolvente, afinal é para a não tão doce música da sociedade brasileira que Mário nos convida a desenvolver escutas; e que também só existe na relação, pois a música só se produz a dois, ligando o som do lugar de fala de um ao sentido do lugar de escuta do outro. Como sugere Lévi-Strauss (2011: 631) reforçando nossa metáfora fluvial de movimento: "Ao encontrarem a música, significações flutuantes entre duas águas emergem e, ao chegarem à superfície, agregam-se umas às outras segundo linhas de força análogas às que já determinavam a agregação dos sons".

A copiosa fortuna crítica do modernismo o tem tratado reiteradamente como um movimento de "vanguarda" artística voltado para o combate à estética parnasiana e à renovação da poesia, da literatura, da música e das artes plásticas brasileiras entre os anos 1920 e 1940. A discussão está extremamente rotinizada em diferentes campos disciplinares, das letras às ciências sociais, passando pela história ou arquitetura. Temas como "identidade nacional", "nacionalismo" e "brasilidade" domesticaram quase por completo o debate e a inquietação sobre o modernismo. E essa rotina foi sedimentando de tal modo uma imagem de Mário de Andrade como ideólogo de um nacionalismo cultural de que tem sido difícil escapar.

Argumentamos, contra essa imagem, que, em vez de formulador de uma visão sintética, unívoca e estável de identidade, Mário se mostrou crítico às ideias de autocentramento e de autenticidade da cultura brasileira. Além do mais, se posicionou contra um sentido eurocêntrico da cultura brasileira e manteve uma escuta atenta à sua diversidade regional. Nesse sentido, a própria valorização das culturas populares tão emblemática em sua obra e trajetória pode ser revista menos nas chaves usuais de um colecionismo romântico ou diluída no movimento folclórico dos anos 1930-1960, e mais como política de reconhecimento. Se Mário valorizou a cultura popular, seu interesse não se extingue nas manifestações que colheu, mas antes no reconhecimento social e político que provocou delas e na dignidade e visibilidade que procurou conferir a seus portadores sociais. E, sobretudo, diferente de outras correntes do modernismo, o fato de ter buscado problematizar tanto as fronteiras entre erudito e popular indica que Mário não pensou *apenas* as diversidades culturais ou a diversidade *em si mesma*, mas antes se mostrou atento às suas relações com os processos duradouros de desigualdades sociais na sociedade brasileira.

Foram muitos os modernistas e são muitos os modernismos. É preciso enfatizar. E isso, mesmo considerando apenas a sua matriz paulista, que, apesar de sua diversidade interna, acabou conseguindo impor, em grande medida, uma representação hegemônica unitária sobre o seu papel na renovação cultural. O que, porém, está longe de qualquer consenso, se lembramos a importância dos grupos modernistas do Rio de Janeiro, Pernambuco e Minas Gerais, por exemplo. Houve convívio e colaboração, mas também disputas e conflitos entre diferentes grupos ou correntes modernistas. Algumas delas conseguiram mais êxito na representação de seus ideais junto ao conjunto da sociedade e no próprio Estado, quer por afinidades ideológicas, quer por senso de oportunidade ou outros motivos (Botelho, 2002, 2005).

Quando se pensa nesses 100 anos que nos separam e também nos aproximam da Semana de Arte Moderna ocorrida em São Paulo, mas com a participação decisiva de artistas e intelectuais estabelecidos no Rio de Janeiro, então capital federal, duas vertentes nos chamam a atenção. De um lado, os nativistas do Movimento Verde-Amarelo e, entre eles, o integralista Plínio Salgado, parecem, em grande medida, talhados para contarem a história autoritária que acabamos por viver em grande parte do século XX brasileiro (Zem El-Dine, 2017; Moreira, 2001) e que corremos o risco de ver agora retomada, já não nos faltando para isso o uso programático, agora farsesco, do auriverde pátrio que eles impunham. De outro lado, está a antropofagia de Oswald de Andrade, cujo sentido heroico e triunfalista de ruptura, dado pelo próprio criador, se mostrou extremamente influente nas culturas das vanguardas que se sucederam no Brasil, tendo sido reivindicada, retomada e atualizada do concretismo ao tropicalismo, passando pelo Teatro Oficina e artistas contemporâneos destacados (Rocha, 2011). Caso bastante curioso de vanguardas que também se afirmam pela continuidade e atualização que pretendem dar do modernismo oswaldiano.

Muito do que se supõe e mesmo se atribui a Mário de Andrade no senso comum do modernismo, rotinizado, aliás, com a concorrência direta ou indireta de trabalhos acadêmicos, está equivocadamente ligado a essas duas outras vertentes paulistas que, mesmo com sentidos distintos e públicos até mesmo adversários, acabaram por se impor ao conjunto do imaginário modernista. As tensões e ambiguidades constitutivas das ideias de Mário de Andrade e seu sentido crítico em relação aos temas dominantes de seu tempo foram, em grande medida, perdidas nos últimos 100 anos. Apagadas as ambiguidades e contradições, ele pôde, então, ser monumentalizado como matriz oficial da modernidade cultural brasileira. Por esse mesmo motivo, infelizmente, Mário já vem sofrendo como uma espécie de palmatória do modernismo, sendo-lhe cobradas todas as violências simbólicas implicadas na sociedade brasileira da sua época, no modernismo como movimento cultural e na nacionalização que ele operou de práticas e valores culturais de um Brasil tão diverso e desigual.

Como tudo indica que essa tendência revisionista supostamente crítica deve continuar, talvez devêssemos nos perguntar o que faz de Mário de Andrade, dentre tantos outros modernistas, uma presa talvez mais fácil para esse tipo de cobrança anacrônica? Mulato, distante do modelo masculino heteronormativo e pobre – ao menos a ponto de depender do seu próprio trabalho intelectual e como professor de música para sobreviver –, Mário viveu, sobreviveu e morreu numa sociedade classista, racista e homofóbica como era a sociedade brasileira da sua época e ainda é a sociedade brasileira hoje. Imagine, então, conviver com os círculos de elites abastadas e preconceituosas, como o próprio Oswald de Andrade, seu companheiro de jornada nos princípios do movimento modernista, e, sobretudo, nos círculos de poder político como Mário fazia. Obviamente, para nós, a sociologia da cultura não é um tribunal. Então, ao contextualizar as ideias de um autor/movimento cultural não devemos nem dissolver as diferenças numa homogeneidade artificialmente construída, nem, tampouco, ignorar que todos somos criaturas do nosso tempo, não apenas com as possibilidades reais ou virtuais, mas também com os limites que ele também se nos impõe. E, convenhamos, a consagração de um autor ou mesmo de um movimento cultural nem sempre significa exatamente a realização dos seus ideais. Em alguns casos, muito pelo contrário. E é isso exatamente o que ocorre com Mário de Andrade.

Ponteio

O caráter desencantado de "A meditação sobre o Tietê" parece guardar uma consciência angustiada ainda pela ausência de uma teoria da sociedade que ajudasse Mário de Andrade a conferir sentido e dar forma às suas experiências vividas e aos seus fracassos. Num momento como o presente, em que mais uma vez a sociedade brasileira se vê diante de um conflito agudo pelo controle político da mudança, como nos anos de Mário de Andrade, é preciso estarmos atentos para esse problema. Pensamos, assim, contribuir para esse desafio *também* do nosso tempo reabrindo uma discussão teórica sobre o modernismo como campo de conflito cultural, em que a cultura não seja tratada como mero reflexo da mudança em outras esferas da vida social. É isso que, em nova frente de pesquisa, estamos chamando de sociologia política da cultura (Botelho, 2019).

O que vivemos no presente e o que já sabemos sobre o modernismo (e há muito conhecimento acumulado, embora nem sempre criativo) nos parecem exigir urgentemente um gesto mais ousado e mais radical teoricamente para requalificar a cultura como um espaço de conflito crucial pelas mudanças na sociedade. Por isso, é necessário não apenas incrementar a pesquisa empírica documental e as descrições históricas e biográficas sobre o modernismo, mas também adensar a teoria social sobre ele e sobre os processos de significação das ações coletivas em geral. As ações coletivas sempre envolvem fundamentos narrativos da ordem e da mudança sociais e que atuam na construção de identidades e nas mobilizações coletivas de identidades. Se a posição do indivíduo é central, sociologicamente, não parece suficiente para definir sua compreensão do mundo social. E é esse o papel da teoria, que nunca foi tão urgente.

Para nós há dois desacoplamentos a um só tempo estruturais e históricos presentes na sociedade brasileira da primeira metade do século XX que ajudam a compreender o enigma Mário de Andrade e o próprio sentido possível do modernismo como movimento cultural. É sobre eles, fundamentalmente, que iremos trabalhar no decorrer deste livro. O primeiro deles entre a valorização das culturas populares como políticas de reconhecimento e de crítica ao eurocentrismo, de um lado, e, de outro, o processo de democratização da cultura, violentamente interrompido pelo Estado Novo. O segundo desacoplamento ocorre entre o aprendizado social trazido pelo movimento cultural e as mudanças na sociedade – que não necessariamente ocorrem ou não como planejadas, pois sempre dependem da interação entre diferentes forças sociais. É verdade que a experiência da mobilização nem sempre se perde inteiramente. Ela pode informar, e frequentemente o faz, novos pontos de partida mais consistentes para novas mobilizações coletivas.

Propomos aqui, então, outra interpretação do modernismo de Mário de Andrade. Queremos compreendê-lo como um "movimento cultural". Isso implica discuti-lo como um modo de ação coletiva ao menos de início fracamente institucionalizado, que busca produzir mudanças de ordem cultural no conjunto da sociedade. A proposta implica também considerar algumas dimensões relacionadas, provocar deslocamentos e trazer novas questões à tona. Primeiro, compreender como o combate ao parnasianismo que unificou, num primeiro momento, as lutas modernistas contra o que se entendia ser "passadismo" na cultura brasileira envolvia não apenas ideias artísticas, mas ideais mais amplos de cultura, de modernidade, de sociedade. Segundo, rediscutir como o modernismo interage com as estruturas de poder do Estado, alvo central da ação coletiva conflitiva e reivindicatória também no plano da cultura, tendo em vista a disputa pela definição de políticas públicas de cultura e de educação em todo o país. Terceiro, reconhecer que, como ocorre com os movimentos sociais de maneira geral, a mudança que o modernismo objetiva operar na sociedade leva, igualmente, a transformações nos próprios atores sociais que dele participam. Por fim, que o modernismo só ganha mesmo inteligibilidade quando luta pelo controle dos modelos de conduta a partir dos quais a sociedade produz suas práticas sociais.

Uma espécie de *self modernista* está – e a cada passo se repõe – no centro de toda essa cadeia formada pela relação sempre muito contingente entre a mudança pretendida pelos movimentos na sociedade e a sua modificação no processo. Então, mesmo quando não atinge seus objetivos programáticos imediatos, afeta e transforma seus portadores sociais, o que reabre todo o ciclo de conflitos do qual vínhamos falando. Por isso, diferente do que ocorre com outros movimentos sociais, a ação do modernismo é da ordem do processo social, não do evento, como postula a ideia de vanguarda; ele enlaça gerações em desafios repostos, como veremos.[2]

O enlaçamento geracional em torno das propostas de Mário de Andrade acabou se mostrando particularmente fecundo entre os jovens mineiros que viriam a protagonizar a recriação do modernismo brasileiro em e a partir de Minas Gerais. O chão de ferro das Minas se mostrou fecundo às sementes modernistas que Mário de Andrade vinha semeando em diferentes lugares. Isso está muito longe de querer significar, porém, que o modernismo mineiro seja uma simples realização das ideias de Mário. Nada, aliás, é simples nessa relação. Não apenas não existem inovações estéticas e intelectuais que se forjem num vazio de relações sociais, como também as respostas às exortações do líder modernista não foram passivas. O que flagramos aqui é um encontro, cheio de contingências, mas pleno de consequências. Algumas delas imprevistas, já que a vida social nunca é uma equação direta entre causas e efeitos.

O modernismo como movimento cultural: um percurso

Assim, em vez de reiterar a imagem de Mário de Andrade como esteio de um nacionalismo programático, surpreendemos em seu pensamento musical uma discussão sofisticada da constituição de complexos processos de conflitos e negociações de diferenças culturais e das identidades coletivas. Diferenças e identidades são relações e como tais articulam o Brasil e o mundo, o particular e o geral, o original e a cópia. Mobilizar a categoria movimento cultural para compreender o modernismo é crucial para nos opormos às definições de identidades coletivas como "puras" ou "autênticas", pois ela nos permite trabalhar com uma noção de cultura mais dinâmi-

---

[2]. Para uma revisão sobre a ideia de vanguarda, ver Bürger (2017).

ca, não como unidade expressiva e homogênea ou campo do consenso e da reconciliação, mas antes da tensão e do conflito em aberto.

Cada um dos capítulos que se seguem procura dar conta da caracterização teórica proposta do modernismo como movimento cultural e do papel crucial de Mário de Andrade e sua obra, o que será trabalhado especialmente a partir de sua reflexão/ação no campo da música. No primeiro capítulo discutimos a automodelagem de Mário de Andrade como líder de um movimento cultural tão inovador e combativo e a princípio tão combatido pelo *status quo* artístico e cultural. A missão de que se investiu como que busca sacralizar sua entrega à causa modernista, justificando-a subjetivamente e acabando mesmo por tornar relativa, malgrado suas dúvidas persistentes a esse respeito, a própria dualidade entre permanência e efemeridade de sua obra. Destacamos especialmente o catolicismo de Mário de Andrade como uma matriz dessa automodelagem ou reformulação de si forjada em meio ao modernismo como movimento cultural.

No segundo capítulo nos aproximamos do dia a dia da militância de Mário de Andrade na imprensa musical. São conhecidas as suas angústias em relação às atividades cotidianas que o absorviam, sentidas ambiguamente como estratégicas para a causa modernista de mudança cultural brasileira, mas também como tempo roubado à formulação de uma obra mais integrada, teoricamente sistemática, acabada. De todo modo, a imprensa musical constitui vezo e peça fundamentais nas disputas pelo controle da mudança cultural que o modernismo pretendia. Inspirado na simultaneidade sonora da composição musical, Mário de Andrade desenvolve sua atuação em torno das ideias de "polifonia" e "simultaneísmo" a fim de romper com as tradicionais mimese e linearidade do discurso verbal.

Como sem uma interpretação do Brasil consistente qualquer projeto político e cultural dificilmente conseguiria se afirmar para o conjunto da sociedade, no terceiro capítulo leremos os dois principais textos de Mário de Andrade, *Ensaio sobre música brasileira* e *Macunaíma*, ambos publicados em 1928. Espelho um do outro, que o repete com diferença, os livros fundamentam teoricamente uma aposta no reconhecimento da cultura popular e de seus portadores sociais em suas dignidade e alteridade plenas, bem como um projeto para um Brasil menos eurocêntrico, mais diverso e democrático.

Como todo movimento cultural, ao lado de batalhas comuns há também as disputas internas. No quarto capítulo mostramos como Mário de Andrade se empenhou por desembaraçar sua obra maior, *Macunaíma*, da Antropofagia de Oswald de Andrade. O *Manifesto Antropófago*, publicado também em 1928, se dedica a resgatar a partir do que denomina "instinto bárbaro de devoração" a suposta originalidade nativa de modo a criar novas formas de vida e expressões culturais conformadoras da nação. Mário recusa, como veremos, sobretudo, o sentido sintético da Antropofagia, apostando, antes, num sentido aberto e inacabado de suas criações e ideias.

O quinto capítulo discute a difícil democratização da cultura brasileira. Argumentamos que se no Departamento de Cultura de São Paulo parecia a Mário que projeto cultural e a mudança social poderiam caminhar juntos, no contexto autoritário do Estado Novo tudo muda. Diante da interrupção da formação de uma sociedade civil e em face de um novo controle autoritário da mudança cultural e social, o sentido de uma série de políticas públicas postas em curso se altera drasticamente. Mas suas ações institucionais buscam ao menos preservar um sentido mais aberto, inclusivo e dinâmico de cultura.

O sexto capítulo retoma o projeto interrompido e deixado inacabado *Na pancada do ganzá*. Projeto que pretendia responder às transformações mundiais nas práticas e sensibilidades estético-musicais com grande alcance teórico, de pesquisa sobre a criação popular e busca de uma solução brasileira para a música. Toda a força do projeto interrompido se deixa entrever nos fragmentos que dele restaram. Eles nos dão a dimensão de onde Mário de Andrade teria chegado se tivesse tido condições de levá-lo a cabo como pretendia. Um "livro de amor"; assim Mário se referia ao *Na pancada*, que nasce do seu encontro com o cantador Chico Antonio em sua viagem ao Nordeste, realizada de meados de dezembro de 1928 a meados de março de 1929. O encantamento arrebatador que o coqueiro potiguar exerceria sobre o poeta modernista foi tal, que o moveu inteiramente para repensar em profundidade a cultura brasileira.

Como ocorre com os movimentos sociais, também com o modernismo como movimento cultural a mudança que se objetiva operar na sociedade implica, igualmente, a transformação nos próprios atores sociais que dele participam. É essa relação contingente, apesar da intenção programática implicada, entre a mudança cultural na sociedade e a modificação dos indivíduos forjados como atores políticos no movimento que discutimos no capítulo 7. O *self* modernista será identificado à "juventude" como uma espécie de aposta permanente e renovada para realização, no tempo, das promessas modernistas.

Mas porque o movimento que reconstituímos é da ordem do inacabado, exigindo sempre a participação ativa do observador, do intérprete e do leitor não há como fechar nosso estudo senão reabrindo problemas e questões. Queremos valorizar esse gesto de abertura na intepretação do Brasil de Mário de Andrade como heurístico, para marcar sua posição tão importante de que nem tudo deve se fechar num sentido unívoco.

Verdade que nenhum homem pode banhar-se duas vezes no mesmo rio, como postulado por Heráclito de Éfeso, mas voltemos à meditação sobre o Tietê por mais um momento, e apenas para, então, reafirmar que, ao longo do livro, poderemos sim divisar melhor, em meio às águas turvadas pelos fracassos, uma utopia potente de sociedade e cultura de Mário de Andrade. Esse é o maior aprendizado que também nós, os autores, temos a compartilhar nesta nossa meditação por sobre o Piabanha, onde em parte, vizinhos que somos, cada um de nós escreveu e reescreveu o texto que agora entregamos a público. Desse encontro de águas, nós não saímos os mesmos.

No intervalo das horas

Este livro é expressão de curiosidades, paixões e apostas intelectuais compartilhadas sobre Mário de Andrade – projeto que foi iniciado há muitos anos pelos autores. Ao longo deles, "no intervalo das horas", fizemos muitos outros trabalhos juntos: pesquisamos arquivos, lemos teses acadêmicas, livros e artigos, orientamos estudantes, ministramos disciplinas, proferimos palestras, escrevemos artigos, viajamos. Mas também mantivemos, paralelamente, nossas pesquisas, nossos interesses e compromissos acadêmicos próprios inclusive sobre o modernismo e mesmo sobre Mário de Andrade, ainda que sempre estimulados pela interlocução.

A decisão de tomar como ponto de partida da reflexão proposta sobre Mário de Andrade e o modernismo como movimento cultural alguns trabalhos que desenvolvemos conjunta ou separadamente, de os confrontar e rever para, juntos, no último ano, escrever este livro, é também a celebração de uma experiência intelectual e de amizade fraternas. Mas é sem dúvida uma perspectiva de abordagem que foi se mostrando, ao longo de todo esse processo, particularmente fecunda para lidar com o pensamento de Mário de Andrade, cujo lugar de enunciação e de escuta é nada mais nada menos do que a dialogia. Multiplicados e – por que não? – também divididos, como nos conhecidos versos de Mário, nós acabamos por virar "trezentos, trezentos e cinquenta".

Como o livro é fruto de diferentes pesquisas acadêmicas que se beneficiaram de financiamentos públicos e de condições institucionais propícias ao longo dos últimos anos, começamos nossos agradecimentos pelas instituições. Assim, André Botelho agradece à Faperj e ao CNPq o apoio imprescindível por meio das bolsas Cientista do Nosso Estado e Produtividade em Pesquisa, respectivamente. Ao Departamento de Sociologia e ao Programa de Pós-graduação em Sociologia e Antropologia (PPGSA) da Universidade Federal do Rio de Janeiro (UFRJ). E ainda às colegas e aos colegas da Associação Nacional de Pós-graduação e Pesquisa em Ciências Sociais – ANPOCS.

Maurício Hoelz, por sua vez, agradece à Faperj e à Capes as bolsas PAPD e PNPD, respectivamente, sem as quais a pesquisa materializada neste livro, realizada ainda em seu pós-doutorado no PPGSA/UFRJ, não seria possível; bem como ao Departamento de Ciências Sociais e ao Programa de Pós-Graduação em Ciências Sociais (PPGCS) da Universidade Federal Rural do Rio de Janeiro.

Agradecemos ao Instituto de Estudos Brasileiros (IEB/USP), onde parte importante da pesquisa foi realizada, e ao Museu de Literatura Brasileira da Casa de Rui Barbosa.

Agradecemos à Vozes a oportunidade de dar vida ao livro, de modo especial à nossa editora Aline Santos Carneiro. Junto com *O retorno da sociedade. Política e intepretações do Brasil*, publicado em 2019, o presente livro forma uma espécie de díptico de uma sociologia política da cultura.

Agradecemos à Joana Lavôr as ilustrações para o livro: "Não posso definir aquele azul/Não era do céu nem era do mar/Foi um rio que passou em minha vida".

Alguns trechos do livro apareceram com formulações teóricas e redação preliminares em trabalhos apresentados em reuniões acadêmicas, ensaios e artigos conjuntos ou individuais publicados em periódicos científicos e na imprensa, além da tese de doutorado *Entre piano e ganzá*, de Maurício Hoelz. Os autores agradecem especialmente à *Lua Nova. Revista de Cultura e Política* (Cedec), *Novos Estudos* (Cebrap), *Sociologia & Antropologia* (PPGSA/UFRJ) e ao *Suplemento Pernambuco*.

Em momentos diferentes das pesquisas e escrita do livro tivemos o privilégio de contar com interlocução e apoio preciosos. Optamos por fazer esses agradecimentos conjuntamente.

Lilia Moritz Schwarcz está no início de todo esse processo – e, para nossa alegria, continua em todo ele – todo mesmo. À Lili, então, nosso agradecimento especial.

Andre Veiga Bittencourt, nosso amigo, foi ainda nosso leitor generoso nos últimos meses.

Agradecemos às colegas e aos colegas do Núcleo de Estudos Comparados e Pensamento Social UFRJ, UFF, UFRRJ (Neps), às nossas estudantes e aos nossos estudantes e também às colegas e aos colegas do GT de Pensamento Social no Brasil da Anpocs.

Agradecemos a Eneida Maria de Souza, Mariana Chaguri e Pedro Meira Monteiro e às pesquisadoras e aos pesquisadores do Projeto MinasMundo: o cosmopolitismo na cultura brasileira, cujas ações sobre o centenário do modernismo podem ser conhecidas no portal projetominasmundo.com.br.

Agradecemos também a Angela Alonso, Anna Therezinha Pereira Botelho, Antonio Brasil Jr., Antônio Nóbrega, Bernardo Andretti, Bernardo Ricupero, Caio Rivetti, Carmen Felgueiras, Cristiana Reis, Elide Rugai Bastos, Felipe Andretti, Frederico de Oliveira, Gilberto Hochman, Guilherme Andretti, Helena Bomeny, Heloisa Buarque de Hollanda, Heloisa Starling, João Pedro Botelho, José Ricardo Ramalho, Márcia Andretti, Maria Helena Torres, Maurício Veiga, Nísia Trindade Lima, Paulinho Maciel, Paulo Pereira Botelho, Ricardo Benzaquen de Araújo (*in memoriam*), Sabrina Parracho, Sibrande de Mello e Silviano Santiago.

Essa concessão, não tem jeito, teremos mesmo que fazer ao outro modernista Andrade: "a alegria é a prova dos nove"! Tem sido assim em nossa convivência cotidiana especialmente com colegas, amigos e familiares aqui lembrados, de modo presencial ou online, como no último ano.

Petrópolis, Itaipava e Rio de Janeiro, 6 de setembro de 2021.

CAPÍTULO 1

COMBATER O BOM COMBATE

A quem ocorreria ser simples tornar-se líder de um movimento cultural? Não foi simples no caso do modernismo, um movimento tão inovador e combativo, e a princípio tão combatido pelo *status quo* artístico e cultural. Tampouco foi simples para Mário de Andrade. Ele hesitou bastante. Como quando, no episódio envolvendo seu então amigo Oswald de Andrade, recusa o adjetivo futurista que ele lhe atribui em artigo publicado no *Jornal do Commercio* de 27 de maio de 1921 sobre *Pauliceia desvairada*, de 1922. A "O meu poeta futurista", de Oswald, responde Mário no mesmo jornal no início do mês seguinte, assinando, porém, F. Liszt: "Futurista?!" O outro Andrade insiste e arremata em resposta de 16 de junho: "a glória revolucionária de Mário de Andrade, o divino futurista". Em 1925, para exaspero de Mário o adjetivo ainda lhe era impingido, como aparece no título da entrevista publicada em *A noite*, de 12 de dezembro: "Assim falou o papa do futurismo" (Andrade, 1983).

A participação de Mário de Andrade na Semana de Arte Moderna, realizada no Theatro Municipal de São Paulo em fevereiro de 1922, de certa forma selou o seu destino ao jogá-lo no centro de eventos conflitivos que, se reverberaram como pretendido pelos participantes, também trouxeram consequências não necessariamente intencionadas. No caso de Mário, projetou-o em circuito nacional como contestador da tradição e renovador das artes e da cultura, o que não estava de fato inteiramente de acordo com as referências de si de que partia. E, sem dúvida, não deixou de lhe cobrar um alto preço pessoal por isso, subjetiva e objetivamente. Ao professor de piano da então conservadora e provinciana cidade de São Paulo, acarretou, por exemplo, a perda da sua clientela de alunas particulares. Que família burguesa de então estaria disposta a deixar suas filhas nas mesmas mãos que escreveram "Ode ao burguês", com os inequívocos versos iniciais: "Eu insulto o burguês! O burguês-níquel/O burguês-burguês!/A digestão bem-feita de São Paulo!"?

Pauliceia desvairada, de 1922, foi, de fato, um livro impactante nas letras brasileiras, pois a ele coube, em grande medida, difundir os princípios estéticos das vanguardas europeias e também sistematizar o uso do verso livre no Brasil, o principal instrumento de reação modernista à hegemonia parnasiana. Sinalizava também, indiscutivelmente, um desvio de rota por parte do poeta tímido que havia estreado, em 1917, com *Há uma gota de sangue em cada poema*, ainda marcado pelo parnasianismo mesclado ao lirismo crepuscular simbolista. Moço católico de família ilustrada e conservadora, mas sem fortuna financeira; professor de conservatório numa cidade enriquecida pelo café, mas ainda provinciana; "mulato" (na terminologia da época) numa sociedade em que então até as políticas científicas visavam ao branqueamento da população (Schwarcz, 1993, 2017); além de bastante desencaixado dos padrões heteronormativos dominantes. A princípio, poucos pareciam menos talhados do que Mário de Andrade a se tornar líderes do modernismo como movimento cultural.

Mesmo hesitante em assumir seu papel de liderança modernista, ele acabou se mostrando à altura do desafio. Não resistiu ao apelo do seu tempo pela mudança cultural brasileira, que foi ganhando densidade e visibilidade públicas, e ele mesmo foi ajudando a dar forma, com trabalho incansável. A conclamação a artistas e intelectuais e à juventude em geral a se libertar das regras preestabelecidas e consagradas pelo passado revelou-se extremamente potente nos momentos iniciais do movimento. As experiências intensas compartilhadas por Mário com Oswald de Andrade, Tarsila do Amaral, Menotti del Picchia, Anita Malfati contra a sociedade conservadora e provinciana reforçaram, sem dúvida, a solidariedade social que os movia. As vaias do público da Semana de Arte Moderna neles ecoaram por muito tempo, reforçando seu compromisso mútuo e impulsionando-os a seguir em frente. Afinal, a luta pela renovação estética e intelectual parecia fazer sentido como parte de transformações maiores e em todos os quadrantes da vida social brasileira e internacional contemporânea.

Ao tomar parte do modernismo como movimento cultural, Mário de Andrade ganhava também, como seus outros participantes, um meio de se constituir ou se automodelar como protagonista de seu tempo. Mais do que isso, porém, participar de um movimento coletivo lhe oferecia simultaneamente as categorias por meio das quais ele e seus companheiros e companheiras de luta podiam se perceber e também produzir reformulações de si em meio aos próprios processos de luta, criando ainda uma memória a um tempo coletiva e individual. Por certo, ao participar do modernismo, Mário também se coloca na órbita de um movimento que nem ele, nem qualquer outro indivíduo teria a capacidade de controlar inteiramente, já que também passava a ser tragado pelo fluxo de acontecimentos que, sem prescindir da ação individual, a ultrapassava, assumindo lógica própria à ação coletiva. A vida social, afinal, é constituída de uma teia de processos e escolhas, de contradições e interdependências em cujos ramais e caminhos há sempre espaço para os imponderáveis.

Mário de Andrade foi homem de muitas faces, dimensões e significados, como ele mesmo se definiu, e também se dissimulou, num dos seus mais conhecidos poemas, do livro *Remate de males*, de 1930, "Eu sou trezentos, sou trezentos-e-cinquenta".[3] É no conflito jamais inteiramente resolvido consigo mesmo e com uma sociedade inaceitável como a brasileira que se forjam em Mário de Andrade tanto os motivos objetivos quanto a subjetividade capaz de, mesmo fraturada, assumir o "bom combate", a que se sentia impelido. Assim, aqueles mesmos elementos que a princípio pareciam restringir sua liderança podem, talvez, tê-la fortalecido e ampliado, a começar por sua formação católica e pela ideia de sacrifício que acompanhou sempre sua atuação pública.[4] Mostraram-se ao menos pontos de partida eficientes na composição entre sentimentos e interesses próprios, oportunidades sociais e a ação coletiva, elementos que compõem qualquer movimento social. Mário de Andrade dispunha de, ao menos, três condições imprescindíveis para se

---

3. Para visões de conjunto da trajetória intelectual de Mário de Andrade, ver Botelho (2012) e Jardim (2015).

4. Sobre as raízes católicas do compromisso social de Mário de Andrade, ver Lopez (1972) e Fragelli (2012).

tornar líder do movimento modernista: carisma; sensibilidade e capacidade de escuta; e uma incomparável disciplina de trabalho. Ele soube enfrentar adversidades, tirar partido das oportunidades e acabou por construir seu destino intelectual. Um paradoxo, por certo, pois um destino se constrói?

O combate artístico e cultural

A poesia constituiu uma das principais arenas da luta modernista. O verso livre foi o instrumento fundamental de reação e enfrentamento da hegemonia parnasiana, de suas correspondentes concepções de versificação formal rígida e de um temário poético pretensamente erudito, predefinido e afastado dos aspectos prosaicos da vida e do cotidiano. Não existe, hoje, nenhuma controvérsia significativa a esse respeito na literatura especializada. Como o verso livre não foi uma invenção brasileira, por certo, o sentido por ele assumido no modernismo joga ainda água na fervura dos debates sobre cópia e diferença na cultura brasileira. Para Arrigucci Jr. (1990: 57), por exemplo, o sentido do "prosaico" associado à nova técnica poética, embora por vezes tomada ironicamente, demonstraria no Brasil menor "grau de negatividade" com relação ao mundo do que o que se teria verificado na Europa: "Entre nós, a busca do prosaico não é, na maioria dos casos, uma crítica de estereótipos da vida moderna e do avanço da reificação, mas, ao contrário, um meio de descoberta de ângulos novos da realidade brasileira, encobertos no processo histórico que gerou o atraso econômico-social do país". Justamente esse significado de pesquisa e conhecimento do Brasil assumido pelo verso livre entre nós, porém, é o primeiro elemento que nos permite pensar o sentido sociológico mais amplo da disputa estética modernista.

Embora Mário tenha evitado ao máximo os textos mais claramente programáticos – ele não escreveu nem assinou manifestos artísticos – exercitou plenamente a crítica em todos os campos em que atuou: poesia, literatura, artes plásticas, música etc. A crítica como gênero intelectual era não apenas parte constitutiva, mas central do projeto modernista. Todos os seus principais poetas, por exemplo, se dedicaram diretamente também a algum tipo de avaliação da produção artística contemporânea ou passada. Em geral, escritos como balanços da literatura ou das artes plásticas produzidas no Brasil até o limiar das décadas de 1920 e 1930 com o intuito de, à primeira vista, "apenas" verificar se tais produções já expressariam àquela altura a constituição de uma literatura, de uma pintura, de uma escultura efetivamente "brasileiras", isto é, constituídas como expressões de uma nacionalidade brasileira. Da conclusão de tais balanços, que em geral apontam para a inexistência de organicidade da produção artística no Brasil em termos nacionais, derivava, na verdade, a justificativa da necessidade de definição da "cultura brasileira" como condição de reconstrução da sociedade brasileira.

Como movimento cultural, os próprios protagonistas do modernismo precisaram se ocupar desde sempre da construção de sentido para suas ações coletivas e realizações artísticas e culturais, além da produção da própria memória do movimento e do seu legado para a sociedade brasileira como um todo. Até porque pretenderam operar uma ruptura com o que entendiam ser a cultura brasileira hegemônica e reorientar não apenas seu significado histórico, a inteligibilidade do que afirmavam como "novo"/"moderno" e "velho"/"atrasado", mas os seus rumos em curto e médio alcances. A criação de revistas artísticas e culturais próprias desempenha aqui papel central, bem como a presença crescente dos modernistas já nos anos 1920 nos órgãos de imprensa e nos círculos sociais consolidados de São Paulo, Rio de Janeiro e, virtualmente, de todo o Brasil.

Mário de Andrade participou ativa e assiduamente das revistas de diferentes grupos modernistas, entre eles *Klaxon*, *Ariel*, *Estética*, *A Revista*, *Terra roxa... e outras terras*, *Verde*, *Revista de Antropofagia*. A efemeridade dessas publicações apenas reforça seu caráter tático em meio à organização dos modernistas, que buscavam apresentar respostas aos conflitos imediatos do contexto cultural e político em que se inseriam. Durante toda a sua vida, Mário de Andrade foi também um homem de imprensa, veiculando suas ideias em artigos de jornais, alguns deles recolhidos por ele mesmo em livros e outros apenas postumamente. Exemplos dessa sua produção prolixa na imprensa são as crônicas publicadas entre 1927 e 1932 (incluída a coluna "Táxi") no *Diário Nacional*, jornal do Partido Democrático a que Mário esteve ligado; ou na coluna semanal "O mundo musical" entre 1943 e 1945 no jornal *Folha da Manhã*, também de São Paulo; ou ainda na seção "Vida Literária" no *Diário de Notícias* do Rio de Janeiro, entre 1939 e 1940, na qual escrevia sobre livros editados no período e da qual selecionou artigos para seu *O empalhador de passarinho*, de 1946.

A atividade na imprensa – dadas, de um lado, a pouca compartimentação institucional da vida cultural e política brasileira de então, e, de outro, sua expansão, em parte em função dos melhoramentos do suporte técnico e dos métodos de reprodução então empregados – representava meio relevante de subsistência para os escritores, ainda que relativamente precário. Era também, contudo, parte fundamental de qualquer estratégia de confronto e negociação em relação à mudança cultural, uma vez que os periódicos constituíam a base da circulação de ideias da época. E Mário de Andrade soube utilizar-se da imprensa muitíssimo bem, ao longo da vida, ainda que escrever cotidianamente para jornais e revistas possa ter roubado muito de seu tempo e de sua saúde.

Construindo um destino intelectual

Membro de uma classe média culturalmente refinada, Mário de Andrade viveu de seu próprio trabalho com salários e rendimentos relativamente modestos, posto que auferidos, sobretudo, de aulas particulares, salário do conservatório e artigos para a imprensa, e, com menos frequência, de sua atuação como administrador e consultor de políticas publicas na área cultural.

Mário Raul de Moraes Andrade nasceu em 9 de outubro de 1893, na casa do avô materno, Joaquim de Almeida Leite Moraes, no Centro de São Paulo. Segundo filho do casal Maria Luísa de Almeida Leite Moraes e Carlos Augusto de Andrade, e irmão de Carlos, cinco anos mais velho, de Renato, seis anos mais novo, e morto aos 14 anos, em 1913, e da caçula, Maria de Lourdes, nascida em 1901.

De origem humilde, Carlos Augusto de Andrade, o pai de Mário, exerceu ao longo da vida várias funções, como as de tipógrafo, guarda-livros, escriturário, gerente de banco e comerciante, embora tenha manifestado habilidades letradas como jornalista e dramaturgo que o notabilizaram em São Paulo. Criou a *Folha da Tarde*, em 1879, o primeiro jornal vespertino da cidade, foi jornalista de talento reconhecido, tendo trabalhado, entre outros, no jornal *O Constituinte*, de propriedade daquele que viria a ser seu sogro, Leite Moraes. Ligado ao mundo do teatro e autor da aplaudida comédia *Palavra antiga*, Carlos Augusto foi um dos proprietários do Teatro São Paulo e promovia também em sua residência representações de peças curtas de sua autoria e de outros.

Já a família materna de Mário de Andrade –, embora sua avó tivesse origem humilde, como a de seu pai, de quem, aliás, era aparentada –, pelo lado de Joaquim de Almeida Leite Moraes era tradicional e abastada. Presidente da Província de Goiás, em 1881, Leite Moraes foi importante político liberal, três vezes deputado à Assembleia Provincial, além de professor da renomada Faculdade de Direito de São Paulo, a São Francisco.

Após a morte do avô materno, quando Mário contava apenas dois anos de idade, a família Andrade passou a ter vida relativamente simples, mas confortável, de classe média altamente instruída e, por isso, muito pouco convencional no universo provinciano da cidade de São Paulo de então. Mário de Andrade, porém, não herdou nem construiu patrimônio material relevante; a única propriedade que comprou foi o sítio de Santo Antonio, em São Roque, legado, por seu valor histórico e artístico, ao Serviço do Patrimônio Histórico e Artístico Nacional – SPHAN, que ajudara a criar. Tampouco obteve títulos universitários prestigiosos para a época – como o de direito, que habilitava os jovens bem-nascidos a assumir não apenas a magistratura, mas também os postos parlamentares e os altos cargos do serviço público, como foi o caso de seu irmão mais velho – e acabou por diplomar-se pelo Conservatório Dramático e Musical de São Paulo, onde viria a lecionar durante toda a sua vida.

Ele não pôde, portanto, contar com as prerrogativas dos jovens herdeiros com quem sempre conviveu. Estes, mesmo quando decadentes economicamente, podiam continuar se valendo das redes de amizade nos círculos oligárquicos, às quais sempre se podia recorrer para recomendações e colocações de prestígio na política e na burocracia do Estado. Esse foi, em grande medida, o caso dos seus companheiros de geração originários da elite paulista, notadamente Oswald de Andrade. Como contrapartida, todavia, Mário parece ter investido, com trabalho autodidata e determinado, em vários domínios do conhecimento – poesia, literatura, belas-artes, música, folclore, etnografia e história –, forjando-se como homem de muitos instrumentos. Assim, ainda jovem logrou impor-se como um dos líderes do modernismo e de sua geração intelectual. Certamente, ao lado de traços biográficos, outros fatores concorreram para tornar possível esse verdadeiro "prodígio criativo": as peculiaridades de sua formação, o acanhado mercado intelectual da época e seus sucessivos envolvimentos políticos, como estudado por Sergio Miceli (2001).

Mário de Andrade nasceu e morreu na cidade de São Paulo. E nela viveu, excetuando-se o curto período entre 1938 e 1941, em que morou no Rio de Janeiro, então capital federal. Na casa da rua Lopes Chaves – onde passou a maior parte da vida em companhia da mãe e da tia materna e madrinha, Ana Francisca de Almeida Leite Moraes –, no bairro da Barra Funda, reuniu notáveis biblioteca, acervo de documentos e coleções de artes plásticas eruditas e populares. Era de lá que se correspondia prolixamente com seus amigos e também se reunia com alguns deles, bem como com alunos e discípulos. Nessa mesma casa, em 25 de fevereiro de 1945, aos 52 anos de idade, morreu de infarto do miocárdio, solteiro, como, aliás, viveu sua curta, mas rica vida.

Via-se constantemente assoberbado de atividades cotidianas, fosse na imprensa, no ensino de música, nas atividades de gestão pública na área cultural ou para manter em dia sua vasta correspondência. Experimentava-as ambiguamente: elas eram necessárias à causa maior modernista de tornar o Brasil mais familiar aos brasileiros, mas acabavam por dissipar sua própria energia física, intelectual e criativa que, pensava ele, poderia ser canalizada para a realização de um projeto mais integrado e teoricamente sistemático. Em um de seus frequentes exercícios de autoanálise por meio de sua correspondência, Mário revela à poeta mineira Henriqueta Lisboa que, de todos os seus "vícios", o que mais o consumia no cotidiano era o trabalho. Confessa que, para tê-lo sob controle, chegou mesmo a manter uma espécie de diário de vivência no qual tinha o curioso hábito de se atribuir uma "nota de aprovação vital" (Andrade, 2010: 232).

Como tudo o mais em Mário de Andrade, a angústia causada por sua dedicação à imprensa, vista como atividade intelectual contingente e efêmera, em contraste com o ideal de uma obra acabada e duradoura, é sempre ambígua. Ainda na correspondência com Henriqueta, argumenta:

> [...] o que eu valho, talvez fique mais nas cartas e nas formas subterrâneas de vida, as conversas, a presença do amigo, a força de uma inteligência auxiliar, coisas assim. [...] Jamais pretendi *ficar*. Sou excessivamente sensual, por demais gostador do minuto que passa, pra economizar minhas forças (que reconheço, sem vaidade, muito grandes) e realizar a obra de arte com valor permanente (Andrade, 2010: 165; grifo no original).

No mesmo sentido, é emblemática a ideia de "procura" expressa na advertência que abre seu livro de poesia *Losango cáqui*, de 1924:

> Porém peço que este livro seja tomado como pergunta, não como solução que eu acredite sequer momentânea. A existência admirável que levo consagrei-a toda a procurar. Deus queira que não ache nunca... Porque seria então o descanso em vida, parar mais detestável que a morte. Minhas obras todas na significação verdadeira delas eu as mostro nem mesmo como soluções possíveis e transitórias. São procuras. Consagram e perpetuam esta inquietação gostosa de procurar. Eis o que é, o que imagino que será toda a minha obra: uma curiosidade em via de satisfação (Andrade, 1972a: 66).

Para Mário, afinal, a arte, assim como a religião ou a eletricidade (o exemplo é dele mesmo), seria antes uma realização cotidiana:

> Jamais sentei nesta secretária tumultuosa pra escrever uma 'obra-prima'. Mas aqui tenho sentado cotidianamente pra viver. [...] a arte é como fumar, comer, corrigir suas provas de colégio, saudar o vizinho agradável e não saudar o vizinho desagradável: um exercício cotidiano da vida (Andrade, 2010: 168).

Contudo, apesar dessas e de outras afirmações similares, das quais não se pode negligenciar inteiramente o componente retórico, subsistia no horizonte de expectativas de Mário um ideal normativo de obra acabada a operar como um ponto de fuga na automodelagem de seu *self* – ora em registro negativo, impelindo-o a recorrentes autojustificações, ora em registro positivo, como em seus estudos para o curso de filosofia da estética ministrado na Universidade do Distrito Federal.[5]

---

5. Sobre a atuação de Mário na UDF, bem como sobre seu período de vida no Rio de Janeiro, ver Jardim (2005).

O tema do cumprimento do destino intelectual é muito recorrente na obra de Mário de Andrade e se faz presente de modo particularmente marcante em suas últimas poesias, mas também ao longo de sua vasta correspondência – para dar dois exemplos bastante diferentes, nas correspondências com Manuel Bandeira (com quem cultiva uma relação mais igualitária) e com Carlos Drummond de Andrade, mais jovem do que Mário (com quem desenvolve uma relação mais doutrinária). O tema aparece, por exemplo, nesta passagem sobre o poeta Ronald de Carvalho em carta trocada com Bandeira, em 1924, no contexto do conhecido episódio de ruptura entre segmentos dos modernistas paulistas e cariocas, deflagrado pela publicação do artigo "O lado oposto e outros lados", do então jovem crítico Sérgio Buarque de Holanda; diz Mário:

> [...] o Ronald pela extraordinaríssima inteligência que tem deve dar mais do que tem dado e dá na sua prosa para jornal, revistas, conferências [...] pode fazer na prosa qualquer coisa de mais duradouro que vulgarizações literárias. Deixe isso para nós, eu, que não tenho a mesma harmonia e concorrência igual de faculdades intelectivas. Eu não passo dum vulgarizador. Sei do meu destino e o cumpro com consciência (Andrade, 2000: 136).

Concordando com Mário de Andrade que o "escrever para jornais e conferências prejudica o artista", Manuel Bandeira salienta ironicamente que, no caso de Ronald de Carvalho, não lastimava "muito que o artista ficasse um pouco sacrificado com isto – para bem da Pátria e felicidade geral da nação" (Andrade, 2000: 139).[6]

A colaboração de Mário na imprensa constituiu mesmo uma rotina, pontuando seu dia a dia e foi fundamental para modelar a sua feição como intelectual público, em geral, e como crítico, em particular, esta última atividade forjada em jornais como *Jornal do Commercio* e *A Gazeta*, nos quais estreou como crítico literário em 1921, *Correio Paulistano*, *A Manhã*, *Diário Nacional*, *Diário de São Paulo* e *O Estado de São Paulo*, *Diário de Notícias*, *Correio da Manhã*, entre outros. Do mesmo modo, é preciso levar em conta a autoridade conferida por sua colaboração contínua nos jornais de grande circulação e nas revistas modernistas como componente que concorreu

---

6. Para um estudo sobre a obra e a trajetória de Ronald de Carvalho, ver Botelho (2005).

tanto para a formação de uma rotina intelectual modernista quanto para a legitimidade da liderança exercida por Mário no modernismo como movimento cultural. As duas dimensões se inter-relacionam intimamente, como observou Sônia Sachs (1993: ix):

> Preso a necessidades financeiras, Mário viu-se desgastado pela tarefa constante e sentiu o peso dessa obrigação de escrever para jornal. Mas a verdade é que aquele que viveu da fé na arte e nos homens – como ele sempre repetia – encontrou na crônica jornalística um forte instrumento de ação, já que a frequência e a ligeireza dos artigos, além de suscitar a discussão, permitiam-lhe orientar de perto os escritores novos, em uma espécie de missão de vida.

A correspondência de Mário com Henriqueta Lisboa, já referida, é rica também a propósito da questão do cumprimento do destino intelectual. Em outra carta para a poeta mineira, datada de 12 de setembro de 1943, Mário lhe informa que, no ano anterior, decidira deixar de lado o diário que vinha tentando manter para controle daquele que seria o pior dos seus "vícios", o trabalho, e do qual já dera notícia à amiga em carta de 7 de dezembro de 1942. Observa então que, folheando o diário abandonado, se surpreendera ao constatar o quanto o que nele havia anotado se referia a pedidos de amigos e demandas criadas por terceiros, e não a seus próprios projetos mais pessoais. Essa ambiguidade envolvida no cumprimento do seu destino intelectual, como sempre, não passa despercebida a Mário, o que, como pondera à amiga, fazendo a lista do que já havia escrito a pedido de outros apenas nos últimos dois meses, "não deixa ser bastante melancólico, embora seja humano profundamente é glorioso mais que tudo, e é mesmo a resultante fatal do destino que me dei" (Andrade, 2010: 264).

Na mesma carta, autocrítico, confessa que, relendo seus escritos de jornal, também por "necessidades provocadas por outros", o que mais o incomodava era o que chama de suas "descaídas":

> Meu Deus! Como meu espírito foi lento a se desenvolver! Chega a ser absurdo! Num raríssimo artigo o pensamento até vai indo bem direitinho, mas de repente encontro cada descaída, cada burrice, cada tolice que me sinto enrubescer lendo essas coisas. Na verdade o meu espírito só principia demonstrando algum (apenas "algum") equilíbrio de maturidade alinhou 1926, 27. E só jamegão tem mais

propriamente razão para se envergonhar de si, e das burradas que faz (burradas, mas já harmoniosas) depois de 1932. E eu tinha então 39 anos! Não é assombroso? Não pense que estou sendo pessimista não, nem humildade nem nada. É a verdade verdadeira.

Ponderado, Mário observa que, talvez, até houvesse em seus artigos de jornal de mocidade "coisas argutas" – "coisas que sustento, coisas que até imagino bem pensadas e bem desenvolvidas" – mas o que neles o assombraria seria suas "descaídas". E observa que não se pôde beneficiar, em sua juventude, da interlocução que passou a ter e mesmo a proporcionar aos jovens, com troca de textos inéditos e "opiniões e censuras" sobre eles (como as que vinha mantendo com Manuel Bandeira e Carlos Drummond de Andrade, ele destaca). Se esse diálogo intelectual houvesse ocorrido, avalia Mário, suas "descaídas" não seriam tantas ou talvez elas não o aborrecessem tanto.

Na sequência de sua exposição a Henriqueta Lisboa, Mário apresenta ainda mais um elemento, a nosso ver muito importante para a qualificação do tema do cumprimento do seu destino intelectual. Sugere que, como o modernismo despiu de artifícios linguísticos e estéticos a prosa e a poesia, ele mesmo ficou sem o relativo benefício que esses artifícios ofereceriam, já que, como "dantes o escritor, tivesse a idade que tivesse era obrigatoriamente 'bem-pensante', o "coturno e a sobrecasaca da frase ao menos dava uma aparência à burrice" (Andrade, 2010: 266). Como se percebe aqui, a própria transfiguração na linguagem literária – e também na ensaística – que a aproximação modernista ao cotidiano implicou é ela mesma objeto sempre ambíguo de Mário de Andrade. Ainda que isso reforce justamente nosso argumento de que a linguagem desataviada do modernismo parece também ter sido experimentada como um efeito do rito sacrificial da sua entrega às demandas contingentes e fragmentadas da imprensa. Como diz a Henriqueta Lisboa, "Mas com o modernismo, jogamos fora coturno e sobrecasaca da frase, a burrice, a tolice, ficou nua. E eu nunca tive ninguém que me evitasse as descaídas, minha obra de revista e de jornal e péssima" (Andrade, 2010: 266).

Por que e para que viaja o modernista?

Tornar o Brasil familiar aos brasileiros. A divisa modernista pode soar estranha, mas, se hoje parece óbvio que a cultura produzida no Brasil possa ser entendida como "brasileira", isso se deve justamente também à atuação dos modernistas. Eles deram visibilidade, colocaram em discussão e problematizaram os tradicionais mecanismos sociais de transplante cultural numa sociedade de matriz colonial como a brasileira, sempre em busca dos últimos modismos europeus ou norte-americanos. A adoção, ou emulação, desses modelos, porém, nunca alcança pleno êxito, dadas as muitas e incontornáveis particularidades da sociedade brasileira. Os modernistas, contudo, também contribuíram para evidenciar e problematizar os padrões de segmentação regional de nossa sociedade, o que levou Mário de Andrade a sua utopia de "desgeograficar" o Brasil – mas "desgeograficar" não apenas o espaço físico, o território, aproximando as diferentes regiões, como também o espaço social em sua complexidade, afetando mutuamente as gentes, as práticas culturais e aproximando a língua escrita das faladas, o erudito do popular etc.

Tornar o Brasil familiar aos brasileiros implicava também familiarizar-se com o Brasil. E Mário de Andrade chegou ao Brasil por meio de formas variadas, intelectual e sentimentalmente, de modo direto em viagens pelo país, verdadeiras caravanas de descobertas do Brasil, e também indiretamente em torno das estantes, via muitas leituras. A própria oposição mais usual entre o conhecimento direto que, em tese, uma viagem pode propiciar e o indireto por meio de leituras ou experiências alheias, em relação a ele, não se sustenta muito facilmente.

Como escreveu no prefácio para *O turista aprendiz*, datado de 30 de dezembro de 1943, contendo o relato revisto de sua viagem à Amazônia, em 1927, um tipo de diário de bordo ficcionalmente transfigurado, Mário paradoxalmente se define como um "antiviajante" (Andrade, 2015a: 49). Nesse mesmo prefácio, aparece a contraposição entre "consciência lógica" e "consciência poética" e a afirmação dela derivada, e trabalhada em vários outros textos, de que, para ele, as "reminiscências de leitura me impulsionaram mais que a verdade". Na mesma direção, por exemplo, na crítica ao guia *Itinerário de Paris*, de Dante Costa, desenvolve a ideia de "conhecimento sensível" que torna relativa a autoridade derivada diretamente do conhecimento empírico (Andrade, 1993a: 170-174). Vamos nos deter um pouco nesse texto.

Na construção do argumento e nos recursos retóricos de que lança mão para apresentá-lo, bastante paradigmática da sua reflexão em geral a propósito, entram, calculadamente, doses de dissimulada autocomiseração, fina ironia, algum recalque e, por que não?, também algum ressentimento. Isso exige a disposição para uma leitura atenta e como que a contrapelo da narrativa, uma leitura crítica, uma vez que Mário de Andrade também parece procurar adular os preconceitos da sua época (e ainda em parte nossos) para, num primeiro lance, ganhar a adesão do leitor e, em seguida, o expor a seu próprio preconceito.

No primeiro movimento, Mário observa que não ter conhecido Paris constituía para ele, assim como para qualquer intelectual da sua época, quase um defeito moral, dado que a capital francesa era então também a capital cultural da América Latina. Convivendo com artistas e intelectuais que conheciam Paris como "a palminha das mãos e a quem o ambiente espiritual parisiense era uma força quotidiana de pensamento", Mário não raro figurava como provinciano e via sua autoridade intelectual desaparecer diante de um simples "Você diz isso porque nunca esteve em Paris!". Completando o quadro, observa que uma vez Paulo Prado inventou que ele, Mário, chegando da Europa, ainda a bordo, com os braços no ar, gritava para os colegas modernistas: "Está tudo errado, rapaziada! Vamos recomeçar que agora eu sei direito as coisas!". Como ele esclarece, porém, o que o aborrecia mesmo era esse tipo de acusação ocorrer sempre que algum dos seus interlocutores "fosse levado à parede com minha lógica livresca", e "lá vinha minha ignorância de Paris como argumento de salvação" (Andrade, 1993a: 170).

Isso anuncia o segundo movimento que se abre com a afirmação de que é "um forte engano isso de imaginarem que nunca estive em Paris" porque afinal era impossível a existência de um intelectual nos tempos que correm "ao qual as exigências de sua própria cultura não tenham dado o sentimento de Paris" (Andrade, 1993a: 170). Explicando esse "conhecimento sensível" ou essa "presciência sensível" como também o designa, não se trataria de uma mera derivação da leitura das descrições das experiências dos outros, mas antes de nós mesmos:

> É a nossa inteligência, a nossa cultura e especialmente a nossa sensibilidade que, reagindo sobre dados menos didáticos e mais reais

que uma descrição ou crítica, por exemplo, uma fotografia, um telegrama de jornal, um suspensório, um livro, um perfume, um selo de correio, e milhares de outros retalhos do concreto, até mesmo uma carta geográfica, provocam esse conhecimento sensível, que é a nossa própria realidade. Pode ela estar afastadíssima do real verdadeiro, nós jamais a abandonaremos nem mesmo depois de confrontada com a realidade. Para nós ela será sempre o real mais verdadeiro (Andrade, 1993a: 170-171).[7]

Desdobramento interessante da questão são as sensações que a leitura dos relatos de viagens dos outros sobre lugares que visitamos podem nos causar. Observa Mário, em artigo publicado em sua coluna "Táxi" no *Diário Nacional*, em 5 de dezembro de 1929, a propósito de um livro de Gastão Cruls sobre a Amazônia, que essa experiência pode causar duas formas de prazer, "conforme o lido já foi visto ou não". Se já visto, esclarece, "as frases se endereçam pro corpo da gente, a atividade intelectual quase se anula diante da força associativa das sensações refeitas" (Andrade, 1976a: 163). Nesse caso, prossegue, a "gente permanece porventura mais afastado do escritor, porém certamente mais exato com a verdade. Isso está sucedendo comigo que através da escritura de Gastão Cruls ando agora numa reviagem dolente e muito sensível pela Amazônia que eu vi" (Andrade, 1976a: 163).

Mais do que um jogo de palavras com o título do livro de Cruls, *A Amazônia que eu vi*, a ideia de Mário de uma "reviagem dolente e muito sensível" deve ser levada a sério, tanto que o autor se esforça por qualificá-la a partir da distinção entre duas categorias em geral sobrepostas: "verdade" e "evidência". Diz ele:

> A verdade é um destino da inteligência, é, por assim dizer, uma assombração metafísica e pra lhe caracterizar a irrealidade terres-

---

[7]. A discussão que se segue do guia de Paris escrito para brasileiros é feita com ironia tão fina, que, muito provavelmente, seu autor a tenha recebido como um elogio. Lida com atenção, no entanto, percebe-se que a Paris de Dante Costa discrepa tanto da Paris sensível (apenas de Mário de Andrade?), que em vez da cosmopolita e frenética cidade aberta aos valores estéticos de vanguarda e aos comportamentos transgressores em geral, o guia descobre Paris como uma "cidade das crianças"! Isso mesmo. Segundo Mário de Andrade o *Itinerário de Paris* compulsa crianças por toda a parte, buscando-as nos lugares tradicionais em que se reuniriam e noutros menos esperados. E, por isso, afirma que "Paris mereceu bem mais este seu cronista (Dante Costa), que soube lhe desvendar as imagens mais puras e lhe completar a grandeza complexa que decorei ainda menino, assim que me despertaram maiores curiosidades do mundo e entrei em luta com a virtude".

tre criou-se uma outra palavra, "evidência", experimental, objetiva. Que a Amazônia seja bonita pode ser uma verdade mas que ela designe a região do rio Amazonas é uma evidência (Andrade, 1976a: 163-164).

Justamente por isso, explica, o "indivíduo viajado" pode estar destituído da "verdade", embora possuindo uma "evidência do mundo que viajou". Neste ponto vale fazer um pequeno parêntesis para flagrar mais uma das ambiguidades de Mário de Andrade a respeito do tema – são deliciosas, por certo, pois sempre, em alguma medida, algo autoconscientes e mesmo autoirônicas. Também ele não teria resistido a lançar mão do que chama de "preconceito do homem viajado" e do qual tantas vezes fora vítima. O episódio que nos interessa é narrado no artigo sobre a Amazônia citado, no qual observa que, mesmo que o argumento do "indivíduo viajado" possa estar inteiramente equivocado, ainda assim a autoridade conferida pelas viagens – a do *being there* ou, como prefere o próprio Mário, a do "ter estado lá" – é sempre potente, e uma verdadeira "volúpia". Diz o autor:

> Percebi isso muito bem no dia que passaram aqui o filme do general Rondon, sobre o extremo-norte da Amazônia. Tinha muita criança das escolas no teatro. E tanto uns sujeitos semi-sabidos comentaram errado certas coisas ao pé de mim que não me contive e virtuosamente corrigi uma tolice grande. Continuou a correção, um diálogo curto que me levou ao sublime "já estive lá". Ninguém mais não disse nada, a não ser um menino que, feitas as luzes pra mudança de rolo, olhou e sorriu pra mim. É incontestável que se o Santa Helena desabasse, o menino se salvava porque eu "tinha estado lá" e estava ali. Com a mudança que a idade trás pras ideias, eu bem sabia que todos os meus vizinhos estavam na mesma ordem de... sensibilidade que o menino. Eu, calmo feito um rei (Andrade, 1976a: 164).

Assim, foi também movido pelas suas reminiscências de leitura ou sua consciência sensível ou poética que Mário de Andrade fez suas viagens pelo Brasil. Lembremos que quando viajou para a Amazônia, em 1927, já havia pelo menos uma redação adiantada do seu *Macunaíma* – todo ele construído, como veremos, pela bricolagem de materiais de toda sorte e escritos alheios diversos. Adiante voltaremos a essa viagem. Observemos agora que, tirando, de um lado, as viagens dos outros, especialmente a dos seus amigos modernistas, como as de Tarsila do Amaral que em meio a elas se correspondia com nosso autor; e das escapadas rápidas ao interior, notadamente para Araraquara onde tinha família e amigos, a estações de água e à então capital federal, as viagens mais importantes de Mário de Andrade foram feitas às hoje cidades históricas de Minas Gerais, em duas ocasiões diferentes, 1919 e 1924, à Amazônia, em 1927, e ao Nordeste, em 1928. Sigamos agora para Minas Gerais. Adiante chegaremos ao Nordeste.

Minas Gerais: barroco intrínseco

A primeira viagem de Mário de Andrade a Minas Gerais, em 1919, tinha por objetivo participar de uma conferência na Congregação da Imaculada Conceição da Igreja de Santa Efigênia, mas acabou lhe permitindo a descoberta pessoal do barroco e da obra de Aleijadinho. Esse encontro mudaria o modernismo e a própria cultura mineira, criando uma abertura para o cosmopolitismo modernista. Mário escreveria sobre o tema ao longo de anos, por exemplo, no ensaio "O Aleijadinho", publicado somente em 1935; como também no artigo "A arte religiosa no Brasil: em Minas Gerais" publicado na *Revista do Brasil*, em 1920, que dá continuidade a outros dois artigos publicados na mesma revista em números do mesmo ano, "A arte religiosa no Brasil: triumpho eucharístico de 1733" e "A arte religiosa no Rio".

A segunda viagem a Minas, realizada durante a Quaresma e a Semana Santa de 1924, passou para a crônica do modernismo como uma viagem de "descoberta do Brasil". Com a caravana integrada por artistas modernistas paulistas e seus mecenas, como Tarsila do Amaral, Oswald de Andrade e seu filho Nonê, Paulo Prado, dona Olívia Guedes Penteado, René Thiollier e Gofredo da Silva Telles, e também pelo poeta franco-suíço Blaise Cendrars (Eulálio, 2001), Mário de Andrade pôde percorrer a Minas Gerais da tradição, deliciando-se com as cidadezinhas, as histórias, a música, a arquitetura e a imaginária religiosa. Não chegou a Minas dessa vez sem saber o que esperar. Como na viagem anterior, porém, também essa reservava, na verdade, descobertas maiores: a de que o primitivismo estético, que então atraía o interesse das vanguardas artísticas da Europa como meio de revitalização de uma longa tradição considerada decadente, encontrava-se, no caso do modernismo brasileiro, não em lugares distantes e exóticos, mas no meio de nós, entranhado em nossa sensibilidade.

A viagem, da qual há registros de Mário em "Crônicas de Malazarte VIII", teve efeitos profundos na pintura de Tarsila do Amaral, na poesia pau-brasil de Oswald de Andrade, e também na poesia de Mário, notadamente em *Clã do jabuti*, publicado em 1927. Mais ainda, teve efeitos decisivos na orientação do movimento modernista e também duradouros na cultura brasileira, sentidos até hoje. Poucas vezes se encontrará na história cultural brasileira um momento como aquele, de fato, quando projetos de identidades coletivas não pareciam necessariamente excluir, mas, antes, poder compor com sentidos cosmopolitas. Afinal, a valorização do primitivismo estético aprendida pelos brasileiros com as vanguardas artísticas europeias ao mesmo tempo em que lhes conferia certa contemporaneidade, digamos, "externamente", também parecia começar a fazer um novo sentido "internamente". Também aqui sempre ambígua, a valorização do "primitivo" acabou favorecendo uma nova percepção sobre o "popular". E é essa nova percepção que se coloca na base do projeto coletivo modernista de desrecalque da cultura brasileira e de reconhecimento da dignidade de formas culturais não eurocêntricas.

A redescoberta modernista do Brasil no passado colonial das cidades mineiras informará uma espécie de sensibilidade sociológica do país, bem como a questão de se é possível termos, além do temário, uma forma, digamos, brasileira. A questão já aparece na conferência feita na Congregação da Imaculada Conceição da Igreja de Santa Efigênia em 1919. Reunindo alguns dos elementos mais importantes da personalidade de Mário – fé católica, sensibilidade estética para o novo e curiosidade histórica –, a conferência viraria posteriormente o ensaio *A arte religiosa do Brasil*, publicado entre janeiro e junho do ano seguinte na *Revista do Brasil* e que figura como um dos poucos registros sobre essa experiência. Fracionado em quatro partes, debruçava-se sobre a história da arte colonial no Brasil, tal qual desenvolvida principalmente em três centros: Bahia, Rio de Janeiro e Minas Gerais.

No artigo de 1920, Mário já ensaia certo movimento – brando, diga-se, porém – de desrecalque cultural que cobraria fôlego em sua obra com o passar dos anos. Ao examinar a arte escultórica decorativa religiosa de Valentim da Fonseca, ressalta que, não fosse a contingência de ter nascido mulato e brasileiro, sua obra de talha seria celebrada nos grandes livros de artes franceses. Combina, assim, uma aguda percepção dos constrangimentos sociais e, como se diria hoje, geopolíticos da consagração artística numa sociedade mestiça, escravocrata e periférica à fórmula do Brasil como acidente – a qual, como se sabe, não apenas serviria a sua automodelagem subjetiva, mas também de motivo poético e teria desdobramentos mais amplos em sua obra.

No entanto, foi em Minas que, mais livre das influências portuguesas, a arte religiosa assumiria caráter mais particular e o "o estilo barroco estilizou-se" (Andrade, 1920: 103). Desenvolveu-se, portanto, um estilo barroco nacional que Mário denominaria intrínseco, isto é, incorporado à forma artística. Na arquitetura, por exemplo, "o amor das linhas curvas, dos elementos contorcidos e inesperados" que sintetizariam a orientação barroca, segundo o modernista, "passa da decoração para o próprio plano do edifício", e os elementos decorativos se inscrevem também no risco e na projeção das fachadas, no perfil das colunas e na forma das naves (Andrade, 1920: 103). Isso lhe confere um feitio próprio equiparável, "sob o ponto de vista histórico, ao egípcio, ao grego, ao gótico", afirma o hiperbólico Mário. E ninguém realizou melhor esse barroco que Antonio Francisco Lisboa (1730-1814), o Aleijadinho, único artista brasileiro que o outro mulato, Mário, considerava genial.

Segundo Mário de Andrade, a genialidade do Aleijadinho não podia ser apreendida a partir do significado europeu desse conceito, que excluía a possibilidade de o gênio cometer erros e fazer "*também* obras feias e dispensáveis" (Andrade, 1984a: 23, grifo no original); ao contrário, empenhava-se em "reverter feiuras ostensivas em sutilezas do belo". Mário via o Aleijadinho como um imitador perspicaz e sobretudo um deformador sistemático e inventivo que levou a tradição luso-colonial da nossa arquitetura ao clímax, ao lhe dar uma solução, na falta de expressão melhor, original, porque brasileira. Brasileira, mas colonial, "não fixa ainda", daí a ser considerado um "boato-falso da nacionalidade". O Aleijadinho não copia (isto é, realiza repetição acrítica), mas imita, ou seja, submete o modelo estético europeu à deformação – gesto que guarda afinidade com os processos de nivelamento e desnivelamento na (re)criação da música popular. A importação é, portanto, constitutiva do barroco colonial brasileiro, mas, se a criação artística na colônia não era autônoma, tampouco era mera cópia dos padrões metropolitanos. A nossa originalidade parecia residir, de acordo com Mário, em certa "mestiçagem" – racial, cultural e estética.

Aproveitando a lição de Pedro Gomes Chaves, sargento-mor e engenheiro a quem é atribuído o projeto de construção iniciado entre 1728 e 1730 da atual Matriz do Pilar, em Ouro Preto, o Aleijadinho logrou dar expressão às "constâncias mais íntimas, mais arraigadas e mais étnicas da psicologia nacional" formalizadas em certa denguice e numa "graça mais sensual e encantadora" (Andrade, 1984a: 30). Não à toa a pedra-sabão, essa rocha metamórfica de baixa dureza, seria um dos principais materiais utilizados pelo Aleijadinho para infundir sua volúpia plástica. Essas soluções nada tinham da majestade ou do "belo" monumental de uma São Pedro, de Roma, antes eram de um "sublime pequenino", como se "feitas pra querer bem ou pra acarinhar, que nem na cantiga nordestina", de modo que se o seu estilo é barroco, o sentimento é renascente (Andrade, 1984a: 31). Tal impressão é assim resumida pelo poeta: "O Aleijadinho soube ser arquiteto de engenharia. Escapou genialmente da luxuosidade, da superfectação, do movimento inquietador, do dramático, conservando uma clareza, uma claridade é melhor, puramente da Renascença" (Andrade, 1984a: 23). Na escultura, "ele é toda uma história da arte" (Andrade, 1984a: 40). Em suma:

> O Aleijadinho lembra tudo! Evoca os primitivos itálicos, bosqueja a Renascença, se afunda no gótico, quase francês por vezes, muito germânico quase sempre, espanhol no realismo artístico. Uma enorme irregularidade vagamunda, que seria diletante mesmo, se não fosse a força de convicção impressa nas suas obras imortais. É um mestiço, mais que um nacional. Só é brasileiro porque, meu Deus! Aconteceu no Brasil. E só é o Aleijadinho na riqueza itinerante das suas idiossincrasias. E nisto em principal é que ele profetizava americanamente o Brasil... (Andrade, 1984a: 42).

Esse personagem-síntese do barroco colonial, o mulato, tão "incaracterístico" como o herói sem nenhum caráter do seu romance rapsódico, integrava para Mário "a classe servil numerosa, mas livre"; "dotados de uma liberdade muito vazia, que não tinha nenhuma espécie de educação, nem meios para se ocupar permanentemente. Não eram escravos mais, não chegavam a ser proletariado" (Andrade, 1984a: 15-16). Era essa situação à margem que explicava os "recordes de malandragem e crime" dessa categoria social; note-se: o argumento é de ordem sociológica, não racial. Esses "desclassificados" – como chega a se referir a esses homens livres, em sentido afim ao que então começava a fazer fortuna no pensamento social – emergem em condições histórico-sociais particulares, que permitiram, segundo o autor, as primeiras manifestações características de uma "coletividade colonial": a posição centralizadora e burocrática do Rio de Janeiro, a expansão de Minas Gerais, a influência da colônia sobre a metrópole (sobretudo por meio da música) e, a mais importante, a mestiçagem. "Mulatos" eram os principais artistas novos da colônia, responsáveis por deformar criativamente e "sem sistematização possível a lição ultramarina". Notabilizavam-se, sobretudo, nas artes plásticas e na música, a exemplo de Caldas Barbosa, o já mencionado mestre Valentim, Leandro Joaquim, o padre José Maurício Nunes Garcia, entre outros. Assim, ao resgatar a genialidade desses artistas – negros –, Mário a um só tempo empoderava uma linguagem abrasileirada e questionava o cânone oficial branco, europeu e colonial que invisibilizava e silenciava essa minoria subalterna.

Sobre o sacrifício

A tópica do cumprimento do destino intelectual não se dissocia da questão do sacrifício com que Mário de Andrade busca qualificar sua missão modernista. Nele, sacrifício é uma categoria com muitas camadas de significados. Num nível mais geral, ela faz sentido justamente porque não há, no Brasil dos modernistas, algo estruturado em termos próximos aos de um campo intelectual autônomo. Evidentemente não se pode desprezar a relevância pecuniária desse trabalho fragmentário de crítico de arte e de música na imprensa, sobretudo, num contexto de mercado editorial tão incipiente e mesmo acanhado como o do modernismo brasileiro e para um professor de música que dependia de seu próprio trabalho intelectual, como Mário de Andrade. Bastaria, a esse propósito, consultar um dos anexos de *A lição do amigo* (Andrade, 2015b) no qual Carlos Drummond de Andrade apresenta extensa relação de trechos sobre o tema da dificuldade financeira nas cartas que dele recebeu. Há, porém, outras camadas de significados envolvidas.

Mário de Andrade teve sólida formação católica e foi católico praticante ao menos durante sua juventude. Seus estudos formais foram feitos entre 1905 e 1909 em colégio católico, o Ginásio Nossa Senhora do Carmo, dos irmãos maristas, congregação de origem francesa destinada à educação da juventude católica. Durante 1910 cursa o primeiro ano da Faculdade de Filosofia e Letras de São Paulo (vinculada à Universidade de Louvain), no Mosteiro de São Bento, onde seu irmão mais velho, Carlos, formou-se em Filosofia após o bacharelado em direito. A formação católica é experiência tão forte para Mário que, em 1909, entra para a Congregação Mariana, associação pública de leigos católicos que procuram seguir o cristianismo mediante a consagração da vida à Virgem Maria, visando à transformação cristã da sociedade. Como congregado mariano pede ao menos duas vezes autorização, uma em 1916 e outra em 1920, à Cúria Metropolitana para ler obras constantes do Index, a lista dos livros proibidos pela Igreja católica. Em 1918, Mário de Andrade solicita sua admissão ao noviciado da Venerável Ordem Terceira de Nossa Senhora do Carmo, fazendo sua profissão de fé como irmão leigo dessa ordem no ano seguinte. Ao amigo Manuel Bandeira, Mário confessaria, em carta de 28 de março de 1931, sua fé, ainda que sem os contornos institucionais tão nítidos de antes:

> Eu acredito certamente em Deus, sei que isso é incontestável dentro de mim. Uma crença primária, ingênua, bruta, inviolável, permanente, não carecendo de provas intelectuais, sinto Deus. Sem misticismo nenhum: sinto Deus. De maneira que tão entregue como vivo às volúpias de viver, quero ter meus quinzes dias de colóquio bem consciente com a morte, pra que na contemplação prematura da Divindade, possa como o coitado do Macunaíma já incapaz de gozo e misticismo, viver um bocado do brilho inútil das estrelas (Andrade, 2000: 494).

Também difícil de dissociar do então católico praticante é o interesse que Mário de Andrade desenvolve desde cedo pelo barroco mineiro e, em especial, pelas esculturas sacras de Aleijadinho, cuja obra descobre em 1919, durante a conferência na Congregação da Imaculada Conceição da Igreja de Santa Efigênia, como vimos páginas atrás. Fé, sensibilidade estética e curiosidade histórica são inseparáveis nesses anos de formação e de primeiras peregrinações do jovem Mário.

Não deve ter sido nada fácil para Mário de Andrade conviver em si mesmo com faces tão contrastantes, o moço católico e família de formação moral e hábitos rigorosamente conservadores, e o modernista que se abria aos novos tempos, valores, linguagens, costumes e neles se expandia numa cidade que também começava rapidamente a se modernizar e a se desprovincianizar. Encontros e desencontros plenos de tensões que talvez jamais se resolvam inteiramente, e que parecem ter assumido sentido ainda mais dramático nos anos iniciais do modernismo, quando, então, a reação ao passado da sociedade brasileira e a sua cultura oficial implicava contestação barulhenta, sem cerimônias, irreverente, debochada. O poeta vestia então seu traje de losangos do trovador arlequinal que canta as contradições da modernidade e sua vivência de choque numa jovem metrópole na periferia do capitalismo (sua "Pauliceia desvairada") (Lafetá, 1986).

A propósito, também a sua coleção de imaginária religiosa é extremamente interessante para pensar Mário de Andrade, sua complexa personalidade e suas ambiguidades e as do seu contexto. De um lado, há a imaginária católica, cujo interesse é anterior ao modernismo, remontando, na verdade, a um gosto que lhe chegava como herança familiar. Como as famílias católicas de então, a de Mário mantinha há gerações no oratório doméstico as imagens dos santos de sua devoção. De outro lado, o que torna ainda mais difícil saber onde termina o católico praticante e começa o estudioso de artes plásticas no Mário de Andrade da época, sua coleção reúne também imaginária popular, como cabeças de ex-votos ou esculturas de figas; imaginária religiosa de matriz africana, como suas belas figuras de Xangô (Batista, 2004). E talvez mais interessante ainda para pensar o peso da estética em sua coleção, a *Cabeça de Cristo*, de Brecheret, escultura que parecia adquirir sentido transgressor do gosto e da sensibilidade assentadas não apenas na estética, mas na cultura religiosa católica do seu ambiente doméstico. Vejamos o delicioso relato de Mário de Andrade (1978: 233-234) a esse respeito:

> Foi quando Brecheret me concedeu passar em bronze um gesso dele que eu gostava, uma *Cabeça de Cristo*, mas com que roupa! Eu

47

devia os olhos da cara! [...] E seiscentos mil réis era dinheiro então. Não hesitei: fiz mais conchavos financeiros com o mano, e afinal pude desembrulhar em casa a minha *Cabeça de Cristo*, sensualissimamente feliz. Isso a noticia correu num átimo, e a parentada que morava pegado, invadiu a casa pra ver. E pra brigar. Berravam, berravam. Aquilo era até pecado mortal! estrilava a senhora minha tia velha, matriarca da família. Onde se viu Cristo de trancinha! era feio! medonho! Maria Luísa, vosso filho é um "perdido" mesmo. Fiquei alucinado, palavra de honra. Minha vontade era bater. [...] Depois subi para o meu quarto, era noitinha [...] Não sei o que me deu. Fui até a escrivaninha, abri um caderno, escrevi o título em que jamais pensara. *Pauliceia desvairada*.

Embora a tópica do sacrifício em Mário de Andrade não precise ser vista exclusivamente em relação a sua formação e fé católicas, é sem dúvida uma de suas raízes (Fragelli, 2012). A exemplo das "classificações primitivas" estudadas em um texto clássico por Durkheim e Mauss (2013) – as quais articulam simultaneamente o indivíduo e a sociedade, o corpo e a alma, os vivos e os mortos, o passado e o presente, o macrocosmo e o microcosmo social –, a noção de sacrifício é o que articula as diferentes dimensões entre trajetória e obra em Mário de Andrade transcendendo o estatuto de "tema" para o de "forma". O que, entretanto, nele é particularmente importante e distintivamente modernista em sua noção de sacrifício, ainda pouco notado, é o encontro entre cultura popular e catolicismo brasileiro. Para a feição bastante particular assumida pelo catolicismo de Mário de Andrade terá concorrido, antes de tudo, sua empatia mais ampla com a cultura popular, como veremos no capítulo 6, bastando lembrar, neste momento, a centralidade dessa tópica nos bailados e danças dramáticas do boi que ele pesquisou ao longo da vida (Cavalcanti, 2004).

A nosso ver, justamente a dificuldade manifesta pelas diferentes correntes intelectuais católicas contemporâneas ao modernismo, em geral então muito elitistas, em lidar com a cultura popular foi o calcanhar de aquiles do tradicionalismo católico dos anos 1920-1940, fosse o mais ortodoxo, como em boa parte da trajetória de Alceu Amoroso Lima, ou o extramuros, e mais heterodoxo, como em seu cunhado, Octavio de Faria, por exemplo. De um e outro lado, o catolicismo popular brasileiro é visto como misturado a diversas práticas tidas como supersticiosas por parte da hierarquia da Igreja e de seus intelectuais e, portanto, distantes das práticas e da doutrina oficial católica. Não é à toa que dom Sebastião Leme, ator crucial naquele contexto, afirma ser a "ignorância religiosa" o grande problema do Brasil. Não será à toa também que o lugar da cultura popular na formação social do Brasil e em sua intepretação seja aspecto central no debate de Alceu Amoroso Lima e Mário de Andrade, como se pode ler, por exemplo, na correspondência mantida por eles. É o caso da carta datada de 6 de outubro de 1931, em que Mário se defende da acusação de Alceu de estar "estragado, ou coisa assim, pela 'mania etnográfica'", retrucando que a etnografia "não é mania em mim, mas é uma salvação de mim (porque me impede ou me livra de tomar socialmente posição em assuntos a que sou naturalmente infenso, atitude política, atitude religiosa social...), e também um jeito de saber [...] é um dos meus muitos jeitos de procurar o Brasil" (Andrade, 2018: 172).

O motivo da peleja não foi outro senão a observação de Mário de que não havia encontrado no vasto material popular por ele coligido ao longo de anos elementos que corroborassem a tese do líder católico sobre as supostas raízes católicas do Brasil. Diz novamente Mário: "Você não me viu afirmar que o brasileiro é acatólico, por causa duns cinquenta fenômenos sociais e não individuais, que são apenas fenômenos de acatolicidade. Mas de qualquer forma você não poderá em consciência negar a utilidade da documentação ajuntada. E que eu poderia continuar, se em vez de crítica e movimentação de noções, tivesse que fazer um tratado sobre" (Andrade, 2018: 173). Catolicismo e cultura popular são assim chaves para a compreensão da própria noção de sacrífico como forma em Mário de Andrade, mas essas, porém, são questões para tratar em outra oportunidade.

Lembrando por ora apenas outro texto, de Marcel Mauss, se sacrifício é "um ato religioso que, mediante a consagração de uma vítima, modifica o estado da pessoa moral que o efetua ou de certos objetos pelos quais ela se interessa" (Mauss & Hubert, 2005: 19), podemos dizer que a atuação de Mário de Andrade na imprensa opera essa modificação no cumprimento de seu destino intelectual. Porque o sacrifício, em outras palavras, forja um espaço simbólico relacional em que as duas partes envolvidas saem modificadas –

tanto o sujeito quanto o objeto do rito. Uma vez que consideramos também a dimensão propriamente narrativa de seus artigos, o trabalho cotidiano e fragmentário do modernista na imprensa – seu sacrifício – figura um espaço existencial, situado entre trajetória e obra, a partir do qual forja e aperfeiçoa o gênero crônica, cuja cotidianidade, ademais, mostrar-se-ia tão fértil para o seu programa estético de recriação da linguagem falada em escrita.

Na obra e trajetória de Mário de Andrade, o sacrifício constitui a mediação que permite operar a passagem do individual para o social, do universal para o local, experimentados dramaticamente como dualidades que talvez devam, mas não podem ser resolvidas. Daí o dilaceramento entre valor estético e função social da arte que perpassa o modernista paulista e que acaba por implicar o caráter paradoxal de seu sacrifício, o que, por sua vez, desloca o tema do cumprimento do destino intelectual, como o próprio autor reconhece ao passar em revista o movimento modernista em 1942: "Eis que chego a esse paradoxo irrespirável: tendo deformado toda a minha obra por um anti-individualismo dirigido e voluntarioso, toda a minha obra não é mais que um hiperindividualismo implacável!" (Andrade, 1978: 252). Assim, o sacrifício de sua subjetividade e de sua arte pelo funcional produz também o sacrifício do próprio social. Essa crítica já lhe fora feita pelo amigo Manuel Bandeira, em carta de 6 de agosto de 1931:

> a sua nobre tentativa de linguagem brasileira, feita no pensamento de nos unir mais os brasileiros, ideia portanto altamente socializante, se tem afirmado dessocializante: a maioria das pessoas simples que leem você sentem dificuldade de compreendê-lo. Quando você escreve "sube" e "intaliano", ninguém sente o seu desejo de comunhão nem o seu sacrifício, mas a sua personalidade indiscreta e tirânica querendo impor na linguagem literária escrita formas da linguagem popular ou culta falada que agradam à sua sensibilidade de grande escritor (Andrade, 2000: 516).

Central na automodelagem de sua subjetividade, a ideia de sacrifício em Mário de Andrade parece, assim, responder também objetivamente às dificuldades suscitadas nas contradições históricas da sociedade brasileira. O sacrifico, porém, não apenas figura como tema na vida e obra de Mário de Andrade, mas propriamente configura uma "forma" que, como tal, articula essas dimensões e sua expressão, conferindo-lhes significado e tornando-as comunicável em termos de relações sociais compartilhadas. Por isso, a forma sacrificial merece ser levada a sério e mesmo radicalizada para que se possa chegar o mais próximo possível da posição de Mário de Andrade e do sentido sociológico ricamente ambíguo que encerra na reflexão do cumprimento do seu destino intelectual e no debate sobre cultura e política no Brasil moderno de que faz parte. Afinal, como indicam Mauss e Hubert (2005), as forças sociais ambíguas, investidas e acumuladas no objeto do rito, são, na consumação do sacrifício, liberadas e redistribuídas na sociedade.

CAPÍTULO 2

POLIFÔNICA MILITÂNCIA

A música forma, na vasta e diversificada obra de Mário de Andrade, escritor sabidamente polígrafo, mas professor de conservatório musical por ofício, uma espécie de código simbólico estruturante, embora com modulações variadas. Como observou Gilda de Mello e Souza (2005: 21), uma de suas principais intérpretes cujos caminhos pioneiros procuramos trilhar, "por deformação de ofício", Mário "habituou-se a pensar as várias manifestações artísticas de acordo com a ordenada sistematização musical". O que se expressa emblematicamente em seus textos mais abertamente programáticos sobre poesia e literatura, como no "Prefácio interessantíssimo" de *Pauliceia desvairada* e em *A escrava que não é Isaura*, nos quais a estética musical e conceitos bem fixados como "harmonismo", "polifonismo", "sincronismo" servem para discutir e definir processos correntes da renovação da linguagem poética. Isso para não falar ainda de *Macunaíma*, onde se encontram dois pontos de referências centrais da sua meditação estética sobre a música – o fenômeno musical e a criatividade do populário.

A própria militância modernista de Mário de Andrade pela renovação poética por meio do verso livre era inspirada na simultaneidade sonora da composição musical, desenvolvendo as ideias de "polifonia poética" e "simultaneísmo" a fim de romper com a mimese e com a linearidade do discurso verbal (Schwartz, 2008). Tais conceitos estariam em sintonia com o fato de que "a vida de hoje torna-nos vivedores simultâneos de todas as terras do universo" e de que "o homem contemporâneo é um ser multiplicado" (Andrade, 2008a: 162-163). Propõe também o verso harmônico, em que as "palavras em liberdade", ao quebrar a ordenação gramatical linear do discurso, ressoariam entre si, produzindo um efeito de superposição. Além disso, o acorde arpejado aplicado à poesia permitiria projetar a simultaneidade harmônica sobre a sucessão das palavras (Wisnik, 1983), compondo sequências abertas de ideias, sons e imagens, vibrando, dialogando, contrapondo duas ou mais vozes. Por isso, a música é um vezo crucial em que se realiza o projeto intelectual de Mário e, portanto, um campo heurístico para compreendê-lo. Ela oferece "uma grade de deciframento, uma matriz de relações que filtra e organiza [su]a experiência vivida" (Lévi-Strauss, 2011: 636).

Num contexto em que se questionava a ideia de arte como representação direta do real e ao mesmo tempo se impunha uma prática de reflexão sobre a própria linguagem, justamente por não ser figurativa, dispondo de metalinguagem mais desenvolvida, a música serve de modelo para as demais artes (Santos, 2003). Transitando na fronteira delas, Mário de Andrade (1995: 45) considerava a música "a arte de pensar sem conceitos por meio de sons". Em notas que sistematizavam o material de curso ministrado no Conservatório Dramático e Musical de São Paulo para o projeto de um compêndio didático sobre estética musical, Mário se detém no problema da inteligibilidade e da representação na linguagem musical. Anota que, pela ação de diversos fatores musicais diretos – como intensidade, altura, duração, timbre, emissão sonora, e sua sucessão e combinação –, cria-se o ritmo dinamogênico, o qual produz motricidade no ouvinte. Tal "estado de movimentação" provoca atitudes e graus de tensão emocional vagos, os quais podem ser apenas associados a acontecimentos apreciáveis intelectualmente, como amor, cólera etc. Isso, porém, não implica que a música os represente (Andrade, 1995: 37-51).[8]

---

8. Convém observar que, para Mário, os sons estão fadados à pureza (ausência de sentido referencial), e as sensações sonoras, ao se difundir pelo corpo, desencadeiam movimentos internos (cenestesias) e externos (quinestesias) que correspondem a "graus de tensão emocional" destituídos de "coeficiente intelectual". Assim, em seu entendimento, tratava-se de afirmar a existência de uma inteligibilidade propriamente musical, que vai além da comoção ou sensação sonora, e cujo sentido pode ser apenas intuído – portanto, sua compreensão (sem conceitos) se situa no plano do subconsciente. Justamente por não acionar a faculdade lógica, ela é capaz de reduzir os indivíduos ao que têm em comum com todos os seres humanos, como tentou explicar recorrendo ao conceito de mentalidade primitiva. O ensaio sobre a música de feitiçaria no Brasil aponta curiosamente para o poder hipnótico, estupefaciente, entontecedor da música, que atua sobre os organismos humanos independentemente da cultura. Poderes universalmente reconhecidos, que operavam pelo cancelamento das capacidades intelectivas, embora diferencialmente (culturalmente) explicados. Capazes de apagar indivíduos para fazer deles membros de uma coletividade – uma espécie de "comutador universal de mentalidades", como sugere Travassos (1997: 167).

Concebida por Mário como arte não mimética por excelência, a música se conserva intermediária entre o espírito e o corpo, a atividade consciente e a fisiológica. De todas as linguagens, a música seria a única que reúne as características contraditórias de ser ao mesmo tempo inteligível e intraduzível, como uma via intermediária entre o exercício do pensamento lógico e a percepção estética, instalada no ponto de encontro dos domínios da natureza e da cultura. De acordo com Lévi-Strauss (2004: 48), que na companhia de sua esposa Dina Dreyfus fora iniciado nas tradições populares e indígenas brasileiras por Mário de Andrade numa viagem a Mogi das Cruzes em 1936, "o princípio (quando não a gênese e a operação, que continuam sendo [...] o grande mistério das ciências do homem) do poder extraordinário que possui a música de agir simultaneamente sobre o espírito e sobre os sentidos, de mover ao mesmo tempo as ideias e as emoções".

Neste capítulo traçamos um perfil de corpo inteiro do Mário de Andrade crítico musical. Mas justamente para nos reaproximarmos ao máximo de seu cotidiano, e, assim, também dimensionar o modernismo como um movimento cultural que se constrói no dia a dia, trazemos a sua crítica de circunstância – que ele considerava textos escritos "sobre o joelho no intervalo das horas, destinando-os à existência dum só dia". A "palavra em liberdade" na imprensa – este seu limiar sacrificial – concorreria para desconstruir o fundamento *narrativo* da ordem social vigente criando uma espécie de ritmo dinamogênico capaz de levar os corpos a compreender, a sentir e a se reconhecer de outra forma, engajando-os tanto pela razão quanto pelos afetos.

Na crítica de circunstância Mário irá performar sua polifônica militância em frentes simultâneas visando produzir no leitor um "estado de movimentação" e uma escuta da sociedade. Além da imprensa e mais do que as obras literárias, as revistas foram o mais eficaz instrumento de divulgação e rotinização das ideias modernistas. Mais do que isso, constituíram simultaneamente um laboratório de experimentação da linguagem e uma plataforma de intervenção cultural (Marques, 2013), que nos dão a dimensão do modernismo em e como movimento. Isso implica também examinarmos sua atuação a partir de *Ariel: Revista de Cultura Musical*, o que também nos ajudará a qualificar seu papel na afirmação de um ideário musical moderno e brasileiro. Analisamos em particular a crítica programática e a direção de

Mário na editoria do periódico, do número 9 ao 13, buscando mostrar que, multiplicando-se em pseudônimos, ele como que incorpora esse princípio formal polifônico à própria fatura da revista, e que sua crítica vaza o espectro musical para penetrar o corpo social provocando movimentos e tensões.

O mundo é um moinho

Aturdido pelas "descaídas" do seu pensamento, Mário de Andrade chegou a dizer que desautorizava tudo quanto fosse página escrita por ele em jornal antes dos 40 anos; ao mesmo tempo, porém, acreditava que "o gênero 'de circunstância' pode da mesma forma que qualquer outro provocar coisas eterníssimas e geniais" (Andrade, 2010: 266, 291). Talvez por essa razão, Mário tenha se dedicado a colecionar com zelo boa parcela de sua produção jornalística, como que a retirando da ordem do efêmero e acalentando a possibilidade de lhe dar existência mais longeva, o que, aliás, ocorreu em *Música, doce música*.

Os textos, recortados, eram organizados em pastas ou em dois álbuns grandes, encadernados em couro preto; e ele adotava geralmente uma classificação por gênero. Dois álbuns cobrem o período de 1918 a 1935, reunindo o segundo deles, nomeado Recortes IV, a maior parte das crônicas que publicou no *Diário Nacional*. Em um envelope de papelão, transformado em pasta – sobre o qual escreveu a lápis azul: "Artigos/ meus/ sobre Música/ (publicáveis em livro?)" –, Mário reuniu vários textos de crítica musical, datilografados ou recortados de jornais, que escreveu entre 1921 e 1932. Transparece aí também a ambiguidade de uma espécie de desejo sequestrado de permanência na transitoriedade.

Os álbuns denominados Recortes guardam textos de jornais e revistas, nacionais e estrangeiros, sobre variados assuntos do interesse de um sempre múltiplo Mário de Andrade. O escopo de áreas compreendido pela coleção de recortes é bastante amplo: produção, crítica, noticiário, teoria e (pouca) iconografia sobre música; produção, crítica e noticiário sobre as literaturas francesa, portuguesa, espanhola, hispano-americana, argentina, alemã, brasileira; artes plásticas; estética; religião; folclore; medicina; cinema; fotografia; sociologia, etnologia e antropologia; geografia; língua portuguesa; entre outras. No que diz respeito particularmente à música, Mário recebia de amigos na Europa livros e textos de periódicos que lhe serviriam para estudo, notícias e críticas de jornais sobre artistas brasileiros em *tournée* no exterior – as de Villa-Lobos, por exemplo, seriam reunidas em "dossiê" próprio – ou sobre a repercussão da música nacional em geral. Além disso, os recortes sobre crítica musical abrangem escritos dos principais críticos musicais da época, com a maioria dos quais o epistolomaníaco Mário mantinha correspondência – Renato Almeida, Oscar Lorenzo Fernandez, João Caldeira Filho, Oscar Guanabarino, Luiz Heitor Correa de Azevedo, Andrade Muricy. Interessante notar que, num momento de transição e redefinição do "popular" pela emergência de uma consciência autoral, os recortes de noticiários contemplam a questão do plágio (candente na época e central para Mário, como mostra a fatura de *Macunaíma*) e dos direitos de autor. Já os recortes de teoria musical referem-se, sobretudo, a assuntos como prática e técnica pianística, nova notação musical e terapêutica musical.

Os álbuns R. 34 e R. 35 (que compreendem originalmente o álbum Recortes III) reúnem a produção de crítica musical do próprio Mário de Andrade, incluída a do "jovem" Mário, isto é, os textos publicados de 1915 até a metade da década de 1920 (dificilmente rastreáveis de outro modo, devido a seu caráter dispersivo). O R. 34 contém artigos publicados em jornais nacionais posteriormente incorporados por Oneyda Alvarenga à segunda edição de *Música, doce música*, publicada em 1964. O R. 35 cobre o período de 1918 a 1935 e reúne grande parte das críticas que publicou em *A Gazeta* e no *Jornal do Commercio* (1918-1919), no *Diário Nacional* (1927-1932) e no *Diário de S. Paulo* (1933-1935), entre outros jornais e revistas, nem sempre identificados. Por sua vez, o álbum R. 36 inclui críticas e resenhas sobre a obra musical de Mário de Andrade, escritas (e frequentemente enviadas ao próprio Mário) por, entre outros, Andrade Muricy, João Caldeira Filho, Fernando Mendes de Almeida, Ernani Braga, Afonso Arinos de Melo Franco, Yan de Almeida Prado. Além desses, a sequência dos álbuns R. 39 até R. 48 traz recortes de críticas musicais publicadas em revistas especializadas, principalmente estrangeiras, destacando-se *L'Arte Pianistica*, *Le Menestrel*, *La Musique*, *Die Musik*, *Le Monde Musical*, periódicos que figuram entre os mais importantes do segmento especializado internacional.

A estratégia de aproximação ao cotidiano do autor por meio das críticas de circunstância se mostra pertinente tendo em vista também que o próprio Mário se definiu mais de uma vez como homem de imprensa e aquilatava a função educativa e a *mediação* social que o jornal, por ser um veículo de maior penetração, poderia exercer na formação de um público leitor. Assim, parte significativa de sua militância modernista e atuação crítica se fez pela imprensa, com escritos de circunstância não raro polêmicos, dando vazão a um temperamento combativo que prefere refletir debatendo e se interrogando. Além do mais, o jornal provava-se meio mais adequado a seu conceito – também dinâmico – de crítica como julgamento de valor transitório em face dos problemas em curso.

Nos artigos de jornais se deixariam ver com mais clareza, como sugere Gilda de Mello e Souza, a personalidade eminentemente dialógica de Mário de Andrade, de que a série O banquete, publicada na seção "O mundo musical" da *Folha da Manhã*, é exemplar, ou mesmo o seu "temperamento socrático": aprecia ensinar e, quando leciona, preza o diálogo com os alunos ou consigo mesmo, recapitulando as incertezas, reformulando os conceitos, enfrentando os riscos inevitáveis da afirmação e da dúvida. Afinal, como diz Mário justamente para sua aluna Oneyda Alvarenga, importava-lhe a "felicidade de vida em que, desprovido das vaidades entorpecedoras do ser, não tenho mais a convicção de que as *minhas* verdades sejam eternas, e muito menos as únicas verdades" (Alvarenga, 1983: 25, grifo no original). Ora, como se sabe, o método maiêutico de Sócrates (cujo sentido originário é "por um caminho") consiste não na transmissão de um saber pronto e acabado, mas na ideia de que o outro, o interlocutor, pela dialética, possa dar à luz suas próprias ideias; daí seus diálogos terem ficado conhecidos como aporéticos ou inconclusivos.

Em O banquete (Andrade, 1989a), refletindo em registro satírico e justamente em forma de diálogo, Mário procura alinhavar as diretrizes e os principais temas de seu pensamento estético, que estabelece justamente o *inacabado* como conceito básico. Lembramos, a propósito, que a *Bucólica sobre a música brasileira* – que se transformaria na parte teórica do *Ensaio sobre música brasileira*, de 1928 – foi planejada por Mário como uma "artinha" na forma de diálogos entre professor e aluno, chamados por ele, respectivamente e a princípio, de Lusitano e Sebastião, conforme conta a Manuel Bandeira em carta de setembro de 1926. Esse pendor para o diálogo evidencia, como nota Gilda de Mello e Souza (2009: 47, grifos no original), "uma concepção aberta, totalmente dinâmica do ofício de pensar; uma crença profunda no exercício da inteligência, mas não na validade de suas conquistas; uma confiança, enfim, no pensamento como *percurso* e não como *ponto de chegada*".

Não fortuitamente um verbo, e cunhado pelo próprio modernista, parece encerrar esse sentido de abertura e inacabamento de um pensamento que se move ambiguamente entre a contingência e a permanência: "pensamentear". Nessa mesma direção, o autor valoriza, em uma série de artigos sobre a vida de Chico Antonio, o que qualifica como a poesia surrealista desse cantador nordestino de cocos (que não permite enquadramento em assunto definido), o balanceio interno do andamento e o processo inventivo de improvisação pela forma variação, que frequentemente ocorre em diálogos e duelos cantados conhecidos como desafios (Andrade, 1993b).

A trajetória de Mário de Andrade e sua relação com a imprensa está atravessada de ponta a ponta pela crítica de circunstância na área da música. Já em 1915 publica o artigo "No Conservatório Dramático e Musical: sociedade de concertos clássicos", no *Jornal do Commercio* de 11 de setembro, assinando M. Destacam-se, pelo volume e sistematicidade, sua colaboração no então recém-fundado *Diário Nacional* (de agosto de 1927 a setembro de 1932), órgão do Partido Democrático ao qual se filiaria; no *Diário de S. Paulo* (de 1933 a 1935), assinando a coluna "Música" em dias de concerto e preparando, periodicamente, textos mais elaborados para uma coluna especial da página 6, seção "Editoriais" – produção recolhida por Paulo Castagna em *Música e jornalismo* (Andrade, 1993c); e, finalmente, na *Folha da Manhã*, em que assume a redação do rodapé semanal "O mundo musical" – reunido por Jorge Coli (1998) em *Música final*.

Argumentamos que essa crítica ganha inteligibilidade como um tipo de força social reflexiva que operava na conformação, normatização e rotinização de uma cultura musical "abrasileirada" – isto é, ao mesmo tempo moderna e nacional – dentro do circuito formado por compositores, intérpretes, repertório, público ouvinte e instituições de financiamento. Não se pode perder de vista o fato de que Mário de Andrade exerceu o papel de crítico num meio cultural em que a vida musical se desenvolvia tardiamente em relação à então capital, Rio de Janeiro, e aos centros europeus, sendo a própria crítica musical ainda incipiente e pouco especializada – desempenhada por homens de letras, músicos amadores e diletantes. A visão integrada e processual da crítica adotada pelo modernista atentava, portanto, para a necessidade de formação dos portadores sociais capazes de realizar essa cultura musical, dadas as precárias condições socioculturais e técnicas de produção da música nesse "polo norte artístico", como o caracterizou certa feita, agravadas ainda pela epidemia do mal romântico. Devemos levar em conta que interessavam ao Mário crítico, mais do que os aspectos relativos ao desempenho musical, os elementos culturais, sociais e éticos envolvidos nesse tipo de criação e *performance*. Vejamos.

A crítica de Mário à série de Doze Canções Populares Brasileiras, de Luciano Gallet, aborda diretamente a criação na música nacional e a relação entre erudito e popular. Segundo o autor, Gallet teria descoberto um filão ao recriar por meio da harmonização, da rítmica e da polifonia os cantos populares, em vez de fazer deles meros jogos temáticos (Andrade, 1976b: 171). Esse procedimento de transposição seria fundamental para desrecalcar a violência simbólica operada na hierarquização entre erudito e popular sem incorrer em exotismo; reivindicar sua equivalência, sem homogeneizar e apagar sua diferença, uma vez que se trata de dois registros artísticos próprios – o popular não é culturalmente artístico, por assim dizer. Os carregadores de pedra não precisam de alguém na viola para os acompanhar quando entoam seus cantos de trabalho. Ou ainda, "três violeiros que passam quarenta minutos inventando, sem nenhum critério de variedade, de riqueza, de refinamento, sobre uma mesma frase melódica, um ABC que nem o que escutei uma feita numa fazenda têm uma razão de ser profunda lá no sereno da noite fazendeira. São comoventes [...] atraem-me enorme e *popularmente*. Isso mesmo, num teatro, adquiria um sabor exótico e fatigava pavorosamente" (Andrade, 1976b: 174).

Um recital de Germana Bittencourt, que tinha como programa um ciclo da canção brasileira, pela primeira vez juntava um canto indígena a modinhas de salão, canções eruditas, trovas caboc101as e um canto negro do tempo da Abolição (*A Manhã*, 15 abr. 1926). O canto pareci (*Nozani na Orekuá*) serviria a Mário para uma discussão de alcance sociológico da melancolia lânguida e mole do nosso canto caboclo. Segundo Mário, o fado luso não é propriamente melancólico, mas triste; já a nossa melancolia é tristonha. A tristeza tem caráter ativo, que produz reação, e pode ser comparada à doença, percebida não como o inimigo que o corpo busca expurgar, mas como sua luta contra o intruso. A tristeza também seria a reação contra uma falta. "Quando a gente erra e tem coragem pra perceber o próprio erro, fica triste. Isso é já uma desinência da força, uma reação que repara ou tende a reparar o erro. Os românticos que foram os mais profundamente dinâmicos dos artistas foram profundamente tristes. Manifestação guassú de tristeza é chorar" (*A Manhã*, 15 abr. 1926). A melancolia do nosso caboclo, ao contrário, implicaria aceitação, adaptação, um sentir-se bem ou sem forças para imaginar ou conquistar algo melhor. Mesmo quando abandona a melancolia, diz Mário, ou cai na ironia, que ainda é uma forma de abatimento, incapaz de assumir uma atitude ativa e prática, ou no idealismo panema. Isso estaria manifesto no canto caboclo. Assim, resume o autor, "o mal grande do brasileiro [...] é a sua faculdade extraordinária de adaptação", que teria levado a nos acomodarmos a um estado de miséria moral – "não o ser pobre de virtudes e honras individuais, porém o ser pobre de despertar atividades cívicas". O lema filosófico do brasileiro seria "Paciência!", com o qual perseveraríamos "na mesma caminhada de mãos nos bolsos" (*A Manhã*, 15 abr. 1926). Essa visão se coadunaria com a crítica mais ampla ao processo de criação inspirado no princípio da arte pela arte, mas sobretudo ao virtuosismo, visto como expressão-síntese do individualismo, que no Brasil se combinaria perniciosamente a certa cultura da personalidade e ao insolidarismo social generalizado, em termos próximos àqueles formulados respectivamente por Sérgio Buarque de Holanda e Oliveira Vianna.[9]

Esse individualismo de "índole pessoal" resultaria num tipo específico de orientação das condutas, no qual o ator pauta sua ação no espaço público

---

9. Como já foi observado (Travassos, 1997), a categoria virtuosidade não tem sentido estável para Mário, é antes ambígua. O ângulo negativo a associa ao alto grau de individualismo do intérprete e à sua prática sentimental e malabarística em busca do aplauso fácil. Já o enfoque positivo tende a ligá-la ao domínio pelo intérprete, da técnica tradicional e histórica – Souza Lima seria um dos poucos pianistas brasileiros a habitar esse "recanto pouco habitado da virtuosidade" (*Diário Nacional*, 10 dez. 1931).

por emoções, sentimentos ou interesses do âmbito privado ou pessoal. Nesse sentido, o culto ao virtuose, aqui, não operaria descolado de uma dinâmica social que leva à exacerbação das virtudes pessoais e arbitrárias, impedindo a constituição de sociedade democrática e a pactuação de formas mais universalistas de pertencimento e participação social. Não fortuitamente, como bem assinala Naves (2013: 24-25), "uma ideia fixa e recorrente em seus ensaios e textos de crítica musical é a de vislumbrar saídas para uma realidade percebida como fragmentada e carente de valores coletivistas por meio de práticas musicais [sobretudo de conjunto, como o canto coral] que recuperassem a experiência de totalidade, ou seja, de o indivíduo sentir-se parte de um todo coerente e orgânico". Guardadas as devidas diferenças, essa constelação de ideias tem afinidade com a formulação de uma cultura da personalidade que viria a ser desenvolvida anos mais tarde em *Raízes do Brasil*. Nesse clássico, Sérgio Buarque sublinha que a importância da autonomia individual, da mais absoluta independência e, consequentemente, da falta de uma hierarquia organizada, expressa na cultura da personalidade, favorece um tipo particular de individualismo, que quase se confunde com anarquia e que conhece poucas regras, bem diferente de sua versão anglo-saxã: um individualismo da personalidade que valoriza a sobranceria. A conjugação, argumenta o mesmo autor, desse personalismo à ética da aventura, que regera a colonização, implica um indivíduo que reflete sobre si mesmo e renuncia a modificar o mundo, de "mãos nos bolsos", talvez acrescentasse Mário. Ora, assim, o individualismo da personalidade e a nossa "faculdade extraordinária de adaptação", na visão de Mário ligada à melancolia, terminam por fazer o sujeito abandonar a pretensão de transformar o mundo.

    Posteriormente, na conferência "A expressão musical nos Estados Unidos", em 1944, Mário estabeleceria um grande contraponto entre a música norte-americana formada com base no coral coletivo, na comunidade e no espírito de associação e cooperação, e a música latino-americana de modo geral, de base solista e individualista. Mesmo comparando as manifestações da música instrumental coletiva, impõe-se a mesma diferença entre a música negra do norte e do sul:

> Choro e jazz. O primeiro, essencialmente solista, melodia acompanhada por excelência, quando muito contrapontada por alguma

> dialogação; ao passo que o jazz é essencialmente polifonista, bom exemplo democrático, individualizando um por um os instrumentos do conjunto, mas conservando-os todos em concordância e harmonia, como se, para repetir a frase cubana de Fulgêncio Batista, a liberdade de cada um tivesse por limite a liberdade alheia (Andrade, 1976b: 401).

A crítica feita por Mário de Andrade na imprensa assume sentido potencialmente democrático uma vez que busca colocar em diálogo recíproco e desestabilizador termos diferentes e desiguais entre si, que o processo social foi repondo como oposições estanques, como a relação entre erudito e popular. A crítica combinava, assim, uma abertura à incorporação de novas sonoridades e de vozes dissonantes de atores sociais excluídos, isto é, o reconhecimento das diferenças com uma crítica aguda das desigualdades sociais históricas. Nessa direção, Mário reivindica a democratização do acesso aos concertos de modo geral e o acesso franco de toda a população especialmente em datas comemorativas, como expressa no artigo "Músicas do dia de São Paulo", publicado no *Diário Nacional* de 27 de janeiro de 1931. O exercício da relativização cultural e histórica é um dos recursos mais mobilizados pelo autor para desconstruir preconceitos arraigados, como no caso da rígida etiqueta que determina o controle absoluto sobre os corpos nas salas de espetáculo. Em crítica de uma récita do *Rigoletto* no Theatro Municipal de São Paulo, Mário alude ao estado de sonolência que se apoderara de seu corpo devido a um dia fatigante de trabalho e ao espetáculo da noite anterior, terminado já na madrugada, para criticar a "imobilidade forçada e preconcebida a que a educação obriga atualmente os ouvintes" e a escureza das salas de espetáculo – que fizera com que, dias antes no primeiro ato de uma récita da *Valquíria*, Hunding, Sieglind e Siegmund mais parecessem "materializações espiritísticas que pessoas de carne e osso" (Recortes III, periódico não identificado, 14 ago. 1926). Contudo, para Mário, tudo isso não passaria de preconceito assentado por uma herança romântica.

> O costume de acreditar a música uma arte profundíssima, uma arte capaz de dizer as coisas mais elevadas e sutis do pensamento e não uma arte dinâmica por essência, é que levou toda a gente a considerá-la com uma religiosidade ridícula e pedante. E então Wagner favorecido pelos histerismos dum rei ergueu a Meca

musical de Bayreuth aonde maometanos de todas as raças foram adorar, numa escureza mística e num silêncio até onde os aplausos eram proibidos a Deusa falsa e "up-to-date" (Recortes III, periódico não identificado, 14 ago. 1926).

Assim, ouvindo o *Rigoletto*, o crítico diz ter invejado o público alegre dos teatros de Bolonha, Milão e Nápoles durante o século em que se criaram as formas clássicas da música. Público que sabia ouvir entre riso e fala, interrompendo a bulha só nos momentos altos das obras representadas, o que revelaria compreensão desinteressada da música, arte dinâmica que produz comoções sem determinação intelectual, "movendo músculos, agitando o sangue, criando saúde na gente" (Recortes III, periódico não identificado, 14 ago. 1926). Diante disso, anuncia que pretende escrever sobre a "psicologia do aplauso"[10] das nossas plateias, aplauso sentimental, convencional e antimusical.

Em uma conferência manuscrita, Mário chama a atenção para outro aspecto desse problema resumido na afirmação de que os concertos frequentemente se realizam perante uma "plateia de surdos". Caberia ao crítico, então, desenvolver um tipo de escuta atenta e se fazer ouvinte: "ouvir é manifestação do 'Amemo-nos uns aos outros'; e é por isso que as mais das vezes uma mãezinha ignorantíssima, ou a criada do artista, escutam melhor que plateia chique" (Conferência literária, s.d.). Tal disposição para ouvir implicaria, segundo Mário, uma "contemplação ativa" sempre vigilante em relação a dois tipos corriqueiros de equívocos: confundir, sectariamente, cultura com tábuas da lei – "o sujeito adquire um poder de regrinhas métricas, tudo o que não couber dentro delas não presta" – e procurar reconhecer, em vez de descobrir e compreender, o sentido que o artista encarnou na obra, ou seja, procurar nela "o que ele quer receber e não o que ela quer dar". Talvez por isso é que Mário de Andrade tenha se autodeclarado, em outro artigo, o

---

10. O manuscrito homônimo, porém, trata antes do seu próprio comportamento como crítico em relação ao aplauso. Nele, Mário explica que bate palmas sempre, variando o grau de entusiasmo se o artista é companheiro, é artista novo campeando coisa nova ou é aluno de algum colega. Isto porque "concerto é fenômeno social" e porque se esquiva dos "olhares ora desafiantes, ora pedindo conselho, ora apenas curiosos com que os críticos são perseguidos no teatro [...] Gostou? Não gostou? Que tal? Me livro disso dizendo sempre que gostei muito, assim como concordo com a opinião de todos. Se não gostam eu também não gosto, se gostam, gosto. É o que poderá chamar em gíria artística: 'Opinião de Intervalo'. Só mesmo pra uns íntimos é que me confio um bocado" ("Psicologia do aplauso", manuscrito, Arquivo Mário de Andrade, IEB-USP).

crítico mais "perdoador" de São Paulo: "Quando vou a concertos não é pra buscar defeitos dos recitalistas nem gozar com aqueles. Quero gozar é com os recitalistas. Aplaudi-los, escutar música boa, seja antiga ou moderna. Ser feliz enfim".

Portanto, a concepção de crítica de Mário não apenas admitiria como valorizaria o "direito de errar", tanto de intérpretes como de compositores. Por exemplo, comentando um recital do pianista Alonso Anibal da Fonseca, no *Diário Nacional* de 23 de outubro de 1929, aponta nas interpretações dele, "corretíssimas" e presas ao (e do) academismo, uma "abolição do perigo de errar" que o apartaria da "única coisa que é mais importante do que a perfeição terrestre: a aventura". O erro é, assim, associado pelo autor ao caráter de jogo da aventura, e importa mais que a perfeição, posto que envolve permanente risco e indeterminação, em suma, porque encerra a *contingência*. Na mesma perspectiva, o erro oferece *liberdade* fundamental para a imaginação e a criação artística, assim como constitui condição para o aprendizado; como diz a respeito de Francisco Mignone, no *Diário Nacional* de 21 de maio de 1930, "só tendo consciência de que pode errar, ele se sentirá livre, de posse daquela verdadeira liberdade que é mandar o mundo às favas, pra realizar o que a personalidade exige dele".

Para Mário de Andrade, Beethoven seria o antípoda desse artista mecânico, incapaz de transviar e viver a contradição, tipo de artista que ele aproxima dos heróis antigos de romance, "que quando eram bons eram só bons, e quando maus só maus" (Andrade, 1993c: 208). Beethoven, muito pelo contrário, é "terrivelmente humano [...] terrivelmente nós mesmos" (Andrade, 1993c: 208). Ademais, vale lembrar que o erro, justamente em virtude do que foi dito, poderia assumir sentido contestatório dos modelos e convenções europeus de saber, ensino e aprendizado, que determinavam a percepção e o tratamento do que era *erro*.

A ressignificação do erro pela desconstrução da norma aí ensejada permitiria diluir as fronteiras entre erudito e popular em favor do diálogo criativo. Não à toa, o trabalho "sacrificial" de tornar o Brasil brasileiro ganha expressão emblemática na adoção programática da língua portuguesa falada no Brasil e sua transposição para a escrita que aparece nos poemas, romances, ensaios, mas também nos textos de Mário de Andrade veiculados na imprensa. Nessa aproximação, o modernista se opunha a e esvaziava a distinção entre norma culta e a língua portuguesa falada, adaptada e recriada na prática do cotidiano brasileiro. Nesse sentido, como sustenta Silviano Santiago (2008: 29), o erro poderia consistir em

> respostas culturais das classes populares – na sua formação étnica variada – ao centramento do ensino europeu e, como tal, deixa de ser erro para se apresentar como desvio e transgressão ao modelo imposto, reveladores que passam a ser, pelo avesso, de uma nacionalidade oficial envergonhada e recalcada, falsa e falsificante.

A potência contestatória que podemos identificar na análise que Mário de Andrade faz dos processos da música popular brasileira, tais como o improviso e a variação, encontra correspondência, em sua crítica musical, na valorização do que chama de espontaneidade da interpretação. Para dar um exemplo, essa espontaneidade é ressaltada na maneira de cantar da soprano ligeiro portuguesa Raquel Bastos, pois, "se às vezes discrepa um tanto da maneira tradicional com que certos autores são interpretados, traz em compensação um elemento novo, uma graça ignorada e uma perpétua surpresa" (Andrade, 1993c: 104). Essa capacidade de introduzir o novo, de gerar surpresa permanente é fundamental para Mário, porque, por um lado, transforma a interpretação num ato também de criação e, por outro, mantém a música unida à vida, sem o que ela se torna "uma coisa gelada, de cálculo, uma música dos músicos" (Andrade, 1993c: 104).

Assim, a espontaneidade de interpretação permite romper com o que ele chama de "fetichismo" do "estilo", acalentado por uma pletora de músicos intérpretes na época e em que os autores eram "encerrados, deformados e mumificados numa tradição falsa", que fixava uma maneira estereotipada e essencializada de interpretação da obra. A virtuosidade, percebida como "elemento independente da arte propriamente, valendo por si mesma, e consistindo na possessão malabarística", assim como a racionalidade instrumental no Ocidente "sorrateiramente se transformou numa invisível finalidade" (Andrade, 1993c: 201). Portanto, para Mário, a interpretação de uma peça musical jamais poderá assumir um sentido unívoco sem violentar sua liberdade e fazer tábula rasa da multiplicidade de sentidos que ela pode abrigar. Os harmônicos aqui parecem ressoar que o mesmo princípio vale para os intérpretes da música social. E, por isso mesmo, a crítica, a fim de ajuizar essas interpretações, deve permanecer, em sua visão, como uma atividade aberta, eminentemente exploratória e inconclusa, bem como avessa ao que chamava de valor-eternismo: a conversão das obras num absoluto, cujo sentido original e transcendente se projetaria fora do tempo, sob o desígnio de alguma autoridade. O que se denomina estilo e escola, portanto, se faz de contrastes, diferenças e conflitos, de desenvolvimentos que comportam direções e ramais e até mesmo involuções. E a crítica, nesse passo, permeada de um senso das contingências, deve acolher a dúvida e a surpresa, e mediante o diálogo e o contraponto, como a música, ser capaz de ritmar a repetição e a diferença, o mesmo e o diverso, o contínuo e o descontínuo, revelando, enfim, o humano, ondulante e dinâmico, dilacerado e inacabado, sob os caprichos da forma, transfigurado em silêncios e sons.

Ocupação *Ariel*

O desenvolvimento de uma imprensa musical durante o século XIX, articulando editores e comerciantes na edição regular de partituras (de polcas, quadrilhas, valsas, modinhas, árias, romances, além de obras anônimas), vinculava-se à popularidade alcançada pelo piano e pela voz na formação da mocidade burguesa. Àqueles que não alcançassem êxito profissional, restaria a opção de dar lições particulares e auxiliar na renda familiar, além de entreter a audiência em saraus familiares (Toni, 2013). A institucionalização dos estudos musicais que se deu com a transição para o regime republicano – no Instituto Nacional de Música, do Rio de Janeiro, e, após 1905, no Conservatório Dramático e Musical, de São Paulo – aqueceu ainda mais o mercado e gerou a necessidade de aumento da oferta. As chamadas "publicações periódicas de música" ou "edições periódicas de partituras musicais" (Castagna, 2008: 3), que divulgavam sobretudo o repertório doméstico e pouco variado formado pelos sucessos dos palcos de óperas e operetas, mostraram-se insuficientes para aprofundar o estudo teórico da música e para absorver a variedade da música sinfônica, de câmara e dos lançamentos ocorridos em outros lugares (Toni, 2013: 226). A edição de revistas era alimentada pelo comércio de pianos e partituras, e a venda de espaços para anúncios (de sociedades de concertos, escolas de música, casas de ópera e teatro, como veremos adiante no que se refere a *Ariel*) era o principal expediente para arcar com o seu elevado custo de produção, particularmente no caso das revistas que não eram mistas e publicavam apenas trabalhos teóricos (Toni, 2013: 226). A "pianolatria" tão vituperada por Mário garantia, apesar de tudo, a prosperidade desse mercado.

Ademais, as revistas de música representaram canais de atualização e acompanhamento das vogas e debates estéticos da música ocidental para além dos salões de arte e dos círculos de amigos, em que aqueles que voltavam de viagem costumavam trazer as boas-novas, bem como do interesse crescente pelas músicas de outros povos. Como mediadores, contribuíam também para ampliar os espaços sonoros restritos das escolas e teatros nacionais, como o Conservatório Dramático e Musical, constrangidos pelo gosto extremamente conservador, ao fazer circular partituras de obras modernas e os repertórios das principais salas de espetáculo. Ser atual, como explicita *Klaxon*, era uma das autoproclamadas identidades modernistas. Nesse sentido, Flávia Toni (2013: 227) mostra que "as revistas musicais estrangeiras colecionadas por Mário de Andrade serviram para ampliar os espaços restritos da escuta e constituíram modelos importantes para o crítico de música e ensaísta",[11] bem como para o professor catedrático.[12] Isso certamente concorreu para que Mário desenvolvesse um tipo de "escuta aberta" (Bessa, 2010) às diferenças, que procurava incorporar novas sonoridades e vozes dissonantes de atores sociais excluídos e cujo sentido era, portanto, fundamentalmente democrático.

---

11. Toni (2013) faz um levantamento das revistas de música estrangeiras que constam da coleção de Mário de Andrade. Indicamos a seguir as com maior período de cobertura: da Alemanha, *Blätter der Staatsoper* e *Die Bottscherstrasse Internazionale Zeitschrift*; da Áustria, *MusikblätterdesAnbruch*, principal órgão de divulgação da Escola de Viena; da França, assinava *Le Menestrel. Musique et theatres*; *Le Monde Musical*; *Musique. Revue mensuelle de critique, d'histoire, d'ésthetique et d' information musicales* e *La Revue Musicale*; da Itália, *Rivista Musicale Italiana*.

12. Vejamos rapidamente alguns exemplos retirados da seção "Revista das revistas" em diferentes números de *Ariel* que indicam não apenas esse alargamento dos espaços da escuta como uma preocupação com a atividade crítica: "Melodias populares indianas", por Béclard-d'Harcourt (*Musica d'Oggi*); "Os dados da crítica musical", por M. Calvocoressi (*La Revue Musicale*); "Politonalidade e atonalidade", por Darius Milhaud (*Revista Catalana de Musica*); "Paradoxos sobre a crítica", por Ch. Tenroc (*Le courier musical*); "O músico criador e a crítica musical", por P. Marsop (*Der Anbruch*); "Critiquemos os críticos", por S. Chiaregin (*Il pensiero musicale*); "As danças de Java, da Indochina e da Índia", por P. Stern (*La Revue Musicale*).

Como se sabe, grande parte do empenho modernista de Mário na renovação cultural no contexto imediatamente posterior à Semana de 1922 se faz por meio da colaboração "construtiva" nas revistas modernistas; afinal, entendido como movimento cultural, o modernismo seria obra coletiva que envolveria e deveria entrelaçar esferas diferentes da cultura e também diferentes gerações. Mário colabora ativamente nos efêmeros periódicos de diferentes grupos modernistas, entre eles *Klaxon*, *Ariel*, *Estética*, *A Revista*, *Terra roxa... e outras terras*, *Verde*, *Revista de Antropofagia*. Destas revistas, *Ariel* será a única circunscrita à música (Wisnik, 1983; Padilha, 2001; Quintero-Rivera, 2002; Labrada, 2012; Toni, 2015, 2013).

Ariel: Revista de cultura musical é fundada em 1923, com periodicidade mensal, pelo pianista e professor de música baiano Antonio de Sá Pereira, e será editada até 1929, embora sua primeira fase, que tomamos como objeto de análise, dure apenas até o número 13. O título originalmente escolhido era *Magma: magazine de música e artes*, como ficamos sabendo por uma carta de 22 de abril de 1923 na qual seu futuro diretor, ainda de posse do cargo de diretor do Conservatório de Música de Pelotas, pouco antes de se mudar para São Paulo, convida Mário de Andrade a participar da criação da revista e lhe apresenta o projeto (Sá Pereira, 1923). A correspondência fragmentária entre os dois oferece apenas um retrato pálido do longo intercâmbio aí iniciado, que envolveria, entre outras coisas, a proposta de reforma curricular do Instituto Nacional de Música em 1930, bancas de concurso na então Escola Nacional de Música e colaboração na *Revista Brasileira de Música*.[13]

A paginação e as ilustrações de *Ariel* ficaram a cargo de Antonio Vieira Paim, ou simplesmente Paim, que também colaborara nas revistas *FonFon!*, *Para Todos*, *A Garoa*, *A Cigarra*, *Vida Moderna*, *Papel e Tinta* (Tarasantchi, 1988). Desde o número inicial de *Ariel*, Paim será o autor de capas, vinhetas, desenhos *hors texte*, capitulares e matéria publicitária (Tarasantchi, 1988: 105), o que fará Mário de Andrade lhe prestar homenagem como um dos fundadores da revista, acompanhada de um autorretrato, ao lado de Sá Pereira e da firma Campassi&Camim, no seu número de aniversário. Em geral, as capas traziam xilogravuras representativas do conteúdo do número, téc-

---

13. Para um estudo detalhado do perfil editorial de *Ariel*, cf. Hoelz, 2015, cap. 2.

nica que Paim foi um dos primeiros a empregar em São Paulo, embora não fizesse carreira como gravador. A segunda capa trazia anúncios desenhados pelo próprio ilustrador.

Paim aceitava vários tipos de trabalho, desde desenhos decorativos comerciais, monogramas, marcas, até propaganda, de que *Ariel* nos oferece vários exemplos, como a da Casa de Pianos Sotero ou da Me. Elisa Giacone Macelloni & Cia., revendedora de artigos de luxo e moda feminina importados da Europa. Isso acabou rendendo-lhe a pecha de "desenhista comercial" em alguns círculos artísticos, como o do grupo dos modernistas. Por isso sua participação na Semana de 22 foi velada: os trabalhos de sua autoria expostos foram assinados por Yan de Almeida Prado. A influência estrangeira do *art nouveau* e do *art* déco, absorvida através das revistas europeias que colecionava, seria transfigurada por uma "solução de abrasileiramento" – como elogiaria Mário de Andrade em série de quatro artigos publicados em 1928 no *Diário Nacional* a propósito de sua cerâmica – baseada na estilização, com emprego de certo primitivismo, de motivos indígenas, como a arte marajoara, e da flora e da fauna brasileiras, como mostram os ornatos decorativos feitos para *Ariel* – composições com tatus, tamanduás, palmeiras, folhas de bananeira, vitórias-régias etc.

Ariel tomava para si a missão de "por meio da música, tal como o Ariel do drama, servir uma boa causa, auxiliar a difundir a cultura" (*Ariel*, n. 1, out. 1923: 3). "Apenas como não é mais permitido andarem deuses e demiurgos pela Terra, 'Ariel' encarnou-se, isto é, enfolhou-se numa revista musical brasileira", explicaria Mário de Andrade de maneira menos solene. "Assim falou Rodó" foi o título dado por Sá Pereira ao artigo de fundo da revista *Ariel*, que trazia longa citação do célebre ensaio homônimo do pensador uruguaio José Enrique Rodó (1871-1917). Essa evocação na chamada de apresentação – lugar em que as revistas de modo geral e recorrente declaravam *a que se dev[iam]* (Martins, 2008: 16) – parece indicar a adesão do periódico à corrente ideológica formada a partir daquele ensaio que, no início do século XX, ficou conhecida como arielismo. Tal posição adotava uma visão idealista da cultura latino-americana como modelo de nobreza e de elevação espiritual, fundada no ideal greco-latino de beleza e no ideal cristão de caridade, que rejeita a mediocridade do utilitarismo – que não passaria de uma forma de barbárie travestida de civilização – e os valores sensualistas e materialistas de Caliban, representado pelos Estados Unidos, reconhecendo-se como parte de um Ocidente espiritualizado ameaçado pelo capitalismo, pela conversão da racionalidade instrumental em um fim em si mesmo e pelas concepções de sociedade como um mercado. O arielismo defendia o resgate e a revitalização do passado ibero-americano como uma opção civilizatória singular e alternativa de acesso ao moderno. Como sabemos, essa valorização da matriz ibérica de ordenação social – orgânica e baseada num princípio arquitetônico – como potência capaz de fazer frente à crise moral e existencial do mundo anglo-saxão – marcado pelo individualismo e baseado num princípio nivelador – faria fortuna e instigaria calorosos debates na tradição intelectual latino-americana.

A revista figurava a contradição de um movimento modernista que procurava romper com o passado absorvendo as vanguardas europeias, e cuja renovação, patrocinada pela burguesia latifundiária, emanava da tradição que se negava. Conjugando crítica e informação, *Ariel* se empenharia para corrigir o hiato entre a assimilação das vogas europeias e a maturação das condições socioculturais e técnicas adequadas à criação e difusão do moderno no meio musical paulista. Procura atuar sobre todo o *continuum* musical para (re)formar o gosto viciado pelo romantismo – compositores, intérpretes, repertório, público, instituições financiadores –, particularmente pela "epidemia de wagnerite", para usar a fórmula satírica de Mário, que dizimara a música europeia e começava então a grassar e causar estrago no Brasil e na Argentina. A renovação da linguagem seria um processo amplo que compreenderia criação, interpretação, execução e recepção, e a crítica estaria desafiada a apreendê-lo. A afirmação e a difusão da música moderna implicariam um acerto de contas com o romantismo, do qual era ela mesma uma espécie de saturação.

Como sugere seu subtítulo, *Ariel* será um instrumento de conformação, normatização e rotinização de uma cultura musical ao mesmo tempo moderna e brasileira – cosmopolita. No entanto, como toda relação entre cultura e vida social tem caráter reflexivo, a crítica didático-programática formulada na revista não perde de vista os portadores sociais capazes de realizar essa cultura musical neste "polo norte artístico", como o nosso modernista nativo definira num gracejo. Dada a precariedade do meio musical impregnado pelo que poderíamos chamar, bem à maneira marioandradiana, de "moléstia de Wagner", o critério didático impõe-se ao da inovação da linguagem, afinal de nada serviriam compositores sem intérpretes que incorporassem suas peças aos seus repertórios e as executassem adequadamente (leia-se: despojados do preconceito sentimentalista).

Como argumenta Wisnik (1983: 103), essa é a finalidade que orienta a tarefa de Mário, iniciada em *Klaxon* e completada em *Ariel*, de diagnosticar e escrutinar o quadro de intérpretes nacionais, particularmente a escola pianística formada em São Paulo, afinados com a renovação estética perseguida: Guiomar Novaes, Antonieta Rudge Miller, Souza Lima, Magda Tagliaferro e Lúcia Branco. Afinal, muitos intérpretes contribuíram para o movimento ao participar da Semana (emprestando-lhe sua fama), mas não se engajaram no programa teórico modernista (Wisnik, 1983: 79). O problema, contudo, tinha raízes mais profundas, como Mário já denunciava em "Pianolatria", publicado no primeiro número de *Klaxon*. Perfazendo uma crítica às condições de produção da música em São Paulo, aponta que o culto do piano – comparado a "uma fada perniciosa [...] que a cada infante dá como primeiro presente um piano e como único destino tocar valsas de Chopin!" – teria provocado o vício de gosto do público, a limitação do repertório, a asfixia dos gêneros camerístico e sinfônico, além do estímulo exacerbado à prática de interpretação sentimentalista, o que poderia, se não dificultar, no limite impedir a incorporação e a difusão da música moderna entre nós. No primeiro número de *Ariel*, por sua vez, Sá Pereira faz coro à constatação de Mário e pondera:

> Numa terra onde não há casa sem piano e respectiva menina pianista, onde os principais conservatórios (Rio e São Paulo) têm uma frequência anual de mil alunos cada um, onde os professores particulares com seus alunos formam legião e as casas de música todas prosperam, onde, enfim, a música é uma indústria rendosa, dá-se um curioso fenômeno: anuncia-se um concerto de piano e é de apostar que mesmo os mais afamados nomes de artistas raras vezes conseguirão arrebanhar público para meia casa (*Ariel*, 1923, n. 1: 33).

Portanto, num "curioso fenômeno", a distorção produzida pela "pianolatria" no meio musical não tinha como contrapartida garantia de público. Mas ela assegurava, isto sim, uma desproporção, nos Conservatórios, entre a frequência aos cursos de composição e a dos cursos instrumentais (e, nestes, entre o piano e os demais): "Para quinhentos alunos de piano haverá talvez um que se aprofunde no contraponto", observa Sá Pereira em suas "Considerações sobre o concurso musical da revista 'Ariel'", as quais arremata com a seguinte provocação: "Os 'virtuoses' do século passado, porém, quem os conhece ainda, exceção feita daqueles como Chopin e Lizst que foram compositores?" (*Ariel*, 1924, n. 8: 297).

No artigo de abertura do primeiro número de *Ariel*, seu diretor Sá Pereira visita "Ideas de Busoni sobre o estado actual da musica", considerado uma fase de convulsão, e discute as possibilidades de desenvolvimento (sobretudo harmônicas) abertas pela transformação da linguagem musical em curso. "Audácia", título do ensaio do mesmo Sá Pereira impresso no segundo número da revista, seria a palavra que, segundo o autor, traduziria o espírito de época marcado pelo esboroamento de convenções arraigadas nos diferentes domínios do pensamento e da vida. Na música em particular sentia-se "um intenso remover e experimentar": a "gramática" musical se provava incapaz de explicar o que os novos estavam fazendo e o sistema diatônico, cujo fundamento era o *tom*, vinha sofrendo graves abalos de todos os lados – as ideias de consonância e dissonância, de preparação e resolução de acordes, de cadência, de tonalidade afirmada e modulação, todos os sólidos princípios da harmonia como que se desmanchavam no ar. Sá Pereira chega a dizer que, assim como os químicos dividiam o átomo, alguns músicos irreverentes dividiam o tom em terças ou quartas em busca de novas e sutis possibilidades de expressão. Apressa-se a dar notícia, recém-chegada de Paris, da sensação causada pela partitura do bailado *As bodas de Fígaro*, levado em cena, com requinte de escândalo, pelos "Russos" de Diaghilev. Na sua mais recente obra, Stravinski, considerado o mais genial dos músicos contemporâneos, submetia a própria orquestra habitual a um exame crítico: o violino, o príncipe da orquestra, era destituído pela bateria, aumentada significativamente, e, em lugar dos naipes de sopros e cordas, foram introduzidos quatro grandes pianos, tratados como um vasto jogo de timbres ou à maneira de "cymbalum". Ensaiava-se o retorno do pulso: "O bombo, o triângulo, o tambor e, em geral, todos os instrumentos da bateria, muito tempo humilhados pela onipotência dos instrumentos de arco, tomaram uma desforra brutal sobre seus aristocráticos opressores. As sonoridades surdas dos instrumentos de percussão, toda a gama dos choques leves ou violentos sobre a madeira, o metal ou a pele distendida, oferecem novas possibilidades extremamente preciosas para traduzir com exatidão matemática esse novo estado de alma" (*Ariel*, 1923, n. 2: 57). Para o autor, essa "ânsia de renovação" geral representava não uma fase de decadência caótica, mas "a convulsão prenunciadora de uma nova civilização [...] emancipada e audaciosa" (*Ariel*, 1923, n. 2: 58).

De modo convergente, Mário de Andrade diz em "A vingança de Scarlatti" que nosso tempo – "um dos mais maravilhosos da história do mundo" – caracteriza-se por um baralhamento dos gêneros como um "baile carnavalesco":

> À atonalidade, consequência máxima da vacuidade tonal a que nos acostumaram o cromatismo wagneriano, a harmonização de Franck e a escala por tons inteiros de Debussy, os modernistas substituem já francamente a *polifonia politonal*. Franck e Debussy foram a última consequência da música vertical. Domínio absoluto do acorde, a que não raro a melodia faltava. Debussy pretendeu mesmo passar sem ela. A essa exasperação do verticalismo harmônico reage-se agora com a música horizontal, movida por melodias simultâneas. Polifonia de novo. Mas forte dum novo músculo: a politonalidade. Essa é a tendência mais pronunciada e quase generalizada entre modernistas de todos os países. Novo sistema que se esboça e cujas leis titubeantes não podem ser ainda codificadas (*Ariel*, 1923, n. 3: 93).

No artigo de Alfredo Casella, reproduzido de *La Revue Musicale*, aborda, como indica o título, o "Advento de um quarto elemento sonoro" em meio ao "processo de decomposição do velho e secular sistema diatônico" com a perda da soberania da consonância clássica. Somando-se aos três elementos clássicos (ritmo, melodia e harmonia), este quarto elemento até então acessório, o timbre – em alemão, *Klangfarbe*, o senso da cor do som –, ocupará um lugar predominante na estética e na técnica contemporâneas, com Debussy, Stravinsky e Schoenberg. Segundo o autor, o timbre seria fundamental para a evolução qualitativa da sensibilidade da música ocidental, e não apenas da percepção quantitativa das relações numéricas de altura (melodia e harmonia) ou de duração (ritmo). Assim, Casella chamava a atenção para sensibilidades e práticas *outras* de desenvolvimento musical ao observar que o senso de apreciação do timbre, que os europeus mal começavam a cultivar, desde tempos imemoriais existe no Extremo Oriente: "Na música chinesa (que conhece há trinta ou quarenta séculos o 'sistema temperado' consagrado entre nós pelo *Clavecin* de Bach) o ritmo é elementar, a melodia ingênua, a harmonia inexistente, mas as estranhas sonoridades dos plectros, das flautas, dos sinos, e dos maravilhosos *gongs* prendem toda a receptividade sensorial do chinês, e eu duvido que jamais atinjamos [...] semelhante requinte de sensibilidade auditiva" (*Ariel*, 1923, n. 3: 106). Cabe lembrar, nesse sentido, que em "Reação contra Wagner (notas rápidas para uma história da música)" Mário de Andrade avança não apenas a concepção de que as artes evoluem por acumulação e reação, mas utiliza a ideia de ramais e direções para qualificar as sequências de desenvolvimentos musicais.

Ariel buscaria formar um gosto moderno e também nacional. Para tanto, promove uma valorização ampla da cultura musical nacional – compositores que devem sorver o folclore, público, repertório, ensino etc. Reforça-a transcrevendo colaborações divulgadas em publicações estrangeiras que enfocam a música popular em outros contextos. Reproduz, por exemplo, da inglesa *The Chesterian*, o artigo "'El retablo' de Manuel de Falla", de G. Jean Aubry, no qual se acentua a cor castelhana da peça, atingida graças ao estudo profundo que o compositor fez das canções populares de Castela da época de Cervantes; de *Il Pianoforte* traduz artigo de Adolfo Salazar sobre o recente movimento espanhol, do qual o leitor brasileiro deveria se inteirar, em prol da constituição de uma música tipicamente nacional cujas raízes se encontrariam na costa levantina. Ao mesmo tempo, a revista repercute o êxito alcançado pela música e por compositores brasileiros no exterior, sobretudo na seção "Echos". Em uma de suas "Cartas de Paris" (são cinco ao todo), Sergio Milliet chega a afirmar que a arte brasileira adentrava um período de apresentação e divulgação, e que, se aprovada na capital francesa, "supremo árbitro", espalhar-se-ia pelo mundo, consagrada (*Ariel*, 1923, n. 6). Quando Mário assume a direção, a rubrica "Concertos" amplia essa divulgação.

Na mesma linha, defende-se o canto em língua nacional, seja notando que os franceses desde logo traduziram os *Lieder* alemães e que Wagner é cantado em holandês na Holanda – como faz o poeta português Afonso Lopes Vieira –, seja saudando a iniciativa pioneira do compositor Alberto Nepomuceno nessa direção (*Ariel*, 1923, n. 2). A aprendizagem autóctone do cantor Andino Abreu é ressaltada por Saul Torres contra o preconceito generalizado com artistas que não realizaram a clássica viagem de aperfeiçoamento a terras de além-mar, como se fosse "necessário o contrapeso dum nome feito em terras cobertas por outros céus, para o público, então, aplaudir, temendo, de outro modo, contrariar a opinião do estrangeiro".

Partindo da constatação de que "a história da nossa música é a busca incessante de uma expressão própria", o artigo "Música brasileira", de Renato Almeida, irá formular expressamente a tese nacionalista mobilizando argumento historicista, com claras ressonâncias da noção romântica de cultura, que acentua o caráter particular de cada povo. Assim, "um romance francês, um *Lied* alemão, uma *barcarolla* de Veneza, ou uma modinha brasileira podem ter o mesmo motivo, mas cada qual refletirá um modo especial de sentir, mais alegre, mais sombrio, mais lânguido, ou mais melancólico. [...] O motivo da arte é perene, mas a expressão varia com a alma de cada povo" (*Ariel*, 1923, n. 3: 100). O musicólogo assinala a continuidade que se estabelece, desde a geração de 1890, em torno da procura da criação de uma música brasileira não imitativa nem regional, mas como "um motivo maravilhoso da estética universal. [...] Sendo brasileiros, ficaremos por força universais, desde que sejamos capazes de criar por nós mesmos. Só as imitações passam...".

No número 9 de *Ariel* ficamos sabendo, por nota publicada na nova seção "Sinfonieta", que Sá Pereira deixara a direção artística da revista, assumida então por Mário de Andrade, informação obtida em outra nova seção – "Prestissimo", "que dará nótulas breves sobre o movimento musical contemporâneo, especialmente brasileiro". Outra nota destinada "Aos Leitores" faz menção à boa aceitação pública que *Ariel* tem tido – "apreciada e discutida como é em todos os grupos musicais" – para sinalizar o alargamento da sua esfera de ação e a nova política de escopo e disposição das seções que visam deixá-la mais legível e manuseável.

A rubrica "Chronicas", a partir dessa edição, passará a incluir as seguintes seções: "Concertos", assinada por C. Padovani; "Do Bemol", assinada por Mário de Andrade e dedicada à análise de peças de compositores nacionais, cuja incorporação ao repertório dos concertos passará a ser reivindicada com mais força pela revista; "Sinfonieta", a cargo da Redação, com notas breves sobre atualidades e acontecimentos do meio musical; e "Prestissimo", que faz as vezes de um tipo de coluna social, dando informes que vão desde partidas e retornos de viagem de figuras ilustres a chás musicais oferecidos por Mário a suas alunas nas tardes de domingo. A antiga seção "Revista das revistas de música" será transformada em nota no interior desta última seção. No número 13, em que *Ariel* "semi-morre" para os modernistas, como Bandeira se referira ao fato em carta para o diretor que acabava de deixar sua função, introduz-se ainda a seção "Brasil em fora" em que diferentes autores dão notícias dos seus respectivos centros musicais – Rio de Janeiro (M. B.), Rio Grande do Sul (B. D.), Minas Gerais (Flausino Rodrigues Valle), Paraná (Pery Sternheim) e São Paulo-Campinas (Salvio).

Não era fácil a tarefa de desatar o nó que significava produzir uma revista de cultura musical moderna e nacional para um público cultivado no gosto romântico. Em carta a Sergio Milliet, Mário lhe solicita que arranje colaboração não remunerada com Souza Lima, compartilha o estado financeiro miserável em que se encontrava a revista – *deficit* de onze contos –, justificando o aceite em ficar à frente dela nos seguintes termos:

> Tomei a direção da revista, porque o Sá Pereira não tinha coragem para piorá-la, torná-la acessível a este público bunda do Brasil. Pois eu pioro? disse. Fiz revista informativa, mais variada, sem artigos pesados, cheia de notícias idiotas e elogio todo o mundo. Compreendes: só são meus os elogios assinados. O resto vai por conta da direção da revista. Vamos ver se a diaba vive. Também se nem assim conseguir nada, estou disposto, a me naturalizar chinês ou, está aí uma ideia original: naturalizo-me lapão [Carta de 11 de agosto de 1924] (Duarte, 1977: 298).

Uma pequena anotação manuscrita de Mário de Andrade contida na ficha 3737 do seu Fichário Analítico[14] (Labrada, 2012) traz revelação deci-

---

14. Na ficha intitulada Mário de Andrade no Fichário Analítico, consta ainda a lista de todos os artigos que escreveu em colaboração para as seguintes revistas: *Klaxon, Papelet, Resenha do Brasil,*

siva: "Do número 9 ao 13 de Ariel tudo que está assinado sob pseudônimos Padovani, Sinfonieta, Prestissimo, Luis A. da Silva, Delage, Raul de Morais, Eugenio Luz, A. G. do Amaral, Bernardo Koch é meu". A própria dicção de alguns textos faz suspeitar sua autoria oculta. Mesmo as "Cartas de Paris" ficarão por conta de um pseudônimo, G. Delage. Embora Mário peça ao amigo Bandeira para não lhe falar em suas coisas em *Ariel*, este não hesita em lhe dizer: "Fica sabendo de uma vez por todas que o seu grande valor é a *personalidade*. É um bicho, uma prosopopeia, um Adamastor!! Imitas e sai Mário de Andrade. Brincas e sai Mário de Andrade. Fazes simbolismo, impressionismo e sai Mário de Andrade. Cospes no simbolismo, sai Mário de Andrade. És bom rapaz, fazes ironias, 'não dás absolutamente importância' e 'pelo amor de Deus, não fale no que escrevo em Ariel' e sai Mário de Andrade. Sai sempre Mário de Andrade!" (Andrade, 2000: 154, grifos no original).

Mário estará, pois, incumbido de quase toda a matéria do mensário. Multiplicar-se-á em pseudônimos levando-os muitas vezes a estabelecer entre si uma conversa em torno da música nacional que ganha sentido público – cuja culminância é o pequeno conto fabulado por Mário na pena de Florestan no último número sob sua direção, no qual a pequena Ariel recebe os grandes músicos da tradição europeia para sua festa de aniversário. Através de contrapontos entre os pontos de vista de seus personagens, é como se o arlequinal Mário fosse tecendo sua meditação sobre o Brasil por meio de uma polifonia politonal que os (o autor e o país) traduzia em nível profundo – ambíguo e aberto. Como dirá anos mais tarde, "o em se fazer em que se debate ainda o nosso próprio povo permite as mais estranhas e espantosas coincidências" e até mesmo um certo cosmopolitismo subalterno, poderíamos sem prejuízo acrescentar: na música brasileira encontra-se desde um "bocado de Bach" a uma mazurca de Chopin na rabeca de um analfabeto do Nordeste (Andrade, 1976b: 274). Assim, como numa fuga de Bach traduzida em "conversa" brasileira, Mário faz com que suas vozes dialoguem sobre um tema – a música brasileira –, invertendo-se, espelhando-se, modulando-se, e assim por diante, de modo a criar contrapontos e sincopar a norma, des-

---

Ariel, Revista do Brasil, Estética, A Revista, Rivista degli Italiani, Silhueta, Columbia, Movimento, Revista de Música, Weco, Movimento Brasileiro, Ilustração Musical, Revista Nova, Vida Literária, Boletim de Ariel, Revista da Associação Brasileira de Música, Ordem, Espírito Novo e Momento.

centrando a escuta e as vozes contra um discurso unitário e totalizante, homogêneo e arbitrariamente hierarquizador. Ora, afinal, "Bach foi um 'syncopated'. Principalmente nas suas fugas, em que é visível a prisão desagradável que lhe causava a inflexibilidade do compasso" (Andrade, 1976b: 275).

Além das mudanças editoriais e gráficas implementadas – como, por exemplo, a utilização de fotografias na capa e no interior –, Mário aprofundará a orientação de abrasileiramento da música nacional e intensificará a plataforma crítica da revista. Assim, promove uma campanha em favor da educação do público contra os músicos que, desejosos de adular o público em troca do aplauso fácil, escolhem o "eterno repetir" de repertório já desgastado formado sobretudo de peças de efeito românticas, propensas ao malabarismo: "É preciso imediatamente fugir dessa cotidiana execução de Chopin, de Lizst, de Beethoven, grandes músicos por certo, mas cuja repetição monotoniza os programas e educa parcialmente e por isso erradamente o público. Todo recital, toda audição comporta necessariamente uma intenção educativa que é preciso cumprir". Esse incômodo com determinado repertório canônico tem como contrapartida o estímulo ao resgate de autores que considera injustamente abandonados pelos recitalistas.

Volta suas baterias também contra o "êxodo" de alunos. Mesmo a escola de piano paulista equiparando-se, na opinião do autor, às melhores da Europa e não tendo rival nas duas Américas, insiste em enviar alunos à Europa para aperfeiçoamento, incorrendo em "ridícula sujeição de subalternos que nos inferioriza e dá toda a glória final aos professores europeus que dão um conselhinho ou outro de vez em quando". Retornam como grandes virtuoses, porém afrancesados, italianizados, germanizados. A educação europeia constitui um problema também uma vez que, embora já tenhamos escolas capazes de formar inteiramente um músico, os livros adotados e os exemplos dados permanecem estrangeiros. Impossível não lembrar imediatamente, nesse sentido, o esforço pedagógico que Mário concretizará em obras como *Ensaio* e *Compêndio de história da música*. Por outro lado, criticando o provincianismo de todo autocentramento, valoriza os nossos músicos que "conseguem vencer os velhos povos mais civilizados [e] contribuem para levantar o nosso nome entre essa gente egoísta e ignara de além-mar que vive a pensar o mundo um pedacinho de terra feito de Roma, Paris, Viena e Londres".

Ainda, interpelando a si mesmo por meio do diálogo com seus *alter ego*, faz uma defesa da música coral – que, como sabemos, terá grande lastro em sua obra – visando preencher "a lacuna talvez mais sensível da nossa cultura" e mitigar o excessivo individualismo latino e nosso insolidarismo social.

No que diz respeito ao problema da interpretação musical, remetemos ao trabalho de Wisnik e observamos que Mário irá operar com uma espécie de dialética entre o romântico e o clássico, construindo contrapontos entre, por um lado, a execução "derramada" – que expressa uma subjetividade livre de controle e que não se atém aos limites determinados pelo texto, introduzindo intencionalmente certas transgressões interpretativas que levam à incorporação do indeterminado à escritura – e, por outro, a prática interpretativa cerebral e contida de tipo clássico (Wisnik, 1983). Para tanto, comparam-se Guiomar Novaes e Magda Tagliaferro a Antonieta Rudge, Lucia Branco e João Souza Lima. Configura-se um complexo jogo de dualidades que aponta para um dilaceramento mais profundo, relacionado à ambiguidade resultante da consciência de que o programa estético moderno depende de uma negação do passado unida à impossibilidade de fazê-lo (Wisnik, 1983: 112).[15]

Na polifonia que vai assim se escrevendo a voz principal será a de Florestan, pseudônimo tomado de empréstimo do crítico musical Robert Schumann, que na direção da famosa *Neue Zeitschrift für Musik* trava um combate contra o gosto musical degradado do seu país, cujo sintoma mais conspícuo, na Alemanha de 1830, era – vejam só – o culto do virtuose do piano. Contra a mediocridade dos compositores de música trivial, dos virtuoses e do público inconsciente que bate palma por eles, Schumann criou uma liga secreta de personagens imaginários, *Davidsbündler* (A Liga de Da-

---

15. Wisnik assinala que "aquilo que a uma primeira vista poderia ser a escolha fechada de um critério, estabelecido em consonância com o programa modernista, passa a ser a marca mais complexa de uma divisão, a se formular sempre em dualidades cujos polos não sabem se excluir. No caso, dois tipos de interpretação pianística ressoam na ótica de Mário uma divisão mais profunda, conflitiva, entre dois tipos de abordagem, de experiência, ou de leitura da obra de arte: a leitura consciente, técnica, que deixa ver claramente a estrutura formal chamando a atenção sobre a linguagem, e a leitura envolvida, que apela para o inconsciente, que subjuga a razão e ameaça despertar a magia. O dilaceramento entre uma visão construtiva da arte, centrada na racionalidade da organização das formas, e uma concepção projetiva, que a subjuga às tensões inconscientes, apresenta, no caso da crítica pianística de Mário, o interesse de revelar uma obsessão que atinge de maneira ampla o poeta, o esteta, o crítico" (Wisnik, 1983: 114-115).

vid), que combatia a impostura do mundo musical alemão da época. Através das vozes de Eusebius, Florestan e Mestre Raro, entre outros, Schumann inventava diálogos que, relembrando a célebre forma platônica, discutiam fatos contemporâneos em tom poético, apresentando os novos valores – como Chopin e Brahms – e ressaltando a necessidade de distinguir o falso melodismo de autores de moda do verdadeiro e profundo sentido melódico do cancioneiro tradicional e dos grandes mestres (Quintero-Rivera, 2002). Florestan e Eusebius chegaram a ser vistos como *alter ego* ou lados opostos da personalidade do próprio Schumann – o impetuoso e o contemplativo – e frequentemente contribuíam juntos oferecendo visões críticas distintas, quando não contrastantes, sobre um mesmo problema. Não deixa de ser curioso, e significativamente ambíguo, que o principal avatar e líder da Liga de Mário – ou do "clã do jabuti", como o próprio talvez nos autorizasse a batizá-la – lhe venha de um compositor e crítico musical romântico.

Florestan manejará o principal arsenal crítico do meio musical brasileiro. E as diretrizes propostas para a música brasileira, dispersas nas páginas de *Ariel*, serão vocalizadas com mais veemência e amplitude por Florestan, cujos artigos passarão a abrir cada número. O primeiro deles intitula-se sugestivamente "A situação musical no Brasil". Convidado pelo diretor de *Ariel* a escrever crônicas musicais, como faz questão de esclarecer, começa por afirmar que a situação musical do Brasil "pode emparelhar-se à da maioria das nações, mesmo da Europa". Protesta então contra o "pessimismo brasileiro", que não se cansa de entoar lamentos sobre nossa pobreza e males quando deveríamos justamente amar e exaltar as coisas nacionais "não para nos iludirmos, mas para fixarmos melhor a realidade brasileira. Um pouco de otimismo conforta e ajuda empreendimentos futuros". A seguir, lança-se a comparar nossa situação à de outros países: um Mac Dowell não seria páreo para Carlos Gomes, não haveria intérprete norte-americano que se equiparasse a Vera Janacópulos e Guiomar Novaes, isso para não falar em Villa-Lobos. A riqueza rítmica e melódica e a originalidade do nosso cancioneiro popular, de que Nazareth e Tupinambá se fizeram rapsodos, nos destinaria a "ser um dos povos musicais do universo", formando uma grande escola nacional, desde que se encontrassem condições propícias. Tratava-se, portanto, de criá-las, como já enfatizado:

Vejam-se como exemplos a estilização que fizeram das *pastourelles*, das *bergettes*, das canções trovadorescas principalmente, os compositores das *airs de cour* e em seguida os cravistas do século XVIII para que a França se tornasse a escola musical que hoje incontestavelmente é; na Alemanha foi o desenvolvimento nacionalista da escola de Hamburgo e a utilização dos cantos dos *Minnesänger* e dos mestres cantores e principalmente o emprego estilizado do *Lied* que lhe deu Weber, Schubert, Schumann, Wagner e Brahms; enquanto na Itália os cantos populares toscanos influíam diretamente na *Ars Nova* e tanto Monteverdi como a escola napolitana não desdenhavam de ir buscar nos cantares e danças dos pescadores a fonte musical da mais luminosa de todas as músicas. As duas escolas posteriores a essas, tanto a russa já formada, como a espanhola, em via de formação, foi do folclore que tiraram os elementos da sua vitalidade. O Brasil, si seguir pelo mesmo caminho, terá certamente muito breve uma escola própria, que poderá se equiparar com pujança e valor atual à desses povos tradicionais.

A obsessão pela cultura popular como aspiração à igualdade social que ganharia força na obra de Mário já aqui dá sinais de vida. O procedimento contrapontístico pelo qual se move o pensamento do autor concorre para promover o desrecalque das práticas populares e do folclore ao mostrar como foi justamente essa a fonte das grandes escolas europeias. Esse gesto, como sabemos, se estenderia ao reconhecimento e desestigmatização dos seus portadores sociais.

Na pele de A. G. do Amaral, Mário interpelará Florestan no que diz respeito à criação de uma escola nacional que enriqueceria com sua contribuição original a música universal. A questão lhe parece mais complexa do que pretende o otimista Florestan. Começando pelo uso de ritmos e melodias autóctones, objeta que muitos compositores de escolas nacionais consolidadas, como na Alemanha, na Itália e na França, não recorreram a esse acervo, antes "foram buscar em terra estranha o fundamento melódico das suas obras". Por exemplo, Rossini, no *Guilherme Tell*, utiliza vários temas suíços, principalmente do *ranz* das vacas sem que a ópera deixe de ser caracteristicamente italiana. Da mesma forma Rimsky Korsakow se conservou russo ao escrever o *Capricho Espanhol*. Por outro lado, aponta que o mero uso de ritmos e melodias brasileiros não confere caráter tipicamente nacional às obras, servindo de exemplos Carlos Gomes e Henrique Oswald. Mesmo Villa-Lobos claudicaria a esse respeito na harmonização de algumas obras.

Pergunta-se, então, por que ao ouvirmos a coleção das *Bonecas,* de Villa-Lobos, nos fica "essa sensação de coisa nacional", embora a harmonização delas evoque o impressionismo gaulês, sobretudo Debussy. A resposta leva em conta um aspecto do problema nacionalista intocado por Florestan.

> É hoje uma verdade indiscutível que a obra de arte é a sublimação dos sentimentos afetivos que a intuição reduz desinteressadamente a uma imagem. Se na música principalmente a sublimação é vaga e não permite compreensão intelectual nenhuma dos afetos e sensações que provocaram a criação artística não é menos certo por isso que na base dessa criação artística estão sempre, iniludíveis, fatais e necessários os sentimentos, os afetos, as sensações, as paixões que a inspiraram. Disso se compreende pois que para que uma obra de arte seja nacional é preciso antes de mais nada que o artista seja nacional não só na sua origem mas que os caracteres da raça a que pertence sejam tão influentes a ponto de conformarem segundo os caracteres gerais da raça os sentimentos e afetos subjetivos e pessoais do criador. Em suma, é preciso que o sentimento seja nacional. [...] Ora o sentimento nacional num país em formação como o nosso é muito vago ainda e, além de vago, fugitivo.

No caso de Francisco Mignone, por exemplo, embora aproveite temas e ritmos brasileiros em suas obras, a sensação crítica e o sentimento que sua audição nos suscita não são nacionais, porque a intuição criadora, que brota do inconsciente, não é nacional no compositor. Isso, aliás, é razoável (e dificilmente poderia ser diferente), como pondera, tratando-se de um artista educado à europeia. Daí a importância da crítica e do ensino no combate a esse despaisamento. Assim, argumenta o autor, o sentimento nacional constitui a base de toda obra que se queira nacional. E é por isso que certas obras de Villa-Lobos, mesmo impregnadas de elementos exóticos europeus, são intrinsecamente brasileiras. A "vontade de ser nacional" deve ser, portanto, transfundida da inteligência ao sentimento e à intuição para que a escola brasileira possa se formar. A escola russa poderia servir de exemplo: o famoso grupo dos Cinco e, antes dele, Glinka "foram nacionais muito mais no desejo, na aspiração que no sentimento e criação musicais", com exceção de

Mussorgsky. Sua música é russa apenas exteriormente, na parte intelectual da sua criação, e assim mesmo sabe-se que a maioria dos temas e ritmos que utilizaram não é propriamente eslava, mas proveniente do folclore dos povos meridionais e orientais do então império moscovita. O nacionalismo, nesse sentido, seria antes esse desejo, essa aspiração a nos mover e a ser perseguida, sem se realizar propriamente, porém, e não uma base sociológica prévia para a formação de uma escola brasileira.

Em "O revoltoso sem voz", Florestan se debruça sobre a revolta paulista de 1924, vivenciada por ele junto ao povo e aos soldados, e observa: "o brasileiro não canta nos graves momentos da nacionalidade. Isso é curioso. Sendo, como indiscutivelmente somos, um povo de grande sensibilidade musical, todos os grandes fastos nacionais nos deixam mudos". Não somos acometidos daquele desejo de eternizar os acontecimentos em poemas rapsódicos e canções. Antes, impelidos pela nossa natural melancolia, ou emudecemos, ou, mais raramente, expressamos desalento, tomados por uma espécie de "fatalismo que observa e não sabe reagir. Em vez de agirmos por nós mesmos, descansamos nos outros". A Guerra do Paraguai, a Abolição, a Independência não nos deram cantos coletivos de valor, afirma o autor. A lira popular anônima não é épica nem nacional, mas, antes, satírica e subjetiva. Diz Florestan: "As raras canções sobre a Independência, com especial menção às surgidas no Norte, troçam com os portugueses, em vez de cantarem o sentimento heroico da liberdade". Após contrastar a penúria da nossa musicalidade épica com França, Itália e Alemanha, aponta que a "índole familiar e pessoal" do brasileiro o impede de manifestar-se musicalmente a respeito dos grandes fastos históricos e coletivos. Florestan escuta e nomeia, assim, uma dinâmica sociocultural que se expressa justamente no silêncio das vozes da sociedade sobre seus próprios rumos ou na revolta que vira piada e é canalizada para o outro.

Em "Companhias Nacionais", a crítica ao sentimentalismo romântico dos intérpretes se coaduna com a percepção da influência nefasta do individualismo de "índole pessoal" sintetizado no virtuose e expresso nas nossas "revoltas sem música" sobre a música de conjunto. O argumento de Mário nesses textos tangencia em alguma medida a discussão, mais ampla naquele contexto, sobre uma ordem social pessoalizada que dificultaria a formação de movimentos de ação coletiva e de vínculos intersubjetivos de pertencimento mais universalistas. Esse texto em particular parte da seguinte indagação: Por que não vinga entre nós uma companhia nacional de ópera, ainda que artistas não nos faltem? Em primeiro lugar, devido à vaidade dos artistas, potencializada aqui por essa "cultura da personalidade", para usar conceito célebre que guarda afinidade de sentido com a dinâmica referida. Vejamos a crítica mordaz:

> Aqui então onde o meio musical não tem ainda aqueles princípios tradicionais de independência que existem nos grandes centros europeus, a rivalidade ronda solta criando toda a sorte de mesquinharias. Um compositor não atura os outros. Um soprano se considera o único soprano do Brasil. Um pianista (esses, então, Deus me livre deles!...) só vive a falar mal dos outros pianistas. [...] A única solução possível para os artistas nacionais seria a criação de óperas... onde todos fossem protagonistas.

Soma-se a isso a falta absoluta de coristas, em contraposição à superabundância de solistas: "Numa terra onde toda gente canta, desde os pernilongos até os grilos, faltam coristas humanos. E até agora infelizmente ainda não foi descoberto o jeito dos pernilongos cantarem o coro angélico do Mefistófeles nem os grilos o triunfo de Radamés". E, por fim, o preconceito do público em relação aos cantores brasileiros (e o correspondente encantamento pelos "rouxinóis"). Florestan escarnece do gosto do público pelo importado:

> Qualquer violinista Pataplóplóplówsky vindo fresquinho da Rússia cheia de ursos e bolchevistas encontra admirações e público. Enquanto isso Leonidas Autuori que vive aqui, luta para dar um concerto. Quem ouve falar em Figueras, esse violoncelista tão fino como os que mais o sejam? Fosse ele um Figuerawskoff e todos os aplaudiriam como a um prodígio. [...] O nosso público foge das companhias nacionais que são muitíssimo apreciáveis e vão se entusiasmar pelos garganteios e fermatas impossíveis de qualquer Primpimpini de terceira e quarta ordem que por aqui surge improvisado.

Como se vê, fato é que, no trópico, a liga de Mário vai empreendendo uma campanha contra o preconceito eurocêntrico em suas diferentes formas, cujo sentido mais amplo e profundo era a desprovincianização cultural e a descolonização do próprio pensamento. Abrindo a edição 13 de *Ariel*, a participação de Mário no periódico se encerra com a "Festa de aniversário" de Ariel, que condensa as principais críticas formuladas pelos múltiplos Mários em suas páginas: desde o preconceito geral contra o nacional, passando pela limitação do repertório e pelo patrocínio do Estado às artes, até a relação ambígua do modernismo com a tradição. Além disso, realiza um consistente exercício de descentramento por um lado e, por outro, ensaia um "nivelamento" estético-político entre erudito e popular que ganharia desdobramentos em sua obra.

Na festa de Ariel, encontramo-nos na companhia de ninguém menos que João Sebastião Bach, Ludwig van Beethoven, Roberto Schumann e Ricardo Wagner (embora fosse praxe traduzir para o vernáculo nomes estrangeiros, não deixa de ser interessante tal abrasileiramento tendo em vista o conjunto). Nesse pequeno conto – de teor fantástico e construído na forma do diálogo – os quatro grandes músicos mortos da tradição europeia vêm visitar uma Ariel de cabelos crespos e face cor de jambo, bem brasileira, por ocasião de seu aniversário, e saúdam-na pela música popular de seu país – e para que a ambiguidade permaneça em tensão, três deles são expoentes do romantismo. Os modelos europeus, num gesto narrativo cosmopolítico de poderoso efeito transfigurador, deslumbram-se com a música popular brasileira. Eis aí já esboçada na perspectiva de Mário a universalidade diferencial que transforma o cosmopolitismo, de tema culto de elites ilustradas, em abordagem teórico-política subalterna.

CAPÍTULO 3

BRASIL TREZENTOS, TREZENTOS E CINQUENTA

Entre as décadas de 1920 e 1940 foram publicados alguns dos mais instigantes ensaios sobre a formação da sociedade brasileira em que a orientação sociológica ganhava proeminência (Bastos, 2006; Botelho, 2019), mas também em diferentes modalidades de ficção e mesmo de manifestações artísticas. Essas inteprestações do Brasil permanecem nos interpelando de várias formas ainda hoje. A pregnância do movimento modernista nesse contexto intelectual foi tão significativa, que, embora longe de esgotar o universo de questões em jogo, acabou conformando nossa própria compreensão do período. O legado intelectual e artístico dessas narrativas direta ou indiretamente modernistas vem desde então sendo atualizado por meio de leituras que ou as retomam para a formulação de novas proposições sobre o país, ou, de maneira paradoxal, recusam criticamente sua validade. Seja como for, essas narrativas lograram estabelecer comunicações com diferentes temporalidades, extrapolando as fronteiras acadêmicas e contribuindo para forjar, reflexivamente, modos ainda hoje vigentes de pensar e sentir o Brasil e de nele atuar.

Propomos neste capítulo uma releitura analítica e a contrapelo do *Ensaio sobre música brasileira*, de Mário de Andrade, publicado no final de 1928 pela I. Chiarato & Cia, de São Paulo, e frequentemente tomado como esteio de seu nacionalismo musical. Embora faltem dados concretos sobre a recepção do livro, a literatura pertinente disponível (entre outros, Lisbôa, 2015; Toni, 2015, 2020; Hamilton-Tyrrel, 2005; Contier, 1995; Alvarenga, 1974; Coli, 1990; Luper, 1965) é unânime em afirmar o impacto duradouro do livro sobre o público-alvo que se colocava no seu horizonte de expectativas: jovens artistas, sobretudo compositores, mas também musicólogos e estudantes de música. Alunos. Ao codificar pioneiramente uma agenda para a música erudita do Brasil, o *Ensaio* logo se tornaria um clássico.

Em trabalho de referência, Arnaldo Contier (1995) evoca uma série de expressões emblemáticas que remetem ao caráter normativo e ideológico do *Ensaio*. Refere-se a ele como "manifesto", devido a seu conteúdo programático polêmico e doutrinário-dogmático; como a "Bíblia" dos compositores nacionalistas brasileiros, aos quais o "papa do futurismo" teria feito "pregação missionária" visando conscientizá-los de seus "erros", tais como: exotismo, individualismo exacerbado, mimetismo, apologia do tradicionalismo musical europeu; ou até como a "nova carta" de descobrimento do Brasil, por meio da qual, de um lado, denunciaria o mimetismo dos artistas brasileiros em relação às escutas "tradicionais" da música europeia e, de outro, lançaria uma "exortação cívico-patriótica" a fim de persuadir emotivamente o leitor-artista, convocando-o a pesquisar, resgatar e sorver a rica e variada fonte do folclore – as falas musicais dos excluídos sociais, o "povo inculto", desconhecidas da elite culta –, bem como a desempenhar sua função social na nacionalização da música erudita brasileira e na "construção" de uma "Escola Nacionalista de Composição capaz de consolidar um polo cultural no Brasil, independentemente dos principais centros europeus" (Contier, 1995: 91).

O *Ensaio* lograria, assim, segundo Contier, tanto redefinir o "atraso" imputado pelas elites republicanas da *belle époque* tropical à cultura popular quanto sintetizar o anseio de compositores, intérpretes e intelectuais pela utopia do "som nacional", por um "retrato sonoro do Brasil". Argumenta Mário no livro: "Todo artista brasileiro que no momento atual fizer arte brasileira é um ser eficiente com valor humano. O que fizer arte internacional ou estrangeira, si não for genio, é um inutil, um nulo. E é uma reverendissima bêsta" (Andrade, 1972b: 19). Essa frase contundente, conforme defende Contier (1995: 86), teria virado, nas décadas subsequentes, "o lema ou a bandeira de todo artista erudito ou popular preocupado com a internalização das chamadas 'raízes' na música brasileira 'autêntica'" e com a "identidade nacional".

Esse exemplo, que poderia ser multiplicado à saciedade na fortuna crítica, nos permite indagar se o foco sobre a dimensão normativa do texto não teria acabado por minimizar, senão eclipsar, sua dimensão propriamente cognitiva, erigindo nesse passo seu famigerado nacionalismo em *parti pris*. Embora tenha sido comumente identificado como principal peça ideológica de rotinização do projeto nacionalista de Mário, se tomamos o devido cuidado com o léxico comprometido com o contexto da época ("raça", "entidade nacional" etc.), podemos surpreender no *Ensaio* uma concepção sofisticada da constituição das identidades coletivas como processo eminentemente relacional que se constrói nas fissuras e nas negociações que articulam o interno e o externo, o particular e o geral, negando, assim, que a representação do brasileiro, colonizado, fosse uma questão de gradiente de autenticidade e complexidade.

Assim, propomos um exercício de leitura desse texto em chave macunaímica, por assim dizer, que talvez ajude a matizar e a desestabilizar o sentido exclusivamente "ontológico" ao qual acabou atrelado. Para tanto, buscamos restituir o sentido mais contingente do tão glosado "nacionalismo" do autor, sustentando que, assim como em outros ensaios que se tornaram célebres por suas "interpretações do Brasil" na década de 1920, a exemplo de *Populações meridionais do Brasil*, de Oliveira Vianna, publicado no ano de 1920, é possível distinguir analiticamente no *Ensaio* a dimensão propriamente cognitiva daquela normativa, isto é, o plano do diagnóstico do prognóstico, não obstante eles se encontrem empiricamente imbricados na fatura textual. Assim procedendo, qualificamos o que chamamos de nacionalismo instrumental de Mário: não um fim substantivo a ser teleológica e normativamente perseguido, mas apenas um meio – "brasileirismo de estandarte útil" – para a realização de um fim que se quer bem mais cosmopolita do que se pensa à primeira vista. Dito de outro modo, em vez de pressupor o sentido e o significado do nacionalismo como dado, sugerimos que ele era muito mais aberto e contingente e, por que não?, ambíguo, no contexto da publicação do *Ensaio*: não apenas no livro de Mário como na própria sociedade, ambos estavam em construção e disputa.

Esse ângulo enviesado de apreensão da obra que focaliza a normatividade, quando exclusivo (aqui também não devemos ser exclusivistas ou unilaterais, como Mário advertirá no *Ensaio*), faz *tabula rasa* das nuanças e ambiguidades do texto – de sua polifonia e suas dissonâncias –, que talvez importem tanto ou mais (ao menos para nós, hoje) por permitir rediscuti-lo em outras e novas bases. Afinal, são suas ambiguidades que como que "sismografam" o curso do processo sócio-histórico, e a elas também se deve o interesse contemporâneo que suas ideias ainda guardam. Não podemos esquecer que Mário, além de enfático sobre a necessidade de qualificar os variados "ismos" a ele atribuídos,[16] e isso certamente valia também para o nacionalismo, declarou a Renato de Almeida "desprezo enorme pelos rótulos" – "pouco me interessa de ser uma coisa ou outra" (Nogueira, 2003) – e a Prudente de Moraes Neto: "De mim já se falou que sou futurista, que sou desvairista, que sou impressionista, que sou clássico e que sou romântico. É verdade que tenho sintomas e qualidades de tudo isso. Porém é questão de fim de receita: Dissolve-se tudo isso no século vinte e agita-se. Que que dá? Dá moderno. Estou convencido que sou do meu tempo" (Andrade, 1985: 123). Reabrir a "caixa-preta" do nacionalismo e da identidade nacional em Mário de Andrade, portanto, constitui gesto crucial para recuperar a perspectiva própria com a qual ele interagiu com as questões dominantes de seu contexto e desconstruir a imagem que dele a fortuna acabou por sedimentar, como principal ideólogo da identidade nacional e da cultura brasileira autêntica. Reputação essa que não apenas datou como, em grande medida, limitou o alcance crítico e a acuidade de suas ideias, assimilando-as aos valores então hegemônicos e obliterando o Mário incompossível com seu tempo e com as contradições persistentes da vida social brasileira.

O espelho de Macunaíma

Como se sabe, o "epistolomaníaco" Mário (ver Moraes, 2007) costumava compartilhar com os amigos os planos de confecção de seus livros. É desse modo, aliás, que temos notícias de muitos dos seus projetos não concretizados ou transformados ao longo do caminho. Em outubro de 1923, por exemplo, anunciara a Renato de Almeida ter começado a escrever a sua *História da Música*, que prevê como "trabalho pensado, vivido e longo" e pergunta antecipadamente se aceitaria que o livro lhe fosse dedicado. O mu-

---

16. Ver, por exemplo, a discussão acerca do primitivismo na correspondência com Renato de Almeida (Nogueira, 2003: 134ss.).

sicólogo maranhense que, radicado no Rio de Janeiro, integrava o grupo dos modernistas cariocas, por sua vez, também desde 1923 mantém o amigo paulista informado da finalização de sua própria *História da música brasileira*, só publicada em 1926, mesmo ano em que Mário lhe remete dois capítulos já prontos de seu trabalho em preparação e conta que está escrevendo um "livrinho" ao qual tenciona "dar o maior caráter normativo possível, discutindo e comentando as nossas possibilidades nacionais rítmicas, melódicas harmônicas polifônicas instrumentais (sinfônicas) etc.", àquela altura intitulado "Diálogo sobre a música brasileira".

Em carta de 7 setembro de 1926 para Manuel Bandeira, Mário reitera o "livrinho" – nomeado agora, porém, *Bucólica sobre a música brasileira* e escrito, segundo o missivista, em seis dias de uma ebulição intensíssima – que seria uma "artinha" na forma de diálogos entre professor e aluno, chamados por ele, respectivamente e a princípio, de Lusitano e Sebastião, e contendo as seguintes partes: Preâmbulo; Introdução no assunto; Rítmica brasileira; Orquestração brasileira; Harmonização brasileira; Melódica brasileira; Elogio de Carlos Gomes; Continuação de Melódica brasileira; Conclusão do assunto e Final (Andrade, 2000: 306). A estrutura evidencia que a *Bucólica* tornar-se-ia a parte teórica do *Ensaio*.

Em relação ao título, cabe observar ainda dois aspectos. O primeiro é que, ao vestir a carapuça, por assim dizer, da crítica que Mário de Andrade faz à "falta de valor prático" da musicologia brasileira após a publicação de *História da música brasileira*, Renato de Almeida afirma que teria sido melhor intitulá-la, a fim de evitar incompreensões como essa, *Ensaio sobre a música brasileira* (título que ele havia originalmente escolhido). Não há indícios na correspondência de que, após a longa discussão que se travou, o título tenha sido ofertado ao amigo, o que nos deixa a especular se isso não teria ocorrido em um dos seus encontros pessoais. Pouco importa; fato é que Mário abandona o título que vinha considerando e adota esse. Ou quase esse, pois o segundo aspecto é que, devido a erro da editora e contrariando as determinações do autor, conforme assinala sua discípula Oneyda Alvarenga (1974: 69), o título do livro aparece com o artigo definido "a" anteposto a música brasileira. Esse equívoco, aparentemente banal, talvez seja sintomático de uma ambiguidade subterrânea ao *Ensaio* – a "presença ausente" do artigo coloca em jogo justamente a possibilidade de definir, individualizar e modificar esse substantivo, cujo sentido, na ausência do artigo, é vago e indeterminado, mas que, não obstante, é adjetivado, música brasileira.

A continuidade entre esses projetos e o *Ensaio* é corroborada pela preocupação com o que chamou precariamente, àquela altura, de torneios melódicos (Andrade, 2000: 307-308; Teixeira, 2007).

> Você me pergunta duvidoso: "Quanto a torneios melódicos nacionais, haverá mesmo isso?" Certo que há. Porém se principio discutindo isso não acabo mais tanto o assunto é grande. Porém repare numa coisa: as músicas francesa, italiana e alemã não têm nenhuma rítmica particular, nem harmonização nem orquestração nem nada. No entanto se distinguem. Por onde? Primeiro pelo caráter psicológico, que é a coisa mais importante e é justamente o ponto por onde se discute a brasilidade de muita coisa que a gente exclui levianamente do patrimônio nacional. E depois? Se distingue pelo torneio melódico. Você perguntará: quais os torneios de cada uma? Segundo que não sei. Porque nunca me apliquei a esse estudo e ninguém não o fez ainda. Disso a culpa não é minha e me dificulta muito o meu trabalho. Porém algumas tendências mais freqüentes ou mais peculiares da nossa melódica já consegui distinguir. O que ainda não experimentei é se ajuntando todos eles num pasticho sem rítmica brasileira consigo fazer uma composição sem caráter brasileiro. Porque se conseguir prova não a inanidade desses caracteres, pois que eles existem e posso documentar isso com abundância porém prova que são muito vagos. Também vou ver se se pode criar música brasileira sem nenhum dado característico da gente (Andrade, 2000: 307-308).

A reflexão sobre esse conjunto de tendências e constâncias na criação poético-melódica teria sido disparada por uma reavaliação da música de Ernesto Nazaré, que, apesar de extraordinária, dizia o volúvel Mário de Andrade, carecia de caráter melódico brasileiro. A melodia antes considerada carioca e de influência portuguesa passava a ser vista como um pouco alemã e muito "sem caráter", como viria a ser definido o futuro protagonista "incaracterístico" de seu romance rapsódico. Por isso, diz a Bandeira, começa um estudo que deveria ser comparativo e de longuíssimo prazo ("durará minha vida"), indagando "quais são os torneios melódicos caracteristicamente (não exclusivamente se entende) brasileiros" (Andrade, 2000: 305). Característico, mas não exclusivo: assim, suscitado pelo próprio objeto, o método comparativo permitiria identificar "coincidências" – como aquelas entre as linhas melódicas de um rondó de Beethoven e "Bico de papagaio", de Abdon Milanez, discutidas na carta – que criariam uma sensação de semelhança entre diferentes músicas, como entre a brasileira e a russa (para ficarmos no exemplo da carta). Mas também seria complementado pelo experimento de transfigurar melodias europeias em brasileiras. A resposta de Bandeira indica adesão à hipótese de Mário:

> Haverá creio, e tanto na melodia como nos outros elementos da música, ritmo, harmonização, timbres, andamentos, haverá preferências por certas formas, sem que nenhuma possa por si caracterizar a nacionalidade. O que a caracteriza é como você diz o caráter psicológico. Mas este resulta da soma e relação de todos os elementos da música – melodia, ritmo, etc. A distribuição e dosagem deles é que assinalam a nacionalidade quando ela existe musicalmente. (O que me surpreende no caso brasileiro é que literariamente, politicamente, sociologicamente e uma porção de outros mentes, mal nos distinguimos como nacionalidade; e no entretanto musicalmente temos nacionalidade marcante – falo, é claro, da música popular) (Andrade, 2000: 310).

Embora com o passar do tempo os "torneios" deixassem de integrar o léxico de Mário, as constâncias musicais continuariam na ordem do dia no *Ensaio sobre música brasileira*. Dividido em duas partes, a segunda reuniria uma coleção de 122 melodias populares inéditas destinada ao aproveitamento dos compositores. Vale lembrar, nesse sentido, que, em fevereiro de 1927, Mário dá notícia a Drummond de que estava preparando um "livro de folclore musical em que registrarei o maior número possível de melodias populares ou popularizadas nacionais, sempre com comentário" (Andrade, 2002: 279), *Elementos melódicos nacionais*, e lhe pede que obtenha melodias e esclarecimentos junto a músicos populares da sua região. Embora sua pesquisa de melodias populares viesse de longa data – desde o início da década de 1920 – a coleta indireta, por intermédio de colaboradores, recebe impulso com o convite feito por Renato de Almeida, no início de 1928, para participar do Congresso de Arte Popular de Praga, como se fica sabendo pela correspondência. A coleta direta também ganha fôlego em 1927, com a viagem do turista aprendiz ao Norte, onde estuda as festas populares do meio do ano. Intensifica-se então a "registração de melodias populares brasileiras", e as 50 melodias inéditas inicialmente coligidas avolumam-se muito em pouco tempo. Devido a exigências imprecisas do comitê organizador, Mário acaba desistindo de colaborar no congresso.[17] E o trabalho realizado, originalmente "coisa pra estranhos", precisaria "ser refundido para servir pro Brasil". Por esses ramais traça-se o caminho, para jogar com a bela expressão de livro pioneiro de Telê Ancona Lopez (1972) sobre Mário de Andrade, que desembocaria no *Ensaio*.

O *Ensaio sobre música brasileira* ganha inteligibilidade em um contexto de transformações da linguagem musical que produziram a expansão da dissonância e a erosão da tonalidade fixada e da ordem (social, política e cultural) que ela representa (Schorske, 1988).

Como já chamamos à atenção, o "primitivismo estético", que atraía o interesse das vanguardas artísticas europeias como meio de revitalização de uma longa tradição estética considerada decadente e enfastiada, no caso do modernismo brasileiro foi de certa forma divisado nas culturas "populares". Resguardado o etnocentrismo aí implicado, a valorização do primitivismo acabou por constituir um ponto de passagem entre a Europa e as culturas

---

[17]. Para uma reconstituição detalhada dessa circunstância remetemos o leitor ao trabalho de Lisbôa (2015). Tomando o *Ensaio* como resultado de um acúmulo de pesquisa e reflexão ao longo da década, o autor realiza investigação pormenorizada sobre sua gênese e estrutura. Para tanto, vale-se da correspondência e de textos anteriores (que nomeia ensaios do *Ensaio*) como vias de acesso ao processo de elaboração das ideias – reúne pistas, desse modo, sobre a origem das melodias, as encomendas feitas aos amigos e a coleta por eles efetuada etc. O estudo perfaz um mapeamento: do universo de compositores eruditos e populares referidos (além do conjunto Os Oito Batutas, cita 81 compositores, dos quais 59 são estrangeiros, e 22, brasileiros), indicando sua ordem de preponderância (Villa-Lobos, Lorenzo Fernandez e Luciano Gallet ocupam o pódio); da representatividade dos tipos de composições de acordo com gênero (desde óperas, passando pelo repertório sinfônico até conjuntos de câmara e peças para piano solo) e proveniência geográfica; da rede de colaboradores, também geograficamente variada, que enviava a Mário de Andrade documentos musicais. Além disso, o analista reconstrói o repertório mobilizado – em larga medida desconhecido hoje –, situando-o no seu contexto sincrônico, e detém-se nas diferenças entre as edições do livro, ainda que sem tirar grandes consequências analíticas desse procedimento. Se o trabalho se mostra fundamental na restituição das circunstâncias contingentes de produção do *Ensaio*, paradoxalmente, no entanto, arrisca-se a incorrer numa leitura teleológica ao recuperar os "ensaios do *Ensaio*" para argumentar que o trabalho de pesquisa sobre as canções populares neles elaborado desaguaria no livro de 1928. O risco de entendê-lo como ponto de chegada de um processo e não como parte do processo é justamente o de subtrair-lhe seu caráter aberto, contingente.

não europeias que propiciou uma reviravolta nos processos de mimesis literária. Ela facilitou e conferiu sentido modernista à revisão de nosso passado e nossas manifestações artísticas populares e eruditas, até então vistas com preconceito, como se fossem expressão de nosso atraso ou inferioridade em relação à arte europeia.

Em parte em decorrência dessa confluência, nos anos 1930 as formas culturais "primitivas" e populares serão convertidas em símbolos do "nacional", como se fossem reflexos de uma identidade previamente constituída e não cristalizações de complexos processos de negociações de diferenças culturais. De selvagem, sensual e perigoso, traços que justificavam até então sua proscrição, o primitivo seria transformado em signo do moderno nos trópicos (Garramuño, 2009), bastando lembrar o "milagre" da conversão da mestiçagem de mácula em nossa redenção e de todos os esquecimentos e violências que ele supõe.

Nesse sentido, vale lembrar o fortalecimento da cultura popular urbana naquele período, mas também a imposição, em âmbito internacional, de uma agenda de nacionalização das linguagens artísticas com base na cultura popular ou primitiva, de modo que o modernismo musical no Brasil estava alinhado a uma tendência mais ampla das vanguardas internacionais de busca de novas sonoridades, diretamente associada à fragmentação do sistema tonal. Ou seja, o uso de códigos nacionais na criação artística não era idiossincrático. O resgate da herança do folclore musical, nos termos propostos no *Ensaio*, se não tinha o ímpeto iconoclasta propagado na Semana de 1922, não deixava de ser "moderno" – apesar de manter relação tensa com a "tradição" – e operar, como aponta Contier (1995), como um "contradiscurso revolucionário", ao romper com os padrões estéticos passadistas e combater o gosto musical e os preconceitos sociais das elites burguesas orientadas pelos ideais europeus de civilização e progresso.

Além de colocar em xeque as escutas tradicionais das elites, o novo discurso sobre a cultura brasileira que se procurava instaurar visava corrigir a distância social entre o erudito e o popular (Hamilton-Tyrrel, 2005). Era, portanto, não apenas cosmopolita como progressista no quadro de uma sociedade elitista e europeizada, embora a visão de Mário não fosse ingênua a ponto de acreditar que a cultura popular e a sociedade brasileira fossem em si mesmas virtuosas. No entanto, por uma "dupla hermenêutica" complexa – na qual importa menos a intenção do que o efeito e a apropriação – o que era "contradiscurso revolucionário" na década de 1920 acabaria, à revelia do autor, "aproximando-se historicamente da construção do mito da nacionalidade, fundamentado no folclore, durante o getulismo" (Contier, 2010: 92). Desse modo, e como veremos adiante em detalhes, o Estado Novo seria responsável por forjar uma imagem monocórdica de Mário de Andrade, como construtor da cultura brasileira, e Mário, por vias impremeditadas, acabaria "refém" de seu próprio projeto. Assim, sugerimos que o sentido e o significado de "nacionalismo" e "identidade nacional" do *Ensaio* se veem redefinidos e oclusos pelo sentido político que o processo social acabaria assumindo; e as ideias de Mário, disciplinadas pelo paradigma então dominante da unidade nacional. O ponto que queremos enfatizar, porém, é que a obsessão de Mário pelas culturas populares seria mais a expressão do dilaceramento e da percepção da sociedade "em suas tensões sísmicas não aparentes do que de um feliz arranjo de classes e raças que se acomodariam harmonicamente para sanar a falta de 'caráter' nacional", como sugere José Miguel Wisnik (1979: 46). Assim, se Mário valorizou o saber que existe na expressão cultural dos descendentes de grupos étnicos que foram dizimados ou explorados e esquecidos pela elite europeizada e escravista do país, ou buscou aproximar criticamente erudito e popular, ou mesmo trespassar de maneira iconoclasta suas fronteiras, o interesse dessa sua contribuição não se extingue nas manifestações que colheu ou colecionou, mas ressoa no reconhecimento que provocou delas e de seus portadores sociais em suas dignidade e alteridade plenas como parte de um projeto de nação, o que, numa sociedade tão desigual e pouco democrática como a brasileira, mesmo hoje está longe de ser trivial.

Logo no início do *Ensaio* Mário formula sua potente crítica – que dará a tônica na economia interna dos argumentos – ao que denomina exotismo (e que rebate os pressupostos do próprio eurocentrismo), o qual levaria internamente à defesa do pitoresco e externamente à orientação pelos modelos e valores da civilização europeia. Assim, alega que os modernos, ciosos da curiosidade exterior de muitos dos nossos documentos populares, defendem "o jamais escutado em música artística, sensações fortes, vatapá, jacaré, vitória-régia" (Andrade, 1972b: 14). O exotismo, porém, articula-se também para fora, por meio do que chama de opinião de europeu: "o diletantismo que pede música só nossa está fortificado pelo que é bem nosso e consegue o aplauso estrangeiro" (Andrade, 1972b: 14). Aqui já se percebe que o autor mobiliza a ideia de que as culturas não são autocontidas, mas estão em relação, desigual no caso, entre si. Com a ironia fina que lhe é característica, Mário afirma que um "coeficiente guassú" de exotismo teria concorrido para o sucesso de Villa-Lobos na Europa – lança mão, portanto, de uma exótica palavra tupi-guarani para criticar a própria ideia de exotismo. Prossegue argumentando que

> A Europa completada e organizada num estádio de civilização, campeia elementos estranhos para se libertar de si mesma. Como a gente não tem grandeza social nenhuma que nos imponha ao Velho Mundo, nem filosófica que nem a Ásia, nem econômica que nem a América do Norte, o que a Europa tira da gente são elementos de exposição universal: exotismo divertido. Na música, mesmo os europeus que visitam a gente perseveram nessa procura do esquisito apimentado. Se escutam um batuque brabo muito que bem, estão gozando, porém se é modinha sem síncopa ou certas efusões líricas dos tanguinhos de Marcelo Tupinambá, *Isso é musica italiana*! Falam de cara enjoada. E os que são sabidos se metem criticando e aconselhando, o que é perigo vasto. Numa toada, num acalanto, num abôio desentocam a cada passo frases francesas, russas, escandinavas. Às vezes especificam que é Rossini, que é Boris. Ora, o quê que tem a Musica Brasileira com isso! Se *Milk* parece com *Milch*, as palavras deixam de ser uma inglesa outra alemã? O que a gente pode mais é constatar que ambas vieram dum tronco só. Ninguém não lembra de atacar a italianidade de Rossini porque tal frase dele coincide com outra da ópera-cômica francesa (Andrade, 1972b: 14-15).

Como se vê, o modernista entende que nos processos socioculturais estruturas e formas podem combinar-se para gerar algo novo, o que já coloca em suspeita qualquer pretensão de definir identidades "puras" ou "autênticas", uma vez que elas são sempre abstrações da história das misturas em que se formaram e dos conflitos que a construíram – a cultura não seria, nessa concepção, uma unidade expressiva e homogênea, campo do consenso e da reconciliação. No entanto, Mário também está atento ao fato de que os permanentes fluxos e trocas que as constituem não acarretam integração ou fusão harmoniosa, mas contradições e, sobretudo, assimetrias. Economia política e cultura articulam-se – não é como se as desigualdades socioeconômicas fossem não simbólicas ou as diferenças culturais fossem imateriais ou apolíticas. No processo histórico as diferenças culturais sempre assumem significado dentro de contextos de aguda desigualdade social e econômica e podem na prática ser tão hierarquizadas quanto renda, riqueza e prestígio. Isso implica reconhecer que a aspiração à cópia dos padrões universais imaginados pode representar, não simplesmente colonização mental ou capitulação diante do imperialismo cultural, mas também um anseio de igualdade, uma reivindicação por condições de vida melhores, um desejo de superação da subordinação explícita (Ferguson, 2006).

Como escreverá anos mais tarde, na "balança universal", "a permanência das artes de um determinado país na atenção do mundo, está na razão direta da importância político-econômica desse país" (Batista; Lopez & Lima, 1972: 33). Para Mário, é quase como se pudéssemos falar em uma divisão internacional do trabalho artístico, que nos subordina a fornecer a matéria-prima exótica que a Europa demanda para se libertar dos grilhões de sua tradição decadente e se renovar. Não importa o quanto a Europa importasse exotismo permaneceria "pura"; já a cultura brasileira "autêntica" não a poderia imitar, sob pena de se deixar contaminar por elementos exógenos. Para o autor, não haveria uma cultura brasileira nacional anterior e exterior à cultura ocidental – e essa, note-se, é uma visão até antinacionalista. A cultura brasileira é vista como parte da cena contemporânea. Se a importação cultural produz distorções significativas para nossa sociedade dependente, a cópia é inevitável, e é justamente no deslocamento provocado por ela, na *repetição com diferença* – e na reelaboração suscitada pelas contradições locais do processo histórico –, em suma, em sua *tradução*, que residiria a particularidade da cultura brasileira.

É preciso primeiro aprender a falar a língua para melhor combatê-la em seguida, como na vingança de Caliban sobre Próspero ou na Carta pras Icamiabas de Macunaíma, abolindo o privilégio epistemológico do discurso eurocêntrico sobre o discurso subalterno. Tradutor, traidor, como se diz. Mas é preciso também trair a própria língua para, em vez neutralizar, internalizar a disparidade dos discursos e reivindicar uma equivalência conceitual de direito que não existe de fato entre eles. Não simplesmente para fulminar o discurso europeu por colonialista e exorcizar seu exotismo, mas para fazê-lo também dizer outra coisa. Pois, se o discurso eurocêntrico supõe que cada cultura ou sociedade dependente encarne um desvio específico de um padrão genérico ou de uma forma universal, o discurso marginal e periférico, ao contrário, suspeita que os problemas eles mesmos podem ser radicalmente diferentes, apesar de universais. Eis o sentido do projeto de "abrasileirar" o Brasil de Mário de Andrade.

Outro vetor da crítica do autor ao exotismo incide na defesa de nossos traços ameríndios como distintivos do "caráter nacional". Mário não só prontamente recusa e ironiza essa postura como fetiche de autenticidade, como tece comentário que faria a delícia de antropólogos nossos contemporâneos: "O homem da nação Brasil hoje, está mais afastado do ameríndio que do japonês e do húngaro. O elemento ameríndio no populário brasileiro está psicologicamente assimilado e praticamente já é quasi nulo. Brasil é uma nação com normas sociais, elementos raciais e limites geográficos. O ameríndio não participa dessas coisas e mesmo parando em nossa terra continua ameríndio e não brasileiro. O que evidentemente não destrói nenhum dos nossos deveres para com ele" (Andrade, 1972b: 33). Ora, frise-se, o modernista indica, em 1928, que o ameríndio não se reconhece como membro da comunidade política nacional, mas como índio, o que, porém, não dispensa o Estado de lhe reconhecer seus direitos. No que diz respeito ao "caráter nacional", recorremos a uma carta a Luciano Gallet de 25 de agosto de 1926:

> Inda o Lourenço Fernandes escutei dizer que a *Alma Brasileira*, *Choros no.5* do Villa, tinha no meio uma marcha que não tinha caráter brasileiro... Isso é pueril. O que é caráter brasileiro? Por acaso

o caipira que nunca saiu do rancho dele lá numa vila esquecida do sertão é que só ele é brasileiro e não o indivíduo que mora em S. Paulo ou no Rio e sai de forde de casa e recebe revistas alemãs? Isso tudo são puerilidades porque em todos os caracteres raciais nacionais tem uma parte muito larga de cooperação universal. Se a gente analisar uma obra de arte bem francesa há de encontrar nela muito de alemão muito de italiano e muito de toda a gente (Andrade apud Lisbôa, 2015: 59).

Vale citar ainda outro trecho do raciocínio perspicaz e não menos irônico de Mário sobre o exotismo, que relativiza, desnuda e coloca em xeque o preconceito da posição: "Se fosse nacional só o que é ameríndio, também os italianos não podiam empregar o órgão que é egípcio, o violino que é árabe, o cantochão que é grecoebraico, a polifonia que é nórdica, anglo-saxônica flamenga e o diabo. Os franceses não podiam usar a ópera que é italiana e muito menos a forma-de-sonata que é alemã. E como todos os povos da Europa são produto de migrações pré-históricas se conclui que não existe arte europeia..." (Andrade, 1972b: 16).

Pode-se dizer que esse raciocínio – ao demonstrar o infundado de hierarquias como a de que a "cópia" é secundária em relação ao "original", depende dele, vale menos etc. – conduz à própria desconstrução do primado da origem que jaz como pressuposto de noções de cultura ou identidade autênticas. Não obstante o alívio que a solução pudesse proporcionar à autoestima de um país assolado por uma epidemia de "moléstia de Nabuco" – que fazia nossas elites sentirem saudades do cais do Sena em plena Quinta da Boa Vista –, Mário, como se vê, não cai na ilusão simplória e inversa de supor que a não reprodução da tendência europeia, já desvestida de seu prestígio de originalidade, é uma opção e poderia nos dar uma vida intelectual, artística, social etc. mais substantiva, com um fundo nacional genuíno, não adulterado.[18] "Música Brasileira deve significar toda música nacional como

---

18. Manuel Bandeira conta a Mário que o jornal *A Pátria* havia lhe pedido que respondesse se "Há uma arte autenticamente brasileira?". A resposta dele: "Nos melhores poetas brasileiros de agora há esse sentimento forte de brasilidade. Não patriotada abstrata, mas uma funda ternura pela terra e coisas da terra. Ternura criadora. Mário de Andrade é o que foi mais longe e mais fundo até agora.

criação quer tenha quer não tenha caracter étnico", diz o autor atentando para o caráter recente das "escolas étnicas" em música, diretamente associadas à formação histórica dos Estados-nações, forma de institucionalidade política moderna que não serve de marcação temporal ou simbólica estável para, ou à qual não se subsume, a ideia de nacional com que ele opera. Como observa,

> Ninguem não lembra de tirar do patrimônio itálico Gregorio Magno, Marchetto, João Gabrieli ou Palestrina. São alemães J. S. Bach, Haendel e Mozart, três espíritos perfeitamente universais como formação e até como caracter de obra os dois últimos. A França então se apropria de Lulli, Gretry, Meyerbeer, Cesar Franck, Honnegger e até Gluck que nem franceses são. Na obra de José Maurício e mais fortemente na de Carlos Gomes, Levy, Glauco Velasquez, Miguez, a gente percebe um não-sei-quê indefinível, um ruim que não é ruim propriamente, é um *ruim exquisito* pra me utilizar duma frase de Manuel Bandeira. Esse não-sei-quê vago mas geral é uma primeira fatalidade da raça badalando longe (Andrade, 1972b: 17).

A perspectiva de Mário está imbuída de um agudo senso das contingências, que incide, aliás, sobre a inteligibilidade do caráter interessado ou normativo de seu nacionalismo instrumental: "se tratava de estabelecer um critério geral e transcendente se referindo à entidade evolutiva brasileira. Mas um critério assim é ineficaz pra julgar qualquer momento histórico. Porque transcende dele. E porque *as tendências históricas é que dão a forma que as ideias normativas revestem*" (Andrade, 1972b: 20, grifos nossos). O modernista parece sempre consciente da historicidade do programa nacionalista proposto: sua concepção de música brasileira não é substantiva, mas "estabelecida" visando a um fim, nem a-histórica – não se aplica a todo e qualquer momento histórico –, mas suscitada por condições particulares do processo histórico. O nacionalismo seria, então, "preconceito útil" para se atingir liberdade de criação que teria uma finalidade cosmopolita. E a afirmação da cultura popular, no singular, seria condição para o reconhecimento social e político das práticas e saberes populares, no plural. Assim, "o

---

[...] O brasileirismo de Mário de Andrade não é primitivismo nem regionalismo: situa-se na cultura universal e é mesmo fruto de uma espécie de integração cultural" (Andrade, 2000: 236).

critério de música brasileira prá atualidade deve existir em relação à atualidade" apenas e "sem nenhuma xenofobia nem imperialismo", acrescenta (Andrade, 1972b: 20).

Vale a pena recorrer a uma longa passagem extraída de artigo publicado na série "O mês modernista" organizada pelo próprio Mário no jornal *A Noite*, em que esse ponto ganha destaque, bem como sua visão plural de mundo, sensível não apenas às diferenças, mas também à correlação desigual de forças sócio-históricas que lhe disputam o sentido.

> Na verdade o que a gente chama de "atualidade" embora possa tomar seus elementos e manifestar as tendências em todos os países do mundo, (coisa muitíssimo discutível e provavelmente falsa), a tal de "atualidade" é a cousa mais relativa, mais hipotética, mais falsa mesmo que existe, se a gente considera sob o ponto-de-vista universal. Não existe uma atualidade universal. Existe mas é uma atualidade duma região mais ou menos vasta, que é imposta ao mundo por causa da função histórica de interesse universal que essa região está representando no momento da humanidade. E por isso a 'atualidade' dessa região ecoa por toda a parte, quer pela influência da moda; quer pela simples macaqueação pastichadora; quer pela eficiência ou possibilidade de progresso que esta atualidade estranha pode trazer pra outro país.
> Além dessa atualidade representativa do momento histórico mais ou menos universal, mas que de fato é regional, existe um despropósito de atualidades. Cada país já principia por ter a dele. A atualidade do Brasil não é a mesma da China, está claro. Porém, dentro de cada país mesmo além de uma atualidade nacional definida principalmente pela economia, pela política, pela cultura nacional, existem várias atualidades. Mesmo sob o ponto de vista exclusivamente artístico cada classe social tem a dela. [...]
> Dentro do Brasil também a atualidade representativa do momento histórico universal, nos veio da Europa (via França e Itália) e dos Estados Unidos. Essa atualidade tinha aqui uma possibilidade vasta de funcionar em proveito do país. E funcionou de fato. [...]
> E o maior benefício que a atualidade estranha trouxe pra gente foi, não coincidindo com o regionalismo e o nacionalismo que já existiam por aqui, levar pela liberdade pela procura do novo e da realidade nacional, que se levou os modernistas a maturar sobre o dualismo do fenômeno universal-nacional. Resultou, foi uma

consciência mais imediata, mais livre da realidade nacional, que aí levou uns pobres pra patriotada artística, se está produzindo muita arvinha reles, muito cambuci etc. generalizou no sufragante a consciência artística nacional e levou toda a gente quase pro trabalho de fazer coincidir a realidade individual com a entidade nacional. Esta coincidência quando estiver normalizada e inconsciente em nós, dará pros artistas brasileiros a mais justa, a mais fecunda e nobre libertação.

E como este problema de acomodar a invenção artística nossa com a entidade nacional, era importante por demais, ele evitou que a "atualidade" histórica universal que nos vinha de França e de outros países da Europa, continuasse aqui como simples reflexo, simples macaqueação. Dum momento pra outro a inquietude europea (produto de excesso de cultura, produto de esfalfamento, produto de decadência) não coincidiu mais com a inquietude brasileira (produto de problemas nacionais ingentes, produto de progresso, produto de terra e civilização moças, principiando apenas). Com efeito as capelas artísticas europeas deixaram de repente de influir na criação brasileira. Nos interessa agora como curiosidade. Não tem mais pra nós uma importância funcional. Ninguém mais entre os espíritos já formados, se amola de estar no dernier-bateau parisiense ou florentino. Se volta ao metro como se foge dele, se pinta palmeiras como se esculpe banhistas, *sem mais a preocupação da atualidade europeia*. Porque já readquirimos o direito da nossa atualidade (Batista et al., 1972).

O *Ensaio* estabelece uma estética política de abrasileiramento do Brasil, pois abre a escuta erudita para as vozes dos sujeitos da cultura popular sem resvalar na fetichização da autenticidade desta. Como lembra Mário de Andrade a um jovem Drummond embotado por valores "civilizados", não há Civilização – um sujeito soberano de todas as histórias –, há civilizações. Atentando para o localismo do universal eurocêntrico e o alcance universalista da diferença local – isto é, sem reificar nem localismos em seu particularismo nem o universalismo em sua abstração –, Mário concorre para desrecalcar a multiplicidade étnica e cultural das práticas populares. Nessa cosmopolítica democrática, não se trata de substituir um discurso eurocêntrico por outro igualmente etnocêntrico e totalizante, mas de ressignificar o universal a partir das diferenças.

Segundo Mário, seria preciso reconhecer a diversidade de matrizes étnicas da música brasileira, eminentemente híbrida: ameríndia (em porcentagem pequena), africana, portuguesa, a influência espanhola (sobretudo a hispano-americana do Atlântico – Cuba e Montevidéu, habanera e tango) e a europeia, pelas danças (valsa, polca, mazurca) e na formação da modinha. Se o artista deveria selecionar a documentação que lhe serviria de estudo ou de base, por outro lado não deveria cair num "exclusivismo reacionário que é pelo menos inútil" (Andrade, 1972b: 26). Mário propõe que "a reação contra o que é estrangeiro deve ser feita *espertalhonamente* pela deformação e adaptação dele. Não pela repulsa" (Andrade, 1972b: 26).[19] Se seria "preconceito útil" preferir o que já é caracteristicamente brasileiro, seria "preconceito prejudicial repudiar como estrangeiro o documento não apresentando um grau objetivamente reconhecível de brasilidade" (Andrade, 1972b: 26). Como comenta sobre as origens do fado, o que "realiza, justifica e define uma criação nacional folclórica é a sua adaptação pelo povo", e não o seu "registro de nascença" (Andrade, 1976b: 95). Ora, o elemento estrangeiro é constitutivo da própria brasilidade, que se origina de uma espécie de bricolagem, ou do "afeiçoamento", de experiências socioculturais diversas.

Nessa concepção de identidade aberta e inacabada, a brasilidade é porosa e descentrada, implicando não o que denomina excessivo característico "exterior e objetivo", mas um compósito indefinível que ele chama aí algo obscuramente de "psicológico" (Andrade, 1972b: 27). Por outro lado, Mário pondera que o excessivo característico pode ser útil para "determinar e normalizar" os caracteres étnicos da musicalidade brasileira, contanto que não transformado em norma única de criação e crítica e, assim, em atrativo de exposição universal. Nesse ponto, portanto, Mário é sintomaticamente ambíguo em relação à necessidade de diferenciação do nacional – mantendo-o porém indefinível porque apenas "psicológico" – e aos perigos de homoge-

---

19. Exemplo desse procedimento pode ser visto na poética de *Pauliceia desvairada*, de 1922, primeiro livro de poesias no Brasil a difundir os princípios estéticos das vanguardas europeias, além de sistematizar o uso do verso livre. Como sustenta Lopez (1996: 18), nele começa a se estruturar o trabalho de digerir e transformar, visando à adequação – verdadeiro crivo crítico que seleciona –, verificando a convivência das variadíssimas propostas das vanguardas europeias. A filtragem converte a influência em perspectiva crítica de criação. Não à toa, o "Arlequim" seria o motivo que organiza esteticamente o livro e a colagem, a forma que trabalha estruturalmente na poesia as costuras do arlequim.

neização que isso inevitavelmente acarreta. Quanto ao artista, não deve ser nem "exclusivista", nem "unilateral", mas cultivar a diversidade e a diferença, e delas se beneficiar. Desse modo, a cópia diferida do modelo poderia engendrar uma música original. Mas originalidade, está claro, não equivale à pureza e/ou à autenticidade; ao contrário, envolve o relacionamento sincrético com elementos estrangeiros: em vez de dissolver e fundir as propriedades singulares de cada elemento para dar lugar a uma nova figura, síntese de suas diversas características, guarda a indelével lembrança das diferenças presentes na sua gestação.

Nessa perspectiva não triunfalista que recusa a dualidade sem porém buscar transcendê-la ou superá-la numa síntese – divergindo frontalmente da visão predatória da antropofagia, como veremos em detalhes adiante – as identidades não seriam inteiriças e fechadas em si mesmas, mas dinâmicas, uma vez que novos elementos podem ser incorporados – pelo diálogo e não pela deglutição –, possibilidade suscitada naquele contexto pela disseminação do *jazz* e do tango, como anota o autor.

Macunaíma através do espelho

No contexto dos anos 1920-1940, a questão da influência da cultura portuguesa na formação nacional será um dos principais vezos do debate contemporâneo sobre a circulação e o deslocamento das ideias/formas/instituições e sua recepção, aclimatação, adaptação ou não, bem como seus usos e apropriações em outra realidade social. Exemplos disso são ensaios como *Raízes do Brasil*, de 1936, e *Casa-grande & senzala*, de 1933. No *Ensaio*, circunscrita aos perigos do exclusivismo e da unilateralidade, aparece a preocupação com a "reação contra Portugal", que não levaria em conta que é pela "ponte lusitana que a nossa musicalidade se tradicionaliza e justifica na cultura europeia" (Andrade, 1972b: 28). Essa preocupação receberia desenvolvimento no estudo "Influência portuguesa nas rodas infantis do Brasil", elaborado no mesmo período como memória para o Congresso Internacional de Arte Popular, de Praga,[20] no qual investiga os processos de

---

20. A primeira versão rascunhada desse estudo intitula-se "A influência portuguesa na música popular brasileira" e foi recolhida por Oneyda Alvarenga em *As melodias do boi e outras peças*. A memó-

adaptação, deformação e transformação de elementos musicais e literários de canções portuguesas, isto é, importados. Observa que a influência não é de mão única, estabelecendo-se um sistema de intercâmbios e remodelações intrincado, no qual se trocam textos e melodias; agregam-se vários textos ou várias melodias; estes são fracionados; inventam-se melodias novas para textos tradicionais.

Macunaíma pode ser lido na chave aqui proposta quase como um díptico do *Ensaio*, transpondo criticamente para a literatura o conflito divisado na música entre a tradição europeia herdada de Portugal e as manifestações locais. Escrito em seis dias de trabalho ininterrupto, durante umas férias de fim de ano na chácara de seu parente e amigo Pio Lourenço Corrêa, em Araraquara, interior de São Paulo, em dezembro de 1926, depois corrigido e ampliado em janeiro de 1927, *Macunaíma, o herói sem nenhum caráter (rapsódia)*, foi publicado em 1928. O livro é dedicado a Paulo Prado, cafeicultor abastado, mecenas e articulador da Semana de Arte Moderna de 1922 e ensaísta que no mesmo ano havia publicado *Retrato do Brasil* (Berriel, 2000). Ao amigo Carlos Drummond de Andrade, Mário confidencia em carta de janeiro de 1927 a redação adiantada de um "romance engraçado" e lhe apresenta "o senhor Macunaíma, índio legítimo que me filiou aos indianistas da nossa literatura e anda fazendo o diabo por esses Brasis a procura da muiraquitã perdida". Os heróis, além desse principal, "são os manos dele Maanape já velhinho e Guiguê na força do homem. E o gatuno da muiraquitã é o regatão peruano Venceslau Pietro Pietra que é o gigante Piaimã, comedor de gente" (Andrade, 2002: 265-266).

A narrativa da aventura desse herói brasileiro sem caráter definido, ou identidade, é construída sem intenção mimética, isto é, sem pretender representar o mundo objetivo, digamos o do lado de fora do livro ou da ficção; mas antes como uma alegoria que o pudesse surpreender em traços cruciais e o interpelar. O entrecho da narrativa se desenvolve em torno da perda e resgate da muiraquitã, o amuleto dado a ele pela amante Ci, antes de ela subir para o céu. A pedra mágica será perdida logo depois, e daí em diante, até

---

ria enviada ao Congresso de Praga é uma versão enxugada para se adequar ao tempo estipulado pelos organizadores e foi publicada em *Música, doce música*.

o final do capítulo XIV, a ação do romance se define pela busca atribulada do amuleto – afinal recuperado na disputa com o gigante Piaimã, para, todavia, escapar de novo, definitivamente, das mãos do protagonista durante a luta com a Uiara no episódio final do livro (Souza, 2003).

Concebida a partir da bricolagem de uma infinidade de materiais – elaborados pelas tradições oral ou escrita, popular ou erudita, brasileira, europeia, africana ou indígena –, a obra maior de Mário de Andrade submete esse material de múltipla procedência a toda sorte de mascaramentos, transformações, deformações e adaptações (talvez também por essa razão, entre outras, o livro acabaria associado à vertente antropofágica do modernismo, a contragosto de seu autor, como veremos no próximo capítulo). Embora aparentemente parasitário, esse mecanismo combinatório é, contudo, inventivo, pois, em vez de destacar com neutralidade nos entrechos originais as partes de que necessita para as recompor, inalteradas, num novo arranjo, age quase sempre sobre cada fragmento, transformando-o profundamente. Como o próprio Mário explica na mesma carta a Drummond: "Não tem senão dois capítulos meus no livro, o resto são lendas aproveitadas com deformação ou sem ela. Está me parece que um gosto e já escrito inteirinho o romance, e em segunda redação" (Andrade, 2002: 265-266).

Assim, *Macunaíma* como que formaliza, em sua própria fatura, o caráter híbrido da cultura e plural da identidade brasileira, bem como questiona a ideia de pureza, ao produzir um texto original quase inteiramente a partir da cópia e da deformação. De acordo com interpretação fundamental de Gilda de Mello e Souza (2003), porém, mais do que na técnica do mosaico ou no exercício da bricolagem, o modelo compositivo desse "romance rapsódico" (como passaria a ser designado a partir da segunda edição) é ele mesmo copiado do processo criador da música popular, por meio da transposição de duas formas básicas que são ao mesmo tempo normas universais de compor: a suíte – característica das danças populares e cujo melhor exemplo era o bailado do bumba meu boi – e a variação – que ocorre tanto na música instrumental quanto na canção, mas, sobretudo, no improviso do cantador nordestino (Souza, 2003; Andrade, 1972: 66-69). A suíte constitui a união de várias peças coreográficas de estrutura e caráter distintos para formar obras mais complexas, de que são exemplo as principais danças dramáticas do Brasil – os fandangos do Sul paulista, os cateretês do Centro brasileiro, os caboclinhos nordestinos etc. Já a variação consiste em "repetir uma melodia dada, mudando a cada repetição um ou mais elementos constitutivos dela de forma que, apresentando uma fisionomia nova, ela permanece sempre reconhecível na sua personalidade" (Andrade, 1989b: 104). Esse sistema de empréstimo entre as músicas erudita e popular é interpretado por Mário por meio dos conceitos clássicos de nivelamento e desnivelamento cunhados por Charles Lalo (Andrade, 1976b: 339-348).

O processo de *Macunaíma* parece fundado, assim, diretamente em dois exemplos precisos do populário brasileiro: a canção de roda e o improviso do cantador nordestino. Da primeira extrai o mecanismo de agrupar numa mesma ordem textos muito diversos; de projetar num texto tradicional um sentido recente; ou, ainda, de conservar basicamente um entrecho original, modificando essencialmente todos os detalhes. Em relação ao segundo, o próprio Mário de Andrade (1976a: 433-435) confessa em carta pública a Raimundo Moraes que construiu o livro com base na cópia, no plágio, na transcrição de trechos alheios – enfim, emulando os processos de "traição da memória" dos cantadores do Nordeste e dos rapsodos de todos os tempos que ativam na imaginação popular a esperteza de uma contínua modulação diferida dos modelos.

Espécie de alegoria sobre a identidade nacional, essa composição rapsódica projetaria ambiguidade em todos os níveis da narrativa – evocando tanto a inquietação da linha melódica identificada como constância do populário no *Ensaio* quanto a possibilidade de criação de uma melodia infinita caracteristicamente nacional. Do entrecho, cuja linha principal – a perda e a busca da muiraquitã (ou, bem se poderia dizer, da identidade) – se veria eclipsada permanentemente pela multiplicação incessante dos episódios acessórios, estender-se-ia, na "embrulhada" cronológica e geográfica, até a caracterização do cenário e das personagens e suas ações, aí incluído o protagonista, que costuma ser interpretado, à revelia do autor, como símbolo do brasileiro. Assim, porque os diferentes sentidos comunicados por essa "alegoria" não se resolvem necessariamente numa síntese, o heterogêneo e o inacabamento são convertidos em elementos expressivos da estrutura, dando vazão à própria visão descentrada e aberta de identidade de Mário. Do ponto de vista cultural, Macunaíma, como a sociedade brasileira, também oscilava entre a falta e o excesso, dilacerado entre ordens sociais e valores contrastantes que nunca se resolvem: o tradicional e o moderno, o rural e o urbano, o Brasil e a Europa. É um personagem desterrado, que não consegue harmonizar a cultura do Uraricoera, de onde veio e para onde volta, e a do progresso urbano, em que ocasionalmente foi parar (Souza, 2003). E também um *trickster*, pois, caracterizado pela ambiguidade, não se pode prever se é sincero ou mentiroso, se seus gestos correspondem a suas intenções e se essas intenções são boas ou más – ele opera a coexistência de sinais contraditórios de modo a zombar, confundir e enganar.

Não podemos esquecer ainda que o próprio autor afirma que o herói "sem nenhum caráter" de nossa gente foi tirado de *Vom Roraima zum Orinoco* do alemão Koch-Grünberg, caracterizando-o "incaracteristicamente" como um índio preto que vira branco e que nem brasileiro é, pois faz parte do lendário da Amazônia venezuelana, o que lhe permite a um só tempo figurar a busca da identidade nacional e problematizar crítica e ironicamente essa intenção obsessiva-compulsiva que certamente era coletiva e de várias épocas. *Macunaíma* é uma provocação satírica, uma espécie de romance (no sentido folclórico) antirromântico, *Iracema* às avessas. E, depois de tantas aventuras, a narração não deixa de apontar com quem fica a muiraquitã, sugerindo a força de certos setores da sociedade para manter o domínio da cultura.[21] Dependendo da perspectiva de leitura, o desfecho da narrativa pode ser lido menos como a morte trágica do herói de nossa gente, iludido por uma Uiara europeizada, e mais como a descoberta de que toda a saga cantada na "fala impura" do narrador-rapsodo não passara de uma história ouvida de (e repetida por) um papagaio – mais precisamente um aruaí (que significa zombador em tupi-guarani), cuja "fala mansa [...] possuía a traição das frutas desconhecidas do mato" e que depois voara embora para Portugal. Macunaíma é, ademais, uma versão de um mito, e, como afirma Lévi-Strauss (2011: 621), todo mito é, por natureza, tradução – "nunca existe texto original".[22]

---

21. Agradecemos a Elide Rugai Bastos essa preciosa observação.

22. Explica Lévi-Strauss (2011: 621-622, itálicos no original) que todo mito "origina-se de outro mito, proveniente de uma população vizinha mas estrangeira, ou de um mito anterior da mesma popu-

Desse modo, *Macunaíma* (e por tabela o *Ensaio*) representava um percurso atormentado, feito de muitas dúvidas e poucas certezas sobre o povo e o país; evidenciava, em vários níveis, da linguagem à cultura, "a preocupação com a *diferença* brasileira; mas, sobretudo, desentranhava dos processos de composição do populário um modelo coletivo sobre o qual erigia a sua admirável obra erudita" (Souza, 2003: 29). Em outras palavras, Mário realizava na literatura, em *Macunaíma*, o que propunha aos músicos, no *Ensaio sobre música brasileira*. Entende-se assim o papel que o modernista reserva aos compositores no aproveitamento criativo e artístico da riqueza de possibilidades do populário.

Voltando ao *Ensaio*, essa mesma ressignificação do elemento europeu pode ser vista quando Mário discute a instrumentação, no exemplo da "orquestrinha". Nela o fato de a maioria dos instrumentos ser importada não impede que tenha assumido, até como solista, caráter nacional. Mário relata que, numa fazenda de zona que permaneceu especificamente caipira, teve oportunidade de escutar uma "orquestrinha" de instrumentos feitos pelos próprios colonos. "Dominavam no solo um violino e um violoncelo... bem nacionais. Eram instrumentos toscos não tem dúvida mas possuindo uma timbração curiosa meia nasal meia rachada, cujo caracter é fisiologicamente brasileiro" (Andrade, 1972b: 55). Timbre anasalado emoliente, de rachado discreto, longe do "efeito tenorista italiano ou da fatalidade prosódica do francês". No entanto, "é perfeitamente ridículo a gente chamar essa peculiaridade da voz nacional, de falsa, de feia, só porque não concorda com a claridade tradicional da timbração européia". Afinal,

> Ser diferente não implica feiura. Tanto mais que o desenvolvimento artístico disso pelo cultivo pode fazer maravilhas. Da lira de 4 cordas dos rapsodos primitivos a Grécia fez as 15 cordas da citara.

---

lação, ou ainda contemporâneo, mas pertencente a outra subdivisão social – clã, subclã, linhagem, família, confraria – que o ouvinte busca desmarcar traduzindo-o a seu modo, em sua linguagem pessoal ou tribal, ora para dele apropriar-se ora para desmenti-lo, e deformando-o sempre, portanto. [...] Encarado do ponto de vista empírico, todo mito é ao mesmo tempo primitivo em relação a si mesmo, derivado em relação a outros; não se situa *em* uma língua ou *em* uma cultura ou subcultura, mas no ponto de articulação entre elas e outras línguas e outras culturas. O mito não é, consequentemente, jamais *de sua língua*, é uma perspectiva sobre uma *língua outra*, e o mitólogo que o apreende através de uma tradução não se sente numa situação muito diferente da do narrador ou de seu ouvinte".

> Do santir oriental e do cimbalon húngaro que Lenau inda cantou, ao piano de agora, que distância através de todas as variantes de clavicórdios! Da escureza e dos erres arranhentos da fala dele o francês criou uma escola de canto magnífica (Andrade, 1972b: 55).

Não se tratava de advogar "regionalismos curtos" nem de permanecer "embebedados pela cultura europeia", mas de perceber que os elementos nacionais sedimentados poderiam enriquecer-se pelo contato com o estrangeiro. Nesse movimento, Mário concede direito à diferença e valoriza uma certa capacidade de diferenciar sem hierarquizar. As hierarquias que decerto existem e vincam a vida social devem ser detectadas pelo olhar, mas não por ele projetadas. Além disso, Mário rejeita uma visão historicista do tempo, em que este seria percebido como um processo linear, evolutivo e progressivo, articulando eventos numa lógica de causa e consequência, e a realidade por sua vez passaria a ser vista como uma totalidade coerente e ordenada.

O ritmo seria, segundo Mário, um dos principais parâmetros a provar a riqueza e complexidade da música popular, como veremos melhor no capítulo 6. Certas peças teriam rítmica tão sutil, diz o autor, que se torna praticamente impossível grafar em partitura "toda a realidade dela" (ver Hoelz, 2015). E tal fato se poderia comprovar na segunda parte do livro, em que nosso autor multiplicado, investido da máscara de musicólogo, faz uma cartografia musical do Brasil, apresentando peças colhidas em todos os cantos e algumas de suas variações. Essa aquarela sonora do Brasil, de caráter seminal, adquire naquele contexto o sentido de "desgeografizar" (Lopez, 1972 e 1976), por assim dizer, a topografia simbólica nacional hierarquizada por valores eruditos etnocêntricos. O que poderia gerar tanto a ampliação de nosso campo cognitivo quanto formas mais plurais e inclusivas de identidades. Essa segunda parte nos daria ainda, segundo o autor, duas "lições macotas: o caráter nacional generalizado e a destruição do preconceito da síncopa" (Andrade, 1972b: 23).

Em relação ao preconceito da síncopa, a ênfase de Mário incide no fato de que essa figura é uma constância da música brasileira, mas não uma obrigatoriedade – observam-se, aliás, síncopas que não são brasileiras –, e que seu conceito tradicional que encontramos nos dicionários e artinhas, embora correto, por vezes não corresponde aos movimentos mais variados e livres da rítmica brasileira. Esta constituiria o produto histórico da fusão "transatlântica" da rítmica organizada e quadrada que Portugal trouxe da civilização europeia para os trópicos e da rítmica oratória desprovida de valores de tempo musical, dos ameríndios e africanos (Andrade, 1972b: 30). "A essas influências díspares e a esse conflito inda aparente o brasileiro se acomodou, *fazendo disso um elemento de expressão musical*" (Andrade, 1972b: 32).

O *Ensaio sobre música brasileira* é expressão emblemática do esforço "mariodeandradeano" (para abrasileirar o hercúleo) de abrasileirar o Brasil, empenho comprometido com a necessidade de desfazer o divórcio entre a imaginação e o sentimento brasileiro. Se a reflexão modernista sobre a brasilidade reconhece a modernidade como uma ordem universal e a afirmação desse ideal universalista se faz pela mediação do nacionalismo, como sugere Eduardo Jardim (2016), igualmente a afirmação do nacional depende da mediação do universal, como pondera Carlos Sandroni (1988: 11).

Como procuramos desenvolver nesta leitura a contrapelo – ou com *Macunaíma* a contracanto –, se, por um lado, a ideia de brasilidade deve ser encarada dentro de um movimento mais amplo de sentido universalista, no qual o lugar da cultura brasileira na ordem moderna e universal é definido a partir de uma relação, por outro, seus significado e sentido trazem uma nota crítica e dissonante em relação ao contexto modernista e não se deixam domesticar inteiramente pelo paradigma nacionalista que então se impunha nem se subsumem a uma ideia de identidade nacional unitária e homogênea que se tornaria hegemônica nos anos 1930, ainda que digam respeito à lógica complexa de mobilização e reivindicação das identidades coletivas (Eder, 2003).

Vimos que, justamente por não reificar constelações ontológicas nacionais ou regionais como se fossem regidas por lógicas autônomas e/ou pudessem encarnar paradigmas refratários e alternativos a uma matriz civilizacional supostamente unitária – europeia, ocidental, metropolitana, do norte, ou como quer que se a queira chamar hoje –, essa espécie de "entrelugar" "desgeograficado" da brasilidade permitiria desconstruir os pressupostos de homogeneidade e pureza de qualquer identidade social (Santiago, 2019). Ao contrário, parecem estar em jogo nessa ideia precisamente as relações de diferença, por certo carregadas de contradição e assimetria, entre particular e universal, local e cosmopolita, e não as essências. Trata-se de relações que, embora originalmente configuradas num registro de nacionalismo militante, codificam indagações, aspirações e proposições para além dele: da sociedade brasileira e das experiências culturais aqui elaboradas com sua diversidade interna e com o mundo; de processos de diferenciação com processos de homogeneização; de diferenças culturais com desigualdade sociais.

Nesse sentido, compartilham problemas ligados aos desafios da solidariedade social no contexto contemporâneo de pluralização de identidades coletivas subnacionais e supranacionais. Se os padrões identitários compactos, centrados e autorreferidos sempre foram um patrimônio ideológico guardado por forças totalitárias e autocráticas (Cohn, 2016), a concepção de identidade aberta, dialógica e em devir que vislumbramos em Mário de Andrade parece consonante ao aprofundamento de formas de convivência democráticas, em que as pessoas e grupos se orientem não para a competição ou o antagonismo, mas para as exigências legítimas de outros antes de para as suas próprias. Ao elaborar uma perspectiva brasileira e cosmopolita, relacional e descentrada sobre o Brasil e o mundo, sobre "ruínas de linhas puras" (para evocar um verso do poema "Carnaval Carioca"), Mário abre uma via fecunda de interpelação ao presente, acenando para a possibilidade de se (re)elaborar na relação com o outro.

CAPÍTULO 4

MACUNAÍMA CONTRA A ANTROPOFAGIA

Brasilidade, identidade nacional e nacionalismo não são termos intercambiáveis no léxico de Mário de Andrade, talvez nem no de outros autores modernistas, embora tenham sido assimilados um ao outro de um modo bastante normativo; nem sequer são categorias estáveis, uma vez que podem assumir modulações diferentes tanto entre as diversas frentes de seu projeto modernista quanto de acordo com conjunturas específicas de seu contexto social e intelectual mais amplo. A tarefa de os distinguir e qualificar, apontando seu inter-relacionamento mais dinâmico e contingente, é premente de modo a restituir a complexidade da obra de Mário de Andrade e de seu contexto original, ambos extremamente disciplinados pela rotinização de paradigmas normativos e às vezes teleológicos voltados para a discussão da formação da identidade nacional e do nacionalismo no Brasil moderno. O corpo a corpo com o texto do *Ensaio* realizado no capítulo anterior foi um primeiro movimento desse argumento. Distinguir esses termos é, ademais, condição para que se possa divisar outros sentidos mais contemporâneos em sua obra para além da identidade histórica do modernismo, que, desse modo, também passa a ser revista. A ideia de brasilidade, por exemplo, parece guardar um sentido mais perene e politicamente potente hoje, se a entendermos basicamente como uma espécie de crítica ao eurocentrismo da cultura brasileira – o que pode ser demonstrado com a criação das passagens entre o erudito e o popular que estão na base do projeto intelectual e das políticas de reconhecimento propostos por Mário de Andrade.

Que não se pense, porém, ser possível distinguir de modo inequívoco brasilidade, identidade nacional e nacionalismo no pensamento de Mário de Andrade. São categorias sem dúvida relacionais, pois ganham significados umas em relação às outras, ainda que não sejam exatamente equivalentes. O problema é que a crítica tem recursivamente tomado uma por outra, sem reconhecer suas especificidades e ambiguidades. Assim, tão importante quanto diferenciá-las, é levar a sério as ambiguidades que encerram, próprias do "pensamentear" de Mário, sem justificar ou julgá-las deficiências, aparando suas arestas, domesticando-as ou neutralizando-as. É com as ambiguidades de Mário de Andrade que podemos conhecer melhor seu pensamento, seu contexto e seu tempo; a elas se deve, em grande medida, a força contemporânea que suas ideias encetam.

Essas são, na verdade, questões centrais no modernismo dos anos 1920 e em Mário de Andrade. Estão presentes em vários de seus textos de circunstância, livros e correspondência, da época ou posteriores. Mas permaneceremos aqui, perfazendo o segundo movimento do nosso argumento, nos limites dos dois prefácios não publicados de *Macunaíma* e no diálogo epistolar com Alceu Amoroso Lima em torno deles, destacando sua crítica pioneira pelo papel decisivo que cumpriu nos termos da recepção domesticadora que o livro acabaria conhecendo.

Genealogia da domesticação

A recepção de *Macunaíma* pela crítica literária, desde o primeiro momento daquilo que os especialistas denominam "primeira onda" de leituras (Ramos Jr., 2012) – que compreende o período das três primeiras edições, todas elas em vida do autor: a primeira em 1928, pela Eugenio Cupolo; a segunda em 1937, pela José Olympio; e a terceira em 1944, pela Martins[23] –, constitui chave fundamental para o entendimento do problema do apagamento das ambiguidades constitutivas do livro no que se relaciona a brasilidade, identidade nacional e nacionalismo. Como não nos restam dúvidas sobre a imposição da questão nacional no debate político e cultural nos anos

---

23. De acordo com Ramos Jr. (2012), as três primeiras edições de *Macunaíma* somaram, no máximo, 4.800 exemplares.

1920 e 1930, bem como sobre o papel catalisador que a identidade nacional nele assumiu, é compreensível que a crítica especializada tenha ressaltado justamente essa questão na recepção que logrou fazer de *Macunaíma*. Mas a recepção, como também sabemos, revela mais os pontos de vista, valores e até mesmo interesses daquele que recepciona do que, necessariamente, do objeto recepcionado, ainda que, certamente, tudo isso envolva um certo jogo em nada simples entre escritor e os leitores em geral, congruente àquilo que Jauss (1994) chama de horizonte de expectativas ou Fish (1982) de comunidades interpretativas. Nosso ponto não é, vale lembrar, negar – nem sequer questionar – que Mário de Andrade estivesse dentro do debate sobre nacionalismo e identidade nacional, obviamente, mas, antes, chamar a atenção para certas diferenças finas entre as categorias que ele emprega e o baralhamento – e dissolução – delas operado pelas primeiras leituras críticas de seu principal livro de prosa.

Também a esse propósito, a resenha escrita por Alceu Amoroso Lima, publicada sob o pseudônimo de Tristão de Ataíde na edição de 9 de setembro de 1928 de *O Jornal*, do Rio de Janeiro, mostrar-se-ia paradigmática, uma vez que definiu a recepção que se lhe seguiu em diferentes espectros ideológicos, favoráveis ou resistentes ao livro e ao movimento modernista a ele associado. Na verdade, essa foi a segunda resenha sobre *Macunaíma* veiculada na imprensa, já que a primeira – conforme a hipótese levantada por Silviano Santiago (1982) e corroborada no estudo mais exaustivo, e provavelmente definitivo, sobre a recepção pioneira do livro de que dispomos (Ramos Jr., 2012) – teria sido escrita pelo próprio Mário de Andrade e publicada no *Diário Nacional*, de São Paulo, apenas 13 dias após o lançamento do livro, em 7 de agosto de 1928. Como mostra José de Paula Ramos Jr. (2012: 237), a resenha de Tristão de Ataíde, então considerado o crítico literário de maior prestígio no país, acabou por definir o repertório da recepção subsequente de *Macunaíma*:

> Os documentos atestam a reiteração dos problemas abordados pelo diálogo inaugural nas demais recepções investigadas: a questão do material, do gênero, do método ou estrutura de composição, do estilo, da língua e da (in)caracterização do protagonista, bem como da possível simbologia da obra e do herói – tudo

isso associado ao conceito de nacionalismo, tema nuclear do grande debate em busca de um projeto para o Brasil, em vigor no período investigado.

Sintomático do que estamos tratando, Ramos Jr. também não parece atentar para a redução direta ao nacionalismo que os primeiros críticos de *Macunaíma* fazem de seus significados potencialmente mais múltiplos. Ainda que não integre o escopo das principais questões, seu estudo é precioso também a esse propósito. Como ele lembra, a resenha de Tristão de Ataíde é parte, na verdade, de um diálogo mais amplo entre Mário e Alceu, como sugere o fato de Mário ter-lhe enviado os dois prefácios que chegou a esboçar para *Macunaíma*, mas que desistiu de acrescentar às edições do livro, permanecendo inéditos até 1972, quando foram publicados junto à preciosa documentação do volume *Brasil: 1º tempo modernista – 1917/29*, organizado por Marta Rossetti Batista, Telê Porto Ancona Lopez e Yone Soares de Lima. E o diálogo entre eles envolve também a correspondência que trocaram naqueles anos.

Em carta de 19 de maio de 1928, em que avisa a Alceu que, junto com um exemplar de *Macunaíma*, lhe enviará "de presente" os dois prefácios "assim mesmo como estão, num manuscrito terrível e a lápis", Mário observa que havia desistido de publicá-los porque haviam ficado "enormes e inda não diziam bem o que eu queria. Além disso o segundo me pareceu bem pretensioso" (Andrade, 2018: 118). Adiante voltaremos a essa carta. Para a compreensão do problema que estamos discutindo, os prefácios são peças-chave, pois trazem elementos que nos ajudam a qualificar possíveis distinções entre "brasilidade" e "nacionalismo" – esboçadas tanto em conjunto quanto textualmente no segundo deles. No primeiro prefácio, escrito em Araraquara e datado de 19 de dezembro de 1926, Mário afirma que seu interesse por Macunaíma havia surgido "incontestavelmente [d]a preocupação em que vivo de trabalhar e descobrir o mais que possa a entidade nacional dos brasileiros" (Andrade, 1972c: 289). Busca que, "depois de pelejar muito", dá lugar à descoberta de que "o brasileiro não tem caráter". Detalhando sua afirmação, observa que "com a palavra caráter não determino apenas uma realidade moral não em vez entendo a entidade psíquica permanente, se manifestando por tudo, nos costumes, na ação exterior no sentimento na língua na História na andadura, tanto no bem como no mal" (Andrade, 1972c: 289). E como para reforçar seu ponto, afirma entre parênteses que

> O brasileiro não tem caráter porque não possui nem civilização própria nem consciência tradicional. Os franceses tem caráter e assim os jorubas e os mexicanos [...] Brasileiro (não): Está que nem rapaz de vinte anos: a gente mais ou menos pode perceber tendências gerais, mas, ainda não é tempo de afirmar coisa nenhuma

Na sequência há uma passagem que põe à mostra sua ambiguidade em relação à "falta de caráter" do brasileiro, expressa na oscilação entre otimismo e pessimismo quanto a seus significados, consequências e possibilidades; ambiguidade em geral pouco notada ou reduzida a um dos polos – o do pessimismo – na recepção crítica do livro. Longe de poder ser atribuída exclusivamente a um traço idiossincrático do autor, essa oscilação entre otimismo e pessimismo – codificada também em alegria (Oswald de Andrade) e melancolia ou tristeza (Paulo Prado), para ficarmos em 1928 – parece-nos constituir uma componente crucial dos debates intelectual e político mais amplos do período, daí que tenha persistido ainda com força nas décadas seguintes, como, por exemplo, em torno da caracterização do "homem cordial" em *Raízes do Brasil*, de Sérgio Buarque de Holanda (1936), cujos termos como que ecoam a seguinte passagem desse prefácio de *Macunaíma*:

> Dessa falta de caráter psicológico creio otimistamente, deriva a nossa falta de caráter moral. Daí nossa gatunagem sem esperteza (a honradez elástica a elasticidade da nossa honradez) o desapreço à cultura verdadeira, o improviso, a falta de senso étnico nas famílias. E sobretudo uma existência (improvisada) no expediente (?) enquanto a ilusão imaginosa feito Colombo de figura-de-proa busca com olhos eloquentes na terra do Eldorado que não pode existir mesmo, entre panos de chão e climas igualmente bons e ruins, dificuldades macotas que só a fraqueza de aceitar a realidade, poderia atravessar. É feio.

Entre os temas tratados por Mário na sequência do prefácio, ao lado de sua "preocupação brasileira", destacam-se ainda: o emprego deliberado, quanto ao "estilo" da narrativa, de uma "fala simples tão sonorizada música", performatizando as "repetições" característica dos "livros religiosos" e dos "cantos estagnados no rapsodismo popular"; a pornografia que, adverte, se lhe impôs por ser um dado da "documentação" seja nas lendas indígenas, nas literaturas rapsódicas ou mesmo nas religiosas; e seu empenho em "desrespeitar lendariamente a geografia e a fauna e a flora geográficas". Este último elemento serve, na verdade, de contraste ao ponto mais importante nesse prefácio para o problema que estamos perseguindo. De fato, ao afirmar seu interesse em desconstruir os elementos naturais do Brasil em favor de uma representação ficcional não mimética, Mário observa que "desregionalizava o mais possível a criação ao mesmo tempo que conseguia o mérito de conceber literariamente o Brasil como entidade homogênea um conceito étnico nacional e geográfico" (Andrade, 1972c: 291). Todavia, como contraponto a essa afirmação, figura, entre parênteses, a anotação para uma possível futura revisão e nova redação do prefácio com o enunciado que a relativiza: "Dizer também que não estou convencido pelo fato simples de ter empregado *elementos nacionais*, de ter feito *obra brasileira*" (Andrade, 1972c: 291). O contraponto serve ainda de autoadvertência: "Não sei se sou brasileiro. É uma coisa que me preocupa e em que trabalho porem não tenho convicção de ter dado um passo grande pra frente não" (Andrade, 1972c: 291). Ou seja, empregar *elementos nacionais* num livro não significaria, necessariamente, realizar obra *brasileira*.

A questão é retomada e desenvolvida no segundo prefácio não publicado, no qual não há indicação do local de escrita ou datação; ele repassa, entretanto, os demais pontos já apresentados no anterior. No que diz respeito ao problema que vamos palmilhando, são fundamentais as distinções que Mário faz entre, primeiro, "sintoma" e "expressão" de cultura; e, segundo, entre "cultura nacional" e "cultura brasileira". Elas aparecem também nas notas reunidas sob o título "Anotações para o prefácio", mantidas ao final dele. Primeiro, quando Mário reforça a ideia de despretensão que procura associar à composição de *Macunaíma*, lembra mais uma vez sua versão de que ele não teria passado de um "jeito pensativo e gozado de descansar umas férias", também acentuada na carta a Alceu Amoroso Lima e em outras oportunidades. Diz Mário que o livro, assim, lhe parecia valer "um bocado como sintoma de *cultura nacional*" (Andrade, 1972c: 291, grifos nossos). Segundo, após notar que, a seu ver, "os melhores elementos duma *cultura na-*

cional" apareceriam nele, destacando, na esteira do primeiro prefácio, como o país figura "desgeograficado no clima na flora na fauna", acrescenta nessa nova enumeração também "no homem, na lenda, na tradição histórica que a necessidade de esclarecer a 'embrulhada geográfica proposital'" (Andrade, 1972c: 291). O próprio herói do livro, lembra Mário, "nem se pode falar que é do Brasil" – já que fora retirado do livro de Koch-Grünberg sobre uma lenda Taulipang da Amazônia venezuelana –, circunstância que, admite, lhe traria grande satisfação: "me agrada como o que. Me alarga o peito bem, coisa que antigamente os homens expressavam pelo 'me enche os olhos de lágrimas'" (Andrade, 1972c: 292). Por isso, adverte claramente: "não quero que imaginem que pretendi fazer deste livro uma expressão de *cultura nacional brasileira*. Deus me livre" (Andrade, 1972c: 292, grifos nossos). Vemos, portanto, a tentativa de Mário de distinguir "nacional" de "brasileiro", reforçada mais uma vez pela afirmação que lhe "repugnaria bem que se enxergasse em Macunaíma a intenção minha dele ser o herói nacional". À dúvida presente no primeiro prefácio de se o emprego de "elementos nacionais" na narrativa faria dela necessariamente "brasileira", soma-se agora a distinção, ainda que pouco clara, de que *Macunaíma* até poderia ser tomado como um "sintoma" de "cultura nacional", mas não como "expressão" de uma "cultura nacional brasileira". Parece haver aí o entendimento de ser o "brasileiro" relativamente irredutível tanto aos artifícios da estética quanto ao empenho político de nacionalização da cultura.

Deixem-nos nos valer ainda de uma observação feita na espécie de esboço ou nota que foram mantidos após o texto do segundo prefácio, se não para os esclarecer, ao menos para tentar melhor aproximação dos termos e do próprio léxico da reflexão proposta por Mário de Andrade. São prefácios que, não custa lembrar, não foram exatamente deixados de lado, porque, afinal, foram enviados a Alceu Amoroso Lima, o principal crítico literário da época, e acabaram por informar sua influente crítica do livro, como veremos adiante. Entre outras observações, como a que diz respeito ao sentido das mudanças e da continuidade entre suas pesquisas e livros ("Sem vontade de pandegar sinto lógica em estabelecer uma equação assim: Amar Verbo Intransitivo + Clan do Jaboti = Macunaíma"), Mário escreve após "Sintoma de cultura" uma passagem que, assim posta, parece figurar como uma sua definição:

> Uma colaboração pontual do nacional e o internacional onde a fatalidade daquele se condimenta com uma escolha discricionária e bem a propósito deste. O que dá o tom sendo pois um universalismo constante e inconsciente que é porventura o sinal mais evidente da humanidade enfim concebida como tal. Coisa que a gente já pode sentir (Andrade, 1972c: 295).

O ponto talvez mais importante nesse esforço pouco claro para o próprio autor de distinguir entre "sintoma" e "expressão" ou "cultura nacional" e "cultura brasileira" é sua recusa peremptória e, essa sim, bastante clara em propor ou aceitar que Macunaíma – o herói e o livro – pudesse ser considerado um símbolo do Brasil e do brasileiro. De fato, já a segunda frase do primeiro prefácio é a afirmação de que "Macunaíma não é símbolo", e já a primeira alerta justamente sobre a necessidade de umas "explicações para não iludir nem desiludir os outros" (Andrade, 1972c: 289). No segundo prefácio, esboçada a reflexão acima detalhada, Mário volta ao tema de modo ainda mais direto, afirmando que é "certo que não tive a intenção de sintetizar o brasileiro em Macunaíma" (Andrade, 1972c: 292). A palavra-chave aqui é "sintetizar". Em diferentes momentos Mário manifestou sua incompatibilidade intelectual tanto com o raciocínio sintético quanto com a busca de sínteses em balanços sobre a formação da sociedade, da cultura brasileira ou em suas expressões artísticas. No segundo prefácio, a posição é clara, seja no enunciado citado acima, seja, de forma ainda mais significativa, nos dois parágrafos finais, em que elabora uma reflexão que parece também uma justificativa para sua recusa da ideia de síntese – a qual os indícios de que já dispomos levam a crer que se coloque na base das pretendidas distinções entre "sintoma"/"expressão" e "cultura nacional"/"cultura brasileira". Trata-se da discussão sobre o que Mário denomina "épocas de transição social", como seria o seu próprio tempo. Basicamente, ele acentua o caráter contingente do presente e incerto do futuro e a necessidade de lidarmos da melhor maneira com tal incerteza (que chama de "neblina vasta"), recusando tanto (1) visões sintéticas que, mesmo visando garantir alguma segurança ontológica, acabam por simplificar de modo demasiado ordeiro a complexidade e a pluralidade das experiências em curso (eis o "consolo maternal dos museus") e, por consequência, também as possibilidades múltiplas de futuro (as "incógnitas") quanto, e não menos importante, (2) as visões nostálgicas do passado e de suas aparentes certezas e comodismos (o que chama de "fábula normativa"), entre os quais não deixa de incluir algumas das principais correntes intelectuais de seu tempo (a "cultura legítima"):

> Nas épocas de transição social como a de agora é duro o compromisso com o que tem de vir e quase ninguém não sabe. Eu não sei. Não desejo volta do passado e por isso já não posso tirar dele uma fábula normativa. Por outro lado o jeito de Jeremias me parece ineficiente. O presente é uma neblina vasta. Hesitar é sinal de fraqueza, eu sei. Mas comigo não se trata de hesitação. Se trata duma verdadeira impossibilidade, a pior de todas, a de nem saber o nome das incógnitas. Dirão que a culpa é minha, que não arregimentei o espirito na cultura legitima. Está certo. Mas isso dizem os pesados de Maritain, dizem os que se espigaram de Spengler, os que pensam por Wels ou por Lenine e viva Eisntein!
> Mas resta pros decididos como eu que a neblina da época está matando o consolo maternal dos museus. Entre a certeza decida que eletrocuta e a fé franca que se recusa a julgar nasci pra esta. Ou o tempo nasceu pra mim... Pode ser que os outros sejam mais nobres. Mais calmos certamente que não. Mas não tenho medo de ser mais trágico (Andrade, 1972c: 292).

Tendo chegado à tópica central do simbolismo de *Macunaíma* nos prefácios, vale a pena ampliar o espectro dos textos envolvidos para sua qualificação, retendo, do que foi até aqui discutido, a associação de "simbólico" à "síntese".

"Macunaíma" é o título do artigo de Alceu Amoroso Lima publicado em sua coluna "Vida Literária", de *O Jornal*, no dia 9 de setembro de 1928, no qual utiliza fragmentos dos prefácios não publicados. Alceu começa o artigo avisando que cometeria uma "indiscrição necessária" por valer-se de "documentos que o autor decidira não dar a público". Não cabe aqui discutir minuciosamente o artigo, o que já foi feito de modo bastante competente (Ramos Jr., 2012), mas apenas apreciá-lo a partir do nosso ponto específico. Assim, começamos observando que no artigo Alceu faz uso seletivo não apenas dos prefácios, mas também da carta que Mário lhe enviara, datada de 19 de maio de 1928. Provavelmente nada disso agradou muito a Mário, tanto que Alceu jamais recolheu seu "Macunaíma" em nenhuma das edições da sua série *Estudos*, acatando, dessa vez, o pedido feito por Mário em 13 de julho de 1929:

> Peço-lhe de todo coração que não publique o artigo sobre *Macunaíma*. Só pode ser este um pedido de amizade e por ela que eu peço. Esse artigo fere por demais a minha intimidade de que sou tão orgulhoso que tenho sempre na minha pasta de escrivaninha uma carta pedindo, caso eu morra, que meus inéditos sejam destruídos. Principalmente anotações (Andrade, 2018: 142).

Além do pedido, algo dramático, Mário também comunica a Alceu na carta sua decisão de não enviar mais seus livros a nenhum crítico profissional:

> Mas há também outra razão tão delicada como essa, e que me leva a pedir por amizade sempre, que você esqueça o mais que puder, mesmo de todo, a minha personalidade literária. Está claro que continuo existindo literariamente porém resolvi com resolução me retirar por completo da crítica oficial. Nunca mais quero mandar livro meu a crítico nenhum. Não faço disso uma questão de desprezo pessoal pela crítica, não pense (Andrade, 2018: 143).

Cabe lembrar que o próprio artigo de Alceu é, em alguma medida, fruto da carta anterior de Mário. Daí, talvez, sua decisão de não enviar mais seus livros aos críticos. A veiculação de fragmentos de seus prefácios pareceu-lhe a punição justa devida ao que considera seu pecado de vaidade:

> Respeito a crítica e considero você especialmente o melhor crítico que possuímos hoje. A notoriedade, que já desejei, é que me horroriza atualmente. Quando vejo meu nome citado, isso me fere agora, sinto uma espécie de violação de mim mesmo, fico chocado, desestimulado, com uma vontade danada de parar. Você que é mesmo um companheiro chique, respeite por favor a minha paz (Andrade, 2018: 143).

Dizíamos que Alceu faz um uso extremamente parcial dos prefácios e da carta de Mário. Assim, por exemplo, um dos pontos mais salientes no artigo informado por esse material é a separação que ele faz questão de realizar de *Macunaíma* em face do movimento antropofágico de Oswald de Andrade. Diz Alceu:

> Quando se anunciou *Macunaíma* acabava o xará Oswald de publicar o seu *Manifesto Antropófago* em que pregava a regeneração da Literatura Brasileira por um evangelho neo-indianista. O que logo nos ocorreu é que o livro do Sr. Mário de Andrade seria a primeira realização da nova escola de realismo indianista. Pois bem,

> a primeira retificação que nos permitem os prefácios inéditos, que tenho em mãos, é mostrar que *Macunaíma* é muito anterior ao último manifesto do Sr. Oswald de Andrade, que passeia atualmente o seu indianismo pela beira do Sena, entre os suprarealistas, soprando sarabatanas no Montagnet, bebendo Kachiri no Fouquet's e dando entrevistas às *Nouvelles Littéraires*.
> É de 1928 o neo-indianismo paulista. *Macunaíma*, porém, é de dois anos antes. A primeira versão foi composta, em oito dias, em dezembro de 1926, durante umas férias que o autor passava "no meio de mangas, abacaxis e cigarras de Araraquara". A versão definitiva é de 23-12-26 a 13-1-27. São essas as datas que se encontram no original que tenho em mãos, e que divulgo sem autorização do autor. Quero que fique bem clara essa circunstância.

Assim, Alceu vale-se das datas prováveis que depreende, no caso do primeiro prefácio, e atribui, no do segundo, para reivindicar a antecedência de *Macunaíma* em relação ao movimento antropofágico. Mas ele recorre, sobretudo, às próprias informações que Mário lhe presta sobre o tema e de que já vinham se ocupando em seu diálogo epistolar. Assim, na carta de 19 de maio de 1928, ao que parece em resposta a alguma solicitação anterior do destinatário, Mário registra que está lhe enviando a *Revista de Antropofagia*, lançada naquele mesmo mês. Mas faz mais. Primeiro, embora afirme que já estivesse "querendo bem" a revista por "ser feita por amigos", faz questão de demarcar: "Antes de mais nada: não tenho nada com ela [...] Só colaboro". Segundo, sobre o "Manifesto Antropófago", aparecido no primeiro número da revista, Mário também enfatiza a sua discordância, até porque, como pondera, já a teria manifestado direta e publicamente a Oswald de Andrade:

> O manifesto do Osvaldo... acho... nem posso falar que acho horrível porque não entendo bem. Isso, como já falei pra ele mesmo, posso falar em carta sem que fique cheirando intriga nem manejo. Os pedaços que entendo em geral não concordo. Tivemos uma noite inteirinha de discussão quando ele inda estava aqui (Andrade, 2018: 114).

Autoirônico, Mário confidencia a Alceu a sua "infelicidade toda particular" em relação aos manifestos de Oswald, que saem "sempre num momento em que fico malgré moi incorporado neles". Rememora, em virtude do lançamento do "Manifesto da Poesia Pau-Brasil", publicado no diário carioca *Correio da Manhã* em 18 de março de 1924, que também o seu *Losango Caqui*, de 1926, foi a ele associado. Embora reconheça e se penitencie por, "com certa amargura irônica" ter posto "aquele 'possivelmente pau-brasil' que vem no prefacinho do livro", lembra a Alceu que, pelo menos, desde *Pauliceia desvairada*, de 1922, já "afirmava falar brasileiro", mas que "ninguém não pôs reparo nisso". E ainda mais importante: que fez isso, "quando o Osvaldo andava na Europa e eu tinha resolvido forçar a nota do brasileirismo meu, não só pra apalpar o problema mais de perto como pra chamar a atenção sobre ele" (Andrade, 2018: 115, grifos no original). E ainda que, como acabara de fazer em relação ao "Manifesto Antropófago", também havia deixado claro para Oswald sua discordância em relação ao "'Manifesto da Poesia Pau-Brasil', no dia famoso da leitura do manifesto aqui em casa, até Paulo Prado estava, tanto que escachei com o manifesto que até o Osvaldo saiu meio estomagado, deixando a reunião no meio" (Andrade, 2018: 116). Assim, informando as circunstâncias da escrita, o próprio Mário oferece a dica para Alceu, que a acolherá em seu artigo: "*Macunaíma* vai sair, escrito em dezembro de 1926, inteirinho em seis dias correto e aumentado em janeiro de 1927, e vai parecer inteiramente antropófago... Lamento um bocado essas coincidências todas, palavra". O motivo principal, conclui Mário, para sua contrariedade em relação à identificação de *Macunaíma* ao movimento antropofágico seria pelo livro já ser "uma tentativa tão audaciosa e tão única (não pretendo voltar ao gênero absolutamente), os problemas dele são tão complexos apesar dele ser um puro divertimento [...] que complicá-lo inda com a tal de antropofagia me prejudica bem o livro. Paciência" (Andrade, 2018: 116).

Nos detemos aqui no exemplo do "Manifesto Antropófago" para discutir a, por assim dizer, intertextualidade entre a crítica de Alceu, os prefácios e sua correspondência com Mário, e a ele ainda voltaremos adiante por meio da crítica de Oswald de Andrade a *Macunaíma*, na verdade uma oportunidade para responder à crítica de Tristão de Ataíde, por dois motivos. Primeiro, como enunciado anteriormente, porque mostra a parcialidade do olhar de Alceu Amoroso Lima sobre o material que lhe foi enviado por Mário. Se Alceu se deixou agenciar pela tentativa de Mário de se distinguir de Oswald de Andrade e do movimento antropofágico, o mesmo não ocorrerá com a tópica do simbolismo de *Macunaíma*. Segundo, porque a tentativa de distinção de Mário sugere justamente sua contraposição, acima de tudo, à ideia de síntese, a nosso ver, indissociável da interpretação do Brasil de Oswald de Andrade seja no "Manifesto da Poesia Pau-Brasil" seja no "Manifesto Antropófago".

Antes de prosseguir nessa direção comparativa, vejamos a questão do simbolismo de *Macunaíma* na crítica pioneira e influente de Alceu e em algumas outras que se lhe seguiram, bem como em outras trocas epistolares. Alceu não deixa de ressalvar que "tanto no primeiro como no segundo prefácio, o autor afirma categoricamente que não teve em mente nenhum intuito simbolista. O livro deve ser entendido como uma simples brincadeira literária" (Ataíde, 2012: 267). Ainda assim, contrariando a vontade do autor que havia lhe confidenciados os prefácios inéditos, Alceu vai, ao longo do texto, construindo retórica e explicitamente o sentido de símbolo para *Macunaíma* – seja o livro seja a personagem que lhe dá título. Por exemplo, vendo na contraposição entre o herói e o gigante Piaimã na rapsódia a contraposição mimética direta entre nacional e estrangeiro: "Pra quem lê o livro a conclusão evidente é que Macunaíma é o brasileiro de hoje, como Venceslau Pietro Pietra, nome paulistano do gigante Piaimã, é o imigrante. E é fácil encontrar numerosos trechos em que as alusões são transparentes" (Ataíde, 2012: 265). Ou ainda, entre tantos outros exemplos mais, quando comenta o episódio do pezão do Sumé e a metamorfose pela água mágica de Macunaíma e seus irmãos Jiguê e Maanape, afirma que eles "aparecem então como um símbolo transparente do Brasil" (Ataíde, 2012: 266). É notável a convicção do crítico quanto ao caráter simbólico de *Macunaíma*, ou o seu empenho em construir essa tese, como, ademais, denota o empego recursivo, nessas passagens, do adjetivo "transparente".

Como notou muito bem José de Paula Ramos Jr. (2012) em seu estudo, Tristão de Ataíde se utiliza dos prefácios inéditos para se contrapor ao próprio Mário no que diz respeito ao simbolismo de sua rapsódia. Sugere Ramos Jr. que para reafirmar sua avaliação sobre o caráter simbólico do livro, o crítico se refere a dois pontos centrais abordados nos prefácios. O primeiro deles diz respeito à obscenidade e à pornografia de *Macunaíma*. Assim, do primeiro prefácio, Tristão aciona a afirmação de Mário de que uma "pornografia desorganizada é também uma continuidade nacional" e, do segundo prefácio, a de que "Minha intenção aí [na 'imoralidade' contida em *Macunaíma*] foi verificar a constância brasileira que não sou o primeiro a verificar" (Ramos Jr., 2012: 41). O segundo ponto apontado diz respeito à interpretação de Tristão de Ataíde do esforço de Mário em "desregionalizar" e "desgeograficar" a representação literária do Brasil, que já observamos. Vale a pena citar as considerações do autor sobre a tópica do simbolismo de *Macunaíma* tal como construído na crítica de Tristão de Ataíde:

> Com a conclusão de que, ao menos "em grande parte", Macunaíma é símbolo do homem brasileiro, Tristão de Ataíde cumpre o primeiro objetivo de seu artigo, enunciado logo após a abertura: o de "entender a intenção do autor" para evitar "interpretações as mais fantasistas". Essa conclusão inaugura a polêmica sobre o caráter simbólico da obra e do herói, respectivamente, associados ao Brasil e ao homem brasileiro. Seriam símbolos ou não? Em que sentido e medida? Seriam verdadeiros ou falsos em relação aos referentes? A essas questões subjaz uma outra, que não seria tão cedo explicitada claramente, mas que sempre esteve implícita nessa discussão, prolongada na fortuna crítica daí em diante: a hipótese de que *Macunaíma* por conter uma síntese artística – simbólica? – do brasileiro, conteria também uma intepretação do Brasil. O cerne desse problema, por sua vez, está no projeto modernista de Mário de Andrade, de contribuir no esforço de integração nacional por meio da apropriação artística culta e crítica do patrimônio da cultura popular. No passo seguinte de seu escrito, Tristão de Ataíde tangencia esse fulcro e deixa entrever sua repulsa à assimilação cultural processada por Mário de Andrade (Ramos Jr., 2012: 43).

Duas observações podem ser feitas no sentido de desenvolver a discussão. Primeiro, que Alceu Amoroso Lima circunscreve e leva a questão do simbolismo de *Macunaíma* para o terreno da intencionalidade do autor, daí sua insistência em contrapor o simbolismo às circunstâncias da escrita do livro, "livro de férias", transcrevendo amplamente, aliás, passagens dos prefácios, o que tanto mal-estar causou a Mário. Está certo que as passagens transcritas mostram justamente que essa contraposição provavelmente é mesmo, em parte, também, do próprio Mário, e esse tema, como vimos antes, está também em alguma medida obscuro para ele próprio. Todavia, como estamos no terreno da intencionalidade, que Alceu associa à subjetividade do autor (Mário) fraturada entre "consciente" e "subconsciente", caberia ao crítico (Tristão de Ataíde) discernir significados mais amplos e objetivos que transcendessem as intenções ou mesmo os juízos pessoais do autor apreciado. Desenvolvendo o artigo nessa direção, Alceu conclui: "Pois queira ou não queira o 'consciente' do autor, o que o seu subconsciente nos deu, em *Macunaíma*, foi em grande parte, o 'homo brasilicus' em toda a sua deficiência, embora sem os sinais de tese sistemática e antes uma enorme liberdade de composição" (Ataíde, 2012: 270).

Segundo, para reforçar ainda mais sua interpretação e defesa do simbolismo de *Macunaíma*, independente da intencionalidade de seu autor, Alceu contrapõe-se, também, à ideia cultivada por Mário da conjuntura despretensiosa, "brincalhona" como diz, de composição da sua rapsódia. Para tanto chama a atenção do leitor para a seriedade com que Mário de Andrade vinha se dedicando havia muitos anos à pesquisa de temas brasileiros, o que o distinguiria no contexto intelectual modernista. Afirma Alceu: "O Sr. Mário de Andrade é o homem menos romântico que possa haver. Nunca escreve por paixão. Por prazer sim. Mas, sobretudo, por procura, por pesquisa, para encontrar o Brasil" (Ataíde, 2012: 270). Note-se, porém, a seu favor, que Alceu Amoroso Lima parece querer reter de alguma forma algo da distinção entre "sintoma de cultura nacional" e "expressão de cultura nacional brasileira" proposta por Mário no segundo prefácio. Nos termos de Alceu, o "nacionalismo" de Mário de Andrade seria de "corpo" e de "alma", o que, talvez, se pudesse aproximar, ainda temerariamente, de algo como "social" e "cultural", respectivamente, mas o ponto é que o crítico os contrapõe a um "nacionalismo político" que faltaria ao autor de *Macunaíma*. Vejamos:

> O Brasil alma e o Brasil corpo, mas não o Brasil país. Penso que lhe falta singularmente o sentido do nacionalismo político. Mas tem agudamente o senso do nacionalismo orgânico e social, da busca do caráter que nos distinga na América e nos marque pra sempre. Daí a sua irritação contra a nossa falta de personalidade e a consagração dessa ausência em distintivo, por meio de uma figura como Macunaíma (Ataíde, 2012: 270).

Seja, porém, pela pouca clareza do próprio Mário, o que o leva a dispensar o prefácio da edição definitiva da rapsódia, ou seja por procurar traduzir o problema aos seus próprios termos e lógica, Alceu acaba, antes, reforçando a tese do simbolismo de *Macunaíma* e, com isso, apagando as distinções precárias, mas significativas e potencialmente heurísticas, de Mário Andrade entre identidade nacional, nacionalismo e brasilidade.

Naturalmente, o crítico católico não se furta também a apontar suas ressalvas, ou mesmo restrições, ao livro de um ponto de vista ideológico. Assim, por exemplo, destaca uma "combinação imensa de elementos os mais disparatados [...] de origem popular, inclusive uma macumba muito bem descrita da nossa zona do Mangue, que revelam quanto o autor assimilou toda essa ebulição fetichista do nosso povo e como o seu estilo bárbaro consegue dar uma vida intensa e um pitoresco expressivo a essa supuração das nossas mazelas ocultas" (Ataíde, 2012: 270). E é compreensível que seja assim, já que não apenas outras religiões, especialmente as de matrizes africanas, são combatidas, como ainda a ideia de "mistura" do catolicismo popular brasileiro a diversas práticas tidas como supersticiosas e tão distantes da doutrina oficial será peremptoriamente rejeitada pela hierarquia da Igreja católica e por seus intelectuais. Aqui temos ainda um aspecto importante. Alceu Amoroso Lima não apenas entrevê, a despeito da posição explícita de Mário de Andrade, simbolismo em *Macunaíma*, como o associa a um tipo de visão parcial e pessimista de seu autor, como acentua Ramos Jr. (2012: 44). Todavia, ele nos parece, antes, apesar da perspectiva mimética com que lê e aprisiona *Macunaíma*, oscilar entre atribuição daquela perspectiva a Mário e aproveitá-la como expressão de um tipo de realidade mais ampla que caberia combater do ponto de vista normativo do seu catolicismo. Daí a ambiguidade das palavras com que vai encerrado seu artigo:

> E revela o autor uma "verve" de expressão, uma assimilação de alguns elementos de nossa formação étnica, de nossa alma, de nossos costumes, de nossa paisagem, de nosso totalismo nacional, que são de fato só dele. E realmente expressivos do que é a barbaria dos nossos fermentos em ebulição. O modelo do que devemos "combater" em nós (Ataíde, 2012: 271).

Toda recepção revela, enfim, mais o receptor do que a obra recepcionada, como estamos argumentando. A apropriação de *Macunaíma* exposta no artigo é reiterada em carta a Jackson de Figueiredo, datada de 15 de setembro de 1928, na qual Alceu dá notícia do seu artigo recomendando-o à leitura do amigo por meio de cujas mãos, aliás, se convertera à fé e militância católicas. Ponderando que o interesse no artigo estaria justamente nas passagens transcritas dos prefácios inéditos de Mário de Andrade, no resumo que faz do livro Alceu reitera a ideia de que *Macunaíma* expressa tanto o ponto de vista quanto a realidade pessimistas que lhes caberiam combater:

> E depois, *Macunaíma*, como eu digo lá, me deu uma bruta impressão do que é a realidade dissolvida, relaxada, anárquica, do nosso povo e da nossa alma nacional. Seu defeito (aliás, o Mário nega que ele seja símbolo nacional) é que não distingue o que há, ao contrário, de rijo, de sólido, de puro, no caráter das populações mais puras do sertão, e o que há então de relaxado e dissoluto nas populações mestiças e litorâneas. O que você apontou falando da *Bagaceira* (Andrade, 2018: 311).

A recepção de *Macunaíma* que se segue à crítica de Alceu manterá, em vários pontos, sua apreciação quanto ao simbolismo do livro e do personagem e também quanto à restrição de Alceu a esse propósito, em função da parcialidade e do pessimismo de Mário/*Macunaíma* para dar conta do "nacional" e do "brasileiro", categorias que perdem totalmente a distinção nessa fortuna crítica e a partir de então. Como observou Ramos Jr.,

> Os críticos pioneiros ativeram-se ao caráter simbólico, sendo Tristão de Ataíde o primeiro a apontá-lo [...] No entanto, o que Mário de Andrade teria conseguido com *Macunaíma* seria um símbolo parcial do Brasil e do brasileiro. O autor não teria logrado uma "imagem nítida da totalidade nacional", pois, ao conceber o herói como destituído de caráter, criara uma imagem do acidental, do pitoresco, que seria expressão da "ebulição fetichista do nosso povo".

Fato tão mais surpreendente, uma vez que, só no ano da publicação, 1928, foram 13 as críticas e/ou resenhas aparecidas em alguns dos principais jornais da época, incluindo a primeira delas, atribuída ao próprio Mário. Nomes tradicionais da crítica apreciaram o livro naquele primeiro ano, como Nestor Victor e João Ribeiro; companheiros próximos ou mais distantes do movimento modernista paulista, como Oswald de Andrade e Antônio de Alcântara Machado ou Candido da Motta Filho, respectivamente; companheiros de geração e mesmo de movimento, ao menos em seus chamados tempos heroicos, como Ronald de Carvalho, Ascenso Ferreira e Augusto

Frederico Schmidt; além de outros críticos mais ou menos conhecidos, João Pacheco, José Vieira e Olívio Montenegro (Ramos Jr., 2012).

Mais importante ainda, como também aponta Ramos Jr, os termos da crítica de Alceu mostraram-se tão potentes e influentes, que, literalmente, vazaram o espectro ideológico da recepção. Esquematicamente: entre os que "defenderam" *Macunaíma* (Oswald de Andrade, Antônio de Alcântara Machado, Ascenso Ferreira, Ronald de Carvalho, por exemplo) e os que o "rejeitaram" (Nestor Victor, João Ribeiro, Olívio Montenegro, por exemplo) formou-se um senso comum compartilhado que deu continuidade à crítica de Alceu Amoroso Lima, ainda que os motivos para uma ou outra posição, isto é, defesa e rejeição de *Macunaíma*, fossem bastante diversificados, como variável foi ainda a sua intensidade, alguns críticos se mostrando mais radicais do que outros (Ramos Jr., 2012).

Muito interessante, nesse contexto, é o diálogo epistolar entre Mário e Manuel Bandeira, do qual também a simbologia de *Macunaíma* foi objeto. Chama a atenção o fato de que Bandeira, partindo do senso comum que ia então se criando, inverte os termos da crítica. Em 6 de novembro de 1927 escreve ele a Mário: "Fiquei um pouco decepcionado com as suas alusões aos símbolos. Não fale disso a ninguém. Macunaíma é gostosíssimo como Macunaíma. Agora se é símbolo de brasileiro, se a cabeça é tradição, etc., etc., isso me amola" (Andrade, 2000: 361). Na sua resposta, em 7 de novembro de 1927, Mário apresenta sua explicação para a não simbologia do seu "herói sem nenhum caráter" que, praticamente repetida nos prefácios inéditos e na carta a Alceu Amoroso Lima:

> Macunaíma não é símbolo do brasileiro, aliás, nem no sentido em que Shylock é a Avareza. Se escrevi isso, escrevi afobado. Macunaíma vive por si, porém possui um caráter que é justamente o de não ter caráter. Foi mesmo a observação disso, diante das conclusões a que eu chegara, no momento em que lia Koch-Grunberg, a respeito do brasileiro, do qual eu procurava tirar todos os valores nacionais, que me entusiasmou pelo herói (Andrade, 2000: 363).

Como a fortuna crítica pioneira de *Macunaíma* indica, no contexto intelectual do tempo, a "falta de caráter" do herói podia parecer um defeito moral, um pessimismo da parte do autor, e também um devir, mais ou menos evolutivo; de alguma forma, uma aposta no futuro, algo incompleto que, talvez, e somente talvez, viesse a se completar no curso do tempo. Mário parece ter hesitado em relação a todos esses significados que, por ser criatura de seu tempo, ele também compartilhava. De alguma forma, porém, *Macunaíma* havia tornado esses impasses objetivos também para ele, Mário, como se fosse não exatamente (apenas) o seu criador, mas um leitor que, como outros, também poderia se surpreender, emocionar e irritar com a narrativa e as bifurcações e incógnitas que ela criava. Como confessa a Alceu Amoroso Lima:

> É aliás de todas as minhas obras a mais sarapantadora. Francamente até me assusta. Sou um sujeito no geral perfeitamente consciente dos atos que pratico. Palavra de honra que tem erros de ação que faço conscientemente, porque me convenço que eles carecem de existir. Sei sempre publicando um livro o que se vai dar com ele e de fato dá certo. No geral alcanço o que quero [...] Pois diante de *Macunaíma* estou absolutamente incapaz de julgar qualquer coisa (Andrade, 2018: 116).

Como se, antes de autor, Mário fosse um instrumento da criação da narrativa, daí a espécie de estado de "possessão" em que o livro fora escrito em dezembro de 1926, "inteirinho em seis dias correto e aumentado em janeiro de 1927":

> Sei que me botei dois dias depois pra chácara dum tio em Araraquara levando só os livros indispensáveis pra criação seguir como eu queria e záz, escrevi feito doido, você não imagina, era dia e noite, de noite até esperava meu tio cuidadoso de saúdes, fechar a luz e dormir e acendia a minha de novo e reprincipiava escrevendo... Seis dias e o livro estava completo. Só faz três meses mais ou menos inda ajuntei mais uma cena. Mas poli e repoli tantas vezes que careci recopiar três vezes o original. Na verdade o que sai publicado é a quarta redação! (Andrade, 2018: 117).

E antes disso, em verdade, preparando sistematicamente o terreno, estão as muitas pesquisas coligidas e o método de apropriação das diferentes matrizes que dão vida ao livro e que, certamente, colocam a própria noção romântico-burguesa de autoria individual em questão. Prossegue Mário, chamando a atenção em particular para o aspecto aparentemente imoral do livro que, como se lhe impôs, mas que, ao menos diante do líder intelectual do laicato católico brasileiro, afirmava-se ou afetava-se cheio de pruridos:

> Mas se principio matutando um pouco mais sobre o livro que escrevi sem nenhuma intenção, me rindo apenas das alusões à psicologia do brasileiro que botava nele, principia surgindo tanto problema tratado, tanta crítica feita dentro dele que, tanto simbolismo até, que nem sei parece uma sátira tremenda. E não é não. Nem a caçoada vasta que faço da sensualidade e pornografia brasileira, tive intenção de fazer sátira. Não sou mais capaz de sátira porque o mundo me parece tão como ele é mesmo!.. Que que se há-de fazer! Pois é! Aliás a imoralidade do livro é uma das coisas que mais me preocupam. Será entendida? Meu destino é mesmo fazer escândalo, meu Deus! Se o livro fizer escândalo como não desejo mas tenho medo, palavra que vou sofrer bastante. Mas o maior perigo será se imitarem isso. Ara... é melhor não pensar mais nisso porque me intrinco numa barafunda tal de prós e contras que fico fatigado (Andrade, 2018: 118).

E por dentro de tudo isso vibra a relativa autonomia de Macunaíma, o herói da narrativa, em impor o seu destino ao escritor que lhe deu vida. Essas são questões conhecidas da crítica especializada (Hollanda, 1978) e que estão presentes em diferentes diálogos e textos de Mário de Andrade, que seria preciso aprofundar para repensar o problema que estamos destacando a partir da relação estética muito particular que Mário estabeleceu com seu livro. É emblemática a seguinte declaração do autor sobre sua criatura, colhida em carta de 4 de julho de 1942 ao crítico Álvaro Lins:

> Veja o "caso" de *Macunaíma*. Ele seria o meu mérito grande se saísse o que queria que saísse. Pouco importa se muito sorri escrevendo certas páginas do livro: importa mais, pelo menos pra mim mesmo, lembrar que quando o herói desiste dos combates da terra e resolve ir viver "o brilho *inútil* das estrela", eu chorei. Tudo, nos capítulos finais foi escrito numa comoção enorme, numa tristeza, por várias vezes senti os olhos umedecidos, porque eu não queria que fosse assim! E até hoje (é o livro meu que nunca pego, não porque ache ruim, mas porque detesto sentimentalmente ele), as duas ou três vezes que reli esse final, a mesma comoção, a mesma tristeza, o mesmo desejo amoroso de que não fosse assim, me convulsionaram (Andrade, 1968: 43).

Naturalmente, essa tarefa não nos compete agora; então nos limitamos a chamar a atenção para ela e assinalar que, talvez, essa estética particular que foge ao regime autoral individual, tão crucial tanto na experiência quanto no método de composição de *Macunaíma*, ajude a entender o que, em diferentes momentos, Mário de Andrade se referia como sendo "artístico" nesse livro em contraste com o restante de sua obra. Para nos manter especificamente no seu diálogo com Alceu:

> Às vezes tenho a impressão de que é a única obra-de-arte, de deveras artística, isto é, desinteressada que fiz na minha vida. No geral meus atos e trabalhos são muito conscientes por demais pra serem artísticos. *Macunaíma* não. Resolvi escrever porque fiquei desesperado de comoção lírica quando lendo o Koch-Grunberg percebi que Macunaíma era um herói sem nenhum caráter nem moral nem psicológico, achei isso enormemente comovente nem sei porque, de certo pelo ineditismo do fato, ou por ele concordar um bocado bastante com a época nossa, não sei... (Andrade, 2018: 117).

Vejamos a seguir a crítica de Oswald de Andrade a *Macunaíma*, que, embora tenha sido mais um pretexto para responder a Alceu Amoroso Lima, acaba por se dirigir também, num certo sentido, a Mário de Andrade, se lembrarmos que a diferenciação entre *Macunaíma* e o movimento antropofágico foi cuidadosamente estabelecida por Mário na carta a Alceu. A crítica de Oswald nos interessa, uma vez que sua intepretação do Brasil propunha uma ideia de síntese que não agradava a Mário. Ideia de síntese que, como dissemos, ele parece associar à de simbolismo, que também recusa para o seu *Macunaíma*, embora isso não tenha sido levado em conta por seus críticos contemporâneos. Nesse sentido, a própria parcialidade ou inacabamento que seus leitores pioneiros atribuíam como defeito à simbologia de *Macunaíma*, pode ser indicativa de uma outra visão sobre o Brasil e se mostrar potencialmente relevante para a distinção por ele esboçada entre "sintoma" e "expressão" de cultura, e entre "cultura nacional" e "cultura nacional brasileira".

Inimigo íntimo

Confirmando o duplo receio de Mário de Andrade, a Antropofagia se apossaria de *Macunaíma* e o saudaria, por meio da pena feroz de seu líder Oswald de Andrade, como "a nossa Odisseia" – "a maior obra nacional", contribuindo para sua consumação como símbolo. O temor da associação involuntária, no entanto, não impediu Mário de publicar um de seus capítulos no n. 2 da "primeira dentição" da *Revista de Antropofagia*, antes mesmo de o livro sair do prelo. A tentativa de Alceu de dissociar *Macunaíma* do movimento antropofágico comete a indiscrição, como já indicado, de revelar ser este o desígnio do criador da obra e é atacada por Oswald em "Esquema ao Tristão de Athayde", publicado no n. 5 da segunda fase da *Revista de Antropofagia*.

O texto reafirma os princípios do "Manifesto Antropófago", postulando que a cultura brasileira é fruto do encontro e da mistura entre os valores da civilização europeia trazidos pelos portugueses e os costumes autóctones – "de um lado a lei das doze tábuas sobre uma caravela e do outro uma banana" (Andrade, 2012: 54). O Brasil índio e matriarcal não poderia deixar de adotar, diz Oswald, um deus filho só da mãe e teria absorvido com "olhos de criança" o cristianismo devido a suas afinidades com o imaginário totêmico – "Jesus filho do totem", o espírito santo, e este a base do "patriarcado erigido pelo catolicismo" – e com a prática da antropofagia, "trazida em pessoa na comunhão" – "Este é o meu corpo, *Hoc est corpus meum*" –, embora o índio tivesse a coragem de comungar a carne viva, real: "Veja só que vigor: – Lá vem a nossa comida pulando! E a 'comida' dizia: come essa carne porque vai sentir nela o gosto do sangue dos teus antepassados" (Andrade, 2012: 54). Os valores cristãos comidos pelos nativos – mas porque impostos goela abaixo pelas armas dos invasores, o que Oswald significativamente esquece – seriam sintetizados num produto híbrido, já que o instinto primitivo teria progressivamente se infiltrado no imaginário cristão, permanecendo latente sob a aparência do catolicismo romano oficial. Seria preciso proceder a uma revisão da religião de modo a "admitir a macumba e a missa do galo. Tudo no fundo é a mesma coisa" e tomar o índio "como expressão máxima. Educação de selva. Sensibilidade aprendendo com a terra. O Amor natural *fora* da civilização, aparatosa e polpuda. Índio simples: instintivo. (Só comia o forte)" (Andrade, 2012: 54, grifos nossos). Ainda que Oswald pareça rejeitar nosso vínculo de sangue (na dupla conotação) com a cultura ocidental, sua celebração do instinto de devoração nativo implica o reconhecimento da superioridade da força do inimigo europeu – afinal, nos tornamos colônia –, o que justificaria sua deglutição. E à revisão da religião se somaria uma necessidade de rever também a história, daqui e da Europa, passando-se a comemorar o dia 11 de outubro, "último dia da América livre, pura, descolombisada, encantada e bravia". No mesmo sentido, a datação do "Manifesto Antropófago" – "Anno 374 da Deglutição do Bispo Sardinha" – estabelecerá um novo e irreverente marco de fundação do Brasil. No entanto, Oswald se apressa em observar que isso não significaria um retorno nostálgico ao primitivo ou um neoindianismo, uma vez que "todo progresso real humano é propriedade do homem antropofágico (Galileu, Fulton etc.)" – ainda que seus benefícios não sejam tão universalizados na prática, o que para quem usufrui do privilégio aparentemente pouco importa –, sinalizando que a antropofagia opera por apropriação das inovações.

Chancelando ainda o instinto antropofágico de nosso povo, de acordo com a crítica de Oswald, está a própria constituição do território nacional, posto que o Brasil – nome em que ele vê a nossa primeira riqueza exportada, e não uma mercadoria explorada sob a escravidão –, "é um grilo de seis milhões de quilômetros quadrados, talhado em Tordesilhas". O domínio português, contudo, não teria colonizado por completo o resistente pensamento selvagem, levando à criação de um "DIREITO COSTUMEIRO ANTITRADICIONAL", que subverteria as leis e instituições oficiais por meio de práticas elusivas, de modo que as nossas aparentes faltas em relação ao modelo civilizatório europeu configurariam, na verdade, uma vantagem brasileira. Da grilagem histórica se forma, segundo Oswald, um princípio fundamental do direito antropofágico: "A POSSE CONTRA A PROPRIEDADE". A apologia desse direito no texto serve também, é claro, para legitimar a posse de *Macunaíma*, a despeito da resistência que oferece seu proprietário católico, a quem Oswald parece estender silenciosamente a carapuça dos valores culturais da civilização cristã ocidental investida em Tristão de Ataíde.

É sintomático de uma obsessão da nossa intelectualidade, como Mário dirá mordazmente nas entrelinhas de famosa carta ao antropólogo Raimundo de Moraes, que a polêmica disparada pela crítica de Alceu incida sobre a questão da originalidade (em função da anterioridade) de *Macunaíma*, procurando "livrá-lo de qualquer plágio" em relação ao movimento antropófago, quando um dos principais alvos de ambos é justamente o primado da origem sobre a cópia. Silviano Santiago (1982: 153) pondera que, "em que pesem os argumentos cronológicos de Tristão, deve-se dizer que Oswald circunscreveu naquele texto o essencial da estética macunaímica, demonstrando que era ele quem mais de perto compreendia a ousadia da rapsódia". Esse princípio transversal que faria do livro de Mário um aliado cativo do movimento de Oswald – familiarizando a presa, ao gosto do ritual antropofágico – seria a estética grileira, "a posse contra a propriedade". Não custa lembrar que, na carta acima referida, Mário invocará a figura do rapsodo de todos os tempos a fim de ironizar a incompreensão das "artes do usucapião linguístico" (Santiago, 1982: 153) performatizada em *Macunaíma*, que lhe confeririam, de acordo com Eneida de Souza (1999: 25), uma intertextualidade *avant la lettre*, dissipando a figura do autor ao multiplicar os enunciados de que se apropria:

> O que me espanta e acho sublime de bondade, é os maldizentes se esquecerem de tudo quanto sabem, restringindo a minha cópia a Koch-Grünberg, quando copiei todos. [...] Concordo, mais nem isso é invenção minha pois que é uma pretensão copiada de 99 por cento dos brasileiros! Dos brasileiros alfabetizados. Enfim, sou obrigado a confessar duma vez por todas: eu copiei o Brasil, ao menos naquela parte em que me interessava satirizar o Brasil por meio dele mesmo. Mas nem a idéia de satirizar é minha pois já vem desde Gregório de Matos, puxa vida! Só me resta pois o acaso dos Cabrais, que por terem em provável ação descoberto em provável primeiro lugar o Brasil, o Brasil pertence a Portugal.

Ao formular um modo desrecalcado de relação com as diferenças, *Macunaíma* e a Antropofagia oswaldiana parecem convergir ao realizar um acerto de contas com o crônico mal-estar brasileiro em relação à rotina unilateral da cópia, inadequada mas indispensável, de ideias e instituições importadas da Europa, que girariam em falso no chão histórico colonial. Essa convergência teórica, no entanto, não nos deve levar a confundir os sentidos políticos radicalmente distintos das duas interpretações do Brasil. Vejamos.

Em 1924 Oswald lançara o *Manifesto da Poesia Pau-Brasil* conclamando à produção de uma "poesia de exportação" que alavancasse as "vantagens comparativas" particulares da cultura brasileira a fim de "acertar o relógio império da literatura nacional" e garantir sua inserção bem-sucedida na divisão internacional do trabalho intelectual: "a formação étnica rica. Riqueza vegetal. O minério. A cozinha. O vatapá, o ouro e a dança" (Andrade, 1972: 5).

O Pau-Brasil já procurava fazer uma revisão cultural do Brasil ao valorizar a suposta originalidade nativa negada por nosso "lado doutor", fazendo Wagner submergir nos cordões de Botafogo, "bárbaro e nosso". Recuperando os elementos autóctones e aliando-os ao progresso tecnológico, buscava dignificá-los como alegoria ou símbolo do país – "Um misto de 'dorme nenê que o bicho vem pegá' e de equações": "Obuses de elevadores, cubos de arranha-céu e a sabiá preguiça solar. A reza. O carnaval. A energia íntima. O sabiá. A hospitalidade um pouco sensual, amorosa. A saudade dos pajés e os campos de aviação militar. Pau Brasil." E já ensaiava o gesto antropofágico de assimilar as qualidades do inimigo estrangeiro para fundi-las às nacionais, realizando uma síntese dialética de elementos contrastantes e incongruentes com vistas a reivindicar a reciprocidade entre a experiência local e a cultura dos países centrais. Ironicamente, como escreve Paulo Prado (1990: 57) no prefácio do livro de poesias *Pau-Brasil*, o lugar de enunciação é o centro: "Oswald de Andrade, numa viagem a Paris, do alto de um *atelier* da Place Clichy – umbigo do mundo – descobriu, deslumbrado, a sua própria terra".

A visão encantada do Pau-Brasil vai abarcar, radicalizada, o movimento antropofágico, que elevará a símbolo do Brasil, não o caricato "bom selvagem" – o índio catequizado e "de tocheiro", representado "nas óperas de Alencar cheio de bons sentimentos portugueses" (Andrade, 1972: 16), mas o "mau selvagem" (Campos, 2010) tecnoprimitivo: o índio antropófago "de *knickerbockers*" que, ao devorar e digerir sua vítima, absorveria ritualisticamente suas qualidades. Como nota Ricupero (2018), há aqui uma oposição frontal ao movimento Verde-amarelo, para o qual os Tupi, em vez de comer o inimigo, estariam prontos "para serem absorvidos"; não por acaso seu totem seria a Anta, animal não carnívoro, "que abre caminhos" (Del Picchia et al., 1929: 4).[24]

---

24. Para um balanço das polêmicas sincrônicas envolvendo o movimento antropofágico, ver Ricupero (2018). Claudio Cuccagna (2005) levanta a hipótese de que a metáfora antropófaga pode ter sido colhida por Oswald na disputa com seus adversários verde-amarelos. Plínio Salgado escrevera, em 1927, uma "Carta Antropófaga", publicada por Menotti del Picchia no *Correio Paulistano*, posicionava-se contra a interpretação de João Miramar (pseudônimo de Oswald) sobre a Anta: "se trata apenas de uma senha pela qual recebemos, nós os selvagens, a ordem de furar pança e fazer churrasco das figuras ridículas do *boulevard*, que hão de terminar no nosso espeto, revirados no braseiro e papados com paçoca e cauim, segundo os métodos da velha culinária – agora mais do que nunca

O "Manifesto Antropófago", publicado no número de lançamento da *Revista de Antropofagia*,[25] buscava *inverter* – uma das palavras-chave do movimento – a subordinação da América à Europa ao postular sua utopia da "Revolução Caraíba. Maior do que a Revolução Francesa", uma unificação de revoltas que dá ao Brasil o protagonismo cultural em face da "civilização". É digno de nota que o nome da revolução possa evocar tanto os Caribe, povos ameríndios não tupis escravizados e exterminados pela colonização da América do Sul, quanto os pajés-profetas tupis-guaranis – xamãs dotados de grande poder transformador, semelhantes por isso a demiurgos como Makunaima, e responsáveis pela diplomacia e pela guerra com os sujeitos outros do cosmos (Nodari & Amaral, 2018). A utopia de Oswald consistiria em recuperar o passado primitivo de um "mundo sem datas" fora da modernidade ocidental que os europeus invasores tentaram sistematicamente apagar do mapa em nome do progresso e da civilização e, armando-o com produtos desse mesmo progresso, como a ciência e a técnica moderna, projetá-lo para o futuro, subvertendo o tempo cronológico linear sobre o qual se ergueram as filosofias da história do século XIX. "Só a antropofagia nos une. Socialmente. Economicamente. Filosoficamente" (não a exploração pelo trabalho, matriz do capitalismo), proclama o "Manifesto Antropófago" como que devorando o *Manifesto Comunista*. "Só me interessa o que não é meu. Lei do homem. Lei do antropófago", diz o Manifesto. Como argumenta Viveiros de Castro (2016), para a Antropofagia o que nos une é o desejo antinarcísico do outro, a devoração universal como lei do cosmo:

> isto é, o inimigo como positividade transcendental, não como mera facticidade negativa a serviço da afirmação de uma Identidade, um não Eu que me serve para definir-me como um Eu. Comer o inimigo não como forma de "assimilá-lo", torná-lo igual a Mim, ou de "negá-lo" para afirmar a substância identitária de um Eu, mas tampouco transformar-se nele como em um *outro Eu*, mimetizá-lo. Transformar-se, justo ao contrário, *por meio* dele,

---

novíssima – dos devoradores do bispo Sardinha". Oswald seria enfileirado com Hans Staden e Jean de Léry, escritores que "falaram sobre coisas brasileiras sem sentimentos brasileiros".

25. A revista durou pouco mais de um ano, contando 26 números publicados entre maio de 1928 e agosto de 1929, e dividindo-se em duas "dentições". Para uma leitura cerrada do "Manifesto Antropófago", ver Azevedo (2016).

transformar-se em um *eu Outro*, autotransfigurar-se com a ajuda do "contrário" (assim os velhos cronistas traduziam a palavra tupinambá para "inimigo"). Não um ver-se no outro, mas ver o outro em si. Identidade "ao contrário", em suma – o contrário de uma identidade. A Antropofagia não é uma ideologia da brasilidade, da "identidade nacional". Ela não surgiu no Brasil por acaso, sem dúvida.

Discorrendo sobre a prática antropofágica dos selvagens de alma inconstante, o mesmo Viveiros de Castro (2002: 206) sustenta que, no desencontro americano, os europeus viram nos índios ou animais úteis, ou potenciais homens europeus e cristãos, impondo maniacamente, às vezes em nome da própria excelência étnica, sua identidade sobre o outro; ao passo que para os Tupi a alteridade daqueles era considerada uma possibilidade de autotransformação e expansão ou mesmo superação da condição humana. Por essa perspectiva, "*Tupy, or not tupy that is the question*", o mais célebre aforismo do manifesto, deve ser antes interpretado como dilema e indecidibilidade (Nodari & Amaral, 2018), e não lema identitário, no mesmo sentido da frase proferida pelo protagonista de *Hamlet*, cujo significado metafísico original é radicalmente canibalizado por meio de uma sutil alteração de fonemas (/b/ por /p/), posto que ser ou não ser não é mais a questão (que se torna outra). Como que corroborando essa engenhosa mas talvez enviesada leitura, é possível lembrar que Freuderico, um dos pseudônimos de Oswald, escrevera na *Revista de Antropofagia* em 1929: "O índio não tinha o verbo ser. Daí ter escapado ao perigo metafísico que todos os dias faz do homem paleolítico um cristão de chupeta, um maometano, um budista, enfim um animal moralizado". Ocupando o lugar do ser, o Tupi substitui e subverte a metafísica pela devoração, afinal, conforme a pílula humorística de Oswald, "em nossa era de devoração universal a problemática não é ontológica, é odontológica" (Andrade apud Candido, 2004: 46).

Nos "roteiros" (o termo se repete sete vezes no texto) do salto do tecnoprimitivo de volta para o futuro, "Nós já tínhamos" o comunismo e o surrealismo e "nunca tivemos" a gramática ou a lógica – não somos pré-lógicos, mas algo como pós-lógicos, estamos além dela. E, vale lembrar, "Sem nós, vocês não teriam nem sua pobre Declaração dos Direitos do Homem" – declaração, não esqueçamos, "universal". Oswald está afirmando que não importamos as normas burguesas da Europa, ao contrário, foi a humanidade nua e livre da América que lhe inspirou os fundamentos da civilização moderna. Não nos faltam seus valores, são eles que os devem a nós, diz a *boutade*; e "as Utopias são uma consequência da descoberta do Novo Mundo e sobretudo da descoberta do novo homem, do homem diferente encontrado nas terras da América" (Andrade, 1972: 149). O Brasil será, assim, positivado como matriz cultural singular e, mesmo, roteiro alternativo de futuro para a Europa.

A "lei do Antropófago" estabelece, portanto, um "modo centrífugo de reprodução sociocultural" (Fausto, 2011: 168) baseado na apropriação e familiarização da alteridade a partir da deglutição seletiva dos elementos e valores exógenos, e não da acumulação e transmissão interna de capacidades e riquezas simbólicas. Negando sua presa ao mesmo tempo que a afirma e por ela se deixa afetar, o antropófago busca mobilizar a perspectiva do outro em favor da reprodução modificada de si, "exprimindo a contradição entre um desejo heteronômico e uma necessidade de autoconstituição enquanto sujeito autônomo" (Fausto, 2011: 169). A antropofagia oswaldiana se devota, assim, a desrecalcar tal instinto bárbaro de devoração e absorção dos atributos positivos do inimigo, que ficara latente, embora reprimido e deteriorado, sob as "roupas" da moral cristã e do patriarcado impostas pelo domínio colonial. Tomada como metáfora cultural, reflexão metacultural ou visão de mundo – os termos variam na fortuna crítica –, a antropofagia *inverte* conceitualmente o fenômeno da exploração colonial por meio do gesto violento, mas celebrado com alegria ("a prova dos nove"), de comer o inimigo para se apoderar de suas qualidades, incorporando o que o outro tem de melhor, numa espécie de programa beligerante e agressivo de relações exteriores (Duarte, 2014: 197) que provavelmente idealiza a capacidade digestiva do estômago nacional. O avatar antropófago do "bárbaro tecnizado" é a expressão máxima dessa operação de síntese das diferenças e dos contrastes, muito semelhante à ideia de mestiçagem (Ricupero, 2018), em que a mistura ou fusão do moderno – simbolizado pela "mais avançada das mais avançadas das tecnologias", como canta Caetano Veloso em "Um índio" – com o primitivo autóctone leva à formação de um produto original. Com base nessa estratégia predatória, a singularidade da cultura brasileira, sua brasilidade, poderia ser ao mesmo tempo a plataforma de crítica à modernidade ocidental e de criação de um projeto civilizacional alternativo para o mundo. Não à toa a Antropofagia costuma ser elogiada como um protótipo "pós-colonial" ou "decolonial" de "provincianizar o Ocidente" (Chakrabarty, 2000), por sua pretensa (ou pretensiosa) capacidade de produzir uma narrativa contra-hegemônica e alternativa da modernidade ao "desvespuciar", "descolombizar" e "descabralizar" a América, nos neologismos cunhados por Oswald. Como em todo processo de síntese, porém, há a purga, o dejeto que não interessa, o resto excretado e estigmatizado de que essa vertente modernista não fala, a que não escuta, o tabu que ela não deseja transfigurar em totem. A "gente chamada baixa e ignorante" com quem Mário de Andrade aprendera a sentir o Brasil e de quem Macunaíma é herói. A cultura brasileira seria, na concepção antropofágica, o produto autêntico "de uma apropriação autoafetante, de uma relação do eu consigo mesmo, e assimilatória em relação ao outro. O outro existe para me servir, para se sujeitar, para ser subjugado, num processo em que minha liberdade se faz, no melhor dos casos, pela assimilação da diferença; no pior, pela eliminação pura e simples dessa diferença" (Nascimento, 2011: 352).

Pela tática algo ingênua da "transformação permanente do tabu em totem", as influências alienígenas que marcam o Brasil teriam seu sinal trocado, e de angústias seriam miraculosamente transubstanciadas em pura alegria. "Nunca fomos catequisados. Vivemos através de um direito sonâmbulo. Fizemos Cristo nascer na Bahia. Ou em Belém do Pará". Onde queres fracasso sou triunfo. Onde queres atraso sou vantagem. Como argumenta Schwarz (2006: 13), o tema do sentimento dos contrários, comumente associado à desgraça nacional, assume com Oswald surpreendente feição otimista, senão eufórica: "o Brasil pré-burguês, quase virgem de puritanismo e cálculo econômico, assimila de forma sábia e poética as vantagens do progresso, *prefigurando a humanidade pós-burguesa*, desrecalcada e fraterna; além do que oferece uma plataforma positiva de onde objetar à sociedade contemporânea".

Ainda que a Antropofagia implique um tipo de abertura – violenta alegre – para a diferença, a relação é fatalmente (inter)rompida e encerrada pela assimilação, que sintetiza a dualidade em uma nova unidade teoricamente superior, já que só se absorvem as qualidades do outro. Assim, por meio dos efeitos de síntese, Oswald "passa por alto os antagonismos e envolve as partes contrárias numa mesma simpatia", perseguindo a "miragem de um progresso inocente" (Schwarz, 2006: 21). Ou seja, como que abstraindo e esvaziando sua condição histórico-prática, suspende e equilibra elementos contrastantes e hierarquizados de poder desigual, para dissolver e resolver os conflitos reais por conta da propalada devoração "universal". "O trabalho contra o detalhe naturalista – pela *síntese*; contra a morbidez romântica – pelo *equilíbrio* geômetra e pelo *acabamento* técnico; contra cópia, pela invenção e pela surpresa", declara o "Manifesto Antropófago".

Portanto, Oswald talvez faça questão de se apoderar de *Macunaíma* por projetar nele a surpreendente invenção mais acabada de seu personagem-síntese da Antropofagia, o bárbaro tecnizado. Assim, a antropofagia "complica" o livro, como afirmara Mário, também porque contribui para o esforço perpetrado pela crítica de transformar o herói, que nada tem de herói nem de caráter, só de sátira, em totem, em síntese e símbolo do brasileiro e "expressão da cultura nacional brasileira". "Deus me livre" é a interjeição de Mário que se segue a essa expressão no prefácio de *Macunaíma* e que certamente se aplicaria aqui. Ao contrário, para Mário, como explicita em carta a Manuel Bandeira, a lógica de Macunaíma está (im)precisamente em não ter lógica, pois o personagem é uma "contradição em si mesmo. O caráter que demonstra num capítulo, ele desfaz no outro" (Andrade, 2000: 368). Como sugere Alfredo Bosi (2003: 200-201), "não há em *Macunaíma* a contemplação serena de uma síntese. Ao contrário, o autor insiste no modo de ser incoerente e desencontrado desse 'caráter' que, de tão plural, resulta em ser nenhum". Afinal, como Mário explica em crítica a Alceu, "como sucede com todos os outros povos americanos, a nossa formação social não é natural, não é espontânea, não é, por assim dizer, lógica. Daí a imundície de contrastes que somos" (Andrade, 1974: 8), que não nos permitiria "compreender a alma-brasil por síntese". Ao próprio Alceu, em carta de 6 de outubro de 1931, diz: "você, como todos os ditadores, condutores, etc. tende necessariamente a englobar e ser sintético. Eu vejo na síntese, não uma imbecilidade, mas certamente uma primariedade que sob o ponto de vista da realidade é falso" (Andrade, 2018: 172). O herói de nossa gente é um ser em aberto e inacabado que está em transformação ("virar" não à toa é um verbo recorrente na rapsódia) e em deslocamento (quase simultaneamente vai de um lugar a outro) contínuos na narrativa e que incorpora no próprio corpo temporalidades distintas, como sugere sua cabeça de piá. É ainda um índio negro que vira branco, "loiro e de olhos azuizinhos", mas não um mestiço. Macunaíma não tem nenhum caráter, ou identidade, é devir. O outro não é para ele um problema, mas uma solução; não um espelho, mas um destino.

Não podemos esquecer também que o polifonismo/simultaneidade era um princípio artístico central para Mário nos anos 1920 compatível com o fato de que "o homem contemporâneo é um ser multiplicado", como diz em *A escrava que não é Isaura*. Por isso, como já discutimos, *Macunaíma* é uma rapsódia, construída com base nos processos de composição musical da suíte e da variação, que implicam a operação *sincrética*, e não sintética, de junção de peças múltiplas que no entanto mantêm, em vez de fundir, suas diferenças. O livro, aliás, foi escrito quase como sob o estado de transe em que os cantadores tiram o canto novo. Trata-se de um livro-brinquedo, "de férias" e "sem nenhuma intenção" (até onde isso é possível). E como nota Mário em outro lugar, "na liberdade do brinquedo se determinam inconscientemente muitas características duma raça" (Andrade, 2008b: 546). Ora, além disso, observa Mário em carta ao crítico Álvaro Lins que "Nós não possuímos, não temos traços definidos, somos um ainda, [...] somos um gerúndio, não um infinitivo". Talvez por essas razões *Macunaíma* possa ser tomado como "sintoma de cultura brasileira". É como se a melhor tradução do Brasil fosse aquela em que ele não é representação mimética nem obscuro objeto de desejo consciente ("expressão de cultura nacional brasileira"), mas em que ele é sintoma. A própria ideia de "desgeograficação" usada nas anotações para o segundo prefácio do livro a nosso ver opera muito mais em prol da abertura e irresolução de sentido do romance, pois implica a "embrulhada" de "todas aquelas manifestações diferentes sem uma explicação que lhes designasse o fundamento comum", para recorrer a outro texto de Mário que parece o complementar significado daquela noção (Andrade, 2008b: 545). A operação tática da "desgeograficação" permite, assim, um tipo de desprovincianização da universalidade, que se abre em uma nova visão de mundo cosmopolita, agora descentrada e desterritorializada, abdicando de seus pressupostos autoritários e totalitários de pureza e unidade, de origem e fim. Não existe mais a coisa em si, a referência privilegiada, o significado transcendental fora das relações de poder nessa cosmopolítica das multiplicidades. E toda "posição" é contingente e passível de des-locação (ou de de-posição).

Se o movimento antropofágico buscava devorar o outro para assimilar sinteticamente (e aristocraticamente) apenas suas qualidades, Mário procurava escutar os outros, no plural, e dialogar democraticamente a partir das diferenças, que sabia socialmente marcadas por desigualdades. Se Oswald parecia impelido pela descoberta e certeza de uma "fábula normativa" nativa de um mundo sem datas, Mário, ao contrário, sempre foi movido pela procura e pela dúvida no interior da "neblina vasta" que eclipsava a persistência do passado no presente. Não poderia afirmar ou expressar pela erudição livresca uma única cultura brasileira nacional, mas talvez senti-la em sua dignidade plena nas práticas populares. As obras de Mário, lembremos, são "perguntas" que consagram uma "inquietação gostosa de procurar". Qualquer resposta sintética e fechada a essas perguntas coloca em perigo o sentido inacabado e aberto das próprias sociedades democráticas.

CAPÍTULO 5

O ESTADO NOVO CONTRA A DEMOCRACIA

Se um movimento cultural buscar produzir mudanças de ordem cultural na sociedade como um todo, é compreensível que interaja de modo conflituoso e também colaborativo com o Estado, a partir de onde é possível transformar demandas sociais num conjunto de políticas públicas válidas para todo e qualquer cidadão. Levando nosso paralelo com movimentos sociais à frente, podemos constatar como dos anos 1920 para os anos 1930 o próprio desenvolvimento do modernismo como um movimento cultural parece ter ampliado e tornado muito mais complexas as suas esferas de atuação, conflito e também colaboração – de um âmbito local, São Paulo, para o nacional, o Brasil.

Como mostrou Charles Tilly (1996), os repertórios de ação coletiva se desenvolvem de modos relacionados aos processos de construção estatal e de expansão capitalista, e a própria contestação foi se tornando mais nacional, mais dirigida contra as autoridades públicas nacionais, passando a envolver organizações mais permanentes e mais amplas à medida que o Estado nacional foi se afirmando. Nesse sentido, embora o problema aqui seja relativo mais à interação colaborativa, sem que exclua, porém, conflitos (problema ao qual voltaremos no final do capítulo), é de fato possível perceber verossimilhanças no percurso público do modernismo, especialmente visto do ponto de vista da trajetória do seu líder, Mário de Andrade. O modernismo nasce provinciano em São Paulo com interações circunscritas basicamente aos círculos das elites cultural e econômica locais. Logo firma alianças estratégicas e muito ambíguas com os artistas e intelectuais estabelecidos no Rio de Janeiro, o que se mostra fundamental para ampliar seu raio de ação e a repercussão da Semana de Arte Moderna, seu protesto público fundador. Suas alianças e seus conflitos passam das elites locais com as quais mantinha relações de dependência em direção progressivamente ao Estado, primeiro no nível municipal e estadual em São Paulo, depois no nível federal, especialmente com o Estado Novo.

Nosso tema neste capítulo é a atuação de Mário de Andrade como gestor público da cultura, especialmente suas controversas relações com o Estado Novo. Queremos rever essas experiências a partir da compreensão do modernismo como movimento cultural. Isso permitirá dois deslocamentos cruciais. O primeiro, problematizar a polarização que, sobretudo, mas não exclusivamente na fortuna crítica sociológica do modernismo, divide o debate sobre a motivação da participação dos modernistas no Estado Novo: de um lado, seus interesses pessoais; de outro, uma autoconcepção de seu papel social como missão que os colocaria acima dos conflitos da sociedade. O segundo, qualificar o sentido próprio das ideias de Mário de Andrade e as políticas públicas que elas buscaram subsidiar.

A atuação de Mário de Andrade como consultor para políticas públicas de cultura junto ao Ministério da Educação e Saúde Pública de Gustavo Capanema não raro parece suficiente para, no limite, se concluir, em algumas análises, por sua adesão à ditadura de Getúlio Vargas. Costuma-se, ainda, partir desse aspecto de sua trajetória para inferir uma suposta convergência de suas ideias sobre temas mais amplos, como identidade nacional, cultura brasileira e brasilidade, com o sentido oficial que elas assumiram para o Estado. Discordamos dessas abordagens e por isso lembramos que a participação de Mário na política cultural do Estado Novo não se realiza num vazio de relações sociais. Ao interagir com as estruturas do poder do Estado Novo, ele levava consigo também concepções e experimentações democratizantes da cultura já forjadas e testadas em momento anterior. Como sua intepretação do Brasil consolidada em 1928, que já tratamos em capítulo anterior, e sua experiência à frente do então chamado Departamento de Cultura de São Paulo.

Pontos de partida importantes para a reinserção de Mário de Andrade no contexto autoritário dos anos 1930-1940 – e que, sem dúvida, também com ele se chocam –, são eles que permitem a Mário um protagonismo destoante e mesmo um antagonismo possível na conjuntura cerrada de uma ditadura. O autoritarismo significou uma verdadeira tragédia para Mário, mas que, por surpreendente que seja, não o paralisou inteiramente. Exemplares, nesse sentido, são os projetos que examinaremos: o "Anteprojeto de criação do Serviço do Patrimônio Artístico Nacional", formulado ainda em 1936; O Congresso Nacional da Língua Cantada, em julho de 1937; e o anteprojeto da *Enciclopédia brasileira*, que Mário formula em 1939 quando era funcionário do Ministério de Educação e Saúde, no Instituto Nacional do Livro, dirigido por Augusto Meyer. O ministério de Gustavo Capanema dispunha de dezenas de cargos comissionados que representavam importante fonte de renda para muitos artistas e intelectuais, ainda que isso não significasse necessariamente adesão às diretrizes políticas ou ideológicas do governo.

O Estado Novo, porém, não foi uma instituição monolítica, mas um campo de forças muito mais complexo do que em geral tem sido considerado. Foi também um momento de um processo mais amplo, que o antecede. Mais ainda, é constituído por fases diversas, nas quais diferentes forças sociais e políticas se enfrentam. Então, também a participação dos intelectuais nele foi diferenciada e precisa ser considerada de modo matizado. Sabemos que o Estado Novo deu vazão a anseios de participação e mudança cultural, social e política de intelectuais de diferentes orientações político-ideológicas. Particularmente no caso dos modernistas, em suas diferentes e concorrentes vertentes, acabou canalizando o empenho comum, mas com significados distintos, de tornar o Brasil mais familiar aos brasileiros, trazendo o tema da "identidade nacional" para a esfera pública e promovendo certo reconhecimento da "cultura popular", que passaria a informar, de modo contundente, as representações desde então hegemônicas da cultura brasileira. Não é pouco se lembrarmos da longevidade de algumas dessas representações e também do contexto imediatamente anterior ao Estado Novo, sobretudo durante a Primeira República. Todavia, não se pode esquecer que o Estado Novo criou e manteve um aparato próprio e ostensivo para se legitimar culturalmente, no qual a censura desempenhava papel central, por meio do Departamento de Imprensa e Propaganda (DIP) – e cabe lembrar que a unidade ideológica do regime ganharia ainda mais força por meio da revista *Cultura Política*, criada em 1941 (Oliveira; Velloso; Gomes, 1982; Gomes, 1996).

Macunaíma contra o Estado Novo

O Estado brasileiro passou, nas décadas de 1930 e 1940, por grandes transformações e inovações, incluindo a alocação de valores, concepções e práticas associadas aos projetos modernistas de renovação cultural, e muitas vezes mediante a participação direta, em seus quadros, dos protagonistas daquele movimento cultural. O anseio por participação vinha dos anos da Primeira República, quando, vazando o espectro ideológico, multiplicavam-se interpretações sobre a desarticulação entre as esferas cultural e político-institucional com a realidade social brasileira.

Era lugar-comum identificar as instituições republicanas a uma legalidade sem correspondência na sociedade, como se existissem, desencontrados, um país "legal" (o da Constituição liberal de 1891) e outro "real" (do dia a dia da sociedade) – o que parecia confirmado por evidências cotidianas de que os direitos como princípios normativos universais associados à tradição liberal não se efetivavam naquele contexto corrompido por toda sorte de práticas oligárquicas.

Oliveira Vianna dá bem o tom do debate do período. Sua importância costuma ser avaliada, sobretudo, tendo em vista a influência que exerceu no desenho institucional do Estado corporativista e da legislação trabalhista implantados com o Estado Novo, como também na composição de aspectos centrais de uma cultura política autoritária definida pela primazia conferida ao Estado como princípio de ordenação vertical da vida social. Vianna foi consultor jurídico do Ministério do Trabalho, Indústria e Comércio, e antes disso nada menos do que um dos responsáveis pela elaboração do anteprojeto para a Constituição de 1934.

Não por acaso, entretanto, Oliveira Vianna foi autor de uma das mais influentes intepretações do Brasil do período: coube justamente a *Populações meridionais do Brasil*, seu ensaio de estreia de 1920, traduzir a crítica comum à Primeira República liberal-oligárquica em termos teórico-metodológicos relativamente consistentes, acabando por formalizá-la na tese segundo a qual os fundamentos e a dinâmica das instituições políticas se encontrariam nas relações sociais. Daí, em seu entendimento, a inutilidade das reformas políticas e jurídicas que se fizessem dissociadas substancialmente do "direito costumeiro", isto é, da cultura e da tradição brasileiras.

Perspectiva que já forma o eixo de "O idealismo da constituição", ensaio de 1927 no qual Oliveira Vianna faz sua conhecida distinção entre "idealismo utópico" e "idealismo orgânico" tendo como critério justamente a adequação entre os "sistemas doutrinários" ou "conjunto de aspirações políticas" e a "realidade nacional". Esse ensaio também influente aparece originalmente em *À margem da história da República*, organizado por Vicente Licínio Cardoso em 1924 como um balanço crítico da República, reunindo alguns dos mais importantes intelectuais do período. Cada um deles ressaltando justamente, ainda que de diferentes perspectivas, a legalidade sem correspondência na sociedade brasileira das instituições liberais republicanas e defendendo a "cultura" como uma espécie de base social para reconstrução da sociedade brasileira em Estado-nação. Foram muitos os intelectuais que participaram desse processo.

Argumentamos em capítulo anterior sobre as afinidades entre a obra maior de Mário de Andrade, *Macunaíma*, escrita em 1926 e publicada em 1928, e *Ensaio sobre música brasileira*, do mesmo ano. Observamos também como, em ambos os livros, Mário opera com uma noção anacronicamente contemporânea das identidades coletivas como feixes de relações que se constituem na negociação e no jogo de diferenças, referências e conflitos (que não se resolvem). Bem como uma visão que poderíamos chamar de instrumental do nacionalismo, que o considera um expediente transitório e crítico do eurocentrismo a serviço de um ideal cosmopolita. A valorização da cultura brasileira e das práticas populares promovida nesses livros não deve ser confundida com a busca de uma identidade essencializada e estável, e assume sentido contestatório dos padrões estéticos passadistas e do gosto das elites burguesas pautadas pelos modelos europeus de "civilização" e "progresso". Por buscar reduzir a distância e esfumar as fronteiras sociais entre o erudito e o popular, adquiria não apenas significado cosmopolita como progressista no contexto de uma sociedade excludente com pretensos ares de europeização.

Embora não tenha sentido avaliar o Mário de 1930 apenas pelo de 1920, o intelectual inventivo pelo gestor cultural – nosso tema neste capítulo –, ainda assim é possível, sem abusar muito do anacronismo, perceber continuidades entre suas ideias e as políticas públicas que formulou. Esse repertório de ideias acumuladas na década de 1920 não fica em suspenso quando Mário se torna gestor de política cultural no Departamento de Cultura, de São Paulo, ou consultor do ministério Capanema. Embora tampouco se projete neles diretamente, isto é, sem mediações e tensões, como se aquelas experiências fossem meros laboratório ou plataformas de testes da sua agenda modernista de "abrasileiramento" do Brasil sem nenhum contratempo ou constrangimento.

No que diz respeito especialmente ao Estado Novo, não se trata de deixar de reconhecer suas realizações no campo da cultura, numa espécie de história negativa. Elas são muitas, e algumas delas permanecem como paradigmas ainda hoje – o que diz algo não apenas sobre elas, isto é, sobre sua qualidade, digamos, intrínseca, mas também sobre a sociedade brasileira e sua história com tantas reiterações. É importante, porém, observar que as realizações do Estado Novo não devem ser vistas num vazio ideológico e político, como se se explicassem por si mesmas. Afinal, são construções que, concomitantemente, expressam concepções e práticas determinadas e tiram a legitimidade de outras. E, mais do que o liberalismo, talvez a democracia tenha sido, de fato, nas curta e média durações, a principal força política derrotada pelo Estado Novo também no campo da cultura.

No caso de Mário de Andrade, o sentido trágico para a democracia na aproximação do intelectual modernista ao Estado Novo parece perder as fronteiras entre objetividade e subjetividade. Mário foi justamente um intelectual não apenas movido, mas, também, tragado por suas experiências com a democratização da cultura. O Estado Novo foi para ele, ao mesmo tempo, o algoz de uma experiência pública comprometida com o alargamento do círculo de inclusão democrática via cultura, iniciada no Departamento de Cultura de São Paulo, e o destino possível que encontrou, após sua demissão, para dar vazão a seu projeto modernista de renovação cultural e mesmo para manter seu sustento material.

Cultura e poder

As convicções e os interesses de Mário de Andrade – a fortuna crítica oscila entre uma ou outra explicação – levaram-no, então, a assumir posições oficiais no Estado. Isso ocorreu com outros intelectuais de sua geração, ainda que nem todos movidos por iguais interesses e, menos ainda, convicções equivalentes. No caso de Mário sua participação no Estado (em São Paulo e na União) foi marcada pelo empenho na promoção do diálogo criativo entre formas populares e eruditas de arte e cultura, na expansão das oportunidades culturais para a população menos favorecida e ainda no reconhecimento das formas de arte e cultura dessa mesma população. Obviamente seu pensamento e sua ação trazem também as marcas de seu tempo e de sua circunstância, movidos por forças nem sempre harmônicas, cuja riqueza está, antes, justamente, nas ambiguidades que apresentam e que podem assumir diferentes configurações, mesmo em relação a seus temas mais caros, como cultura popular, identidade coletiva, democratização da cultura etc. Talvez por isso a tensão e mesmo a autocrítica em relação à sua participação no Estado jamais tenham esmaecido.

A atuação de Mário de Andrade na política iniciou-se, porém, antes do Estado Novo, e mesmo sua colaboração com o ministério Capanema foi anterior à instauração da ditadura de Getúlio Vargas. Na verdade, ela teve início num contexto de orientação política liberal no qual, não sem conflitos e negociações, conseguiu pouco a pouco abrir espaço para experimentar políticas públicas de cultura com sentido efetivamente mais democratizante. Esse ponto de partida não deve ser subestimado se se quer compreender sua aproximação ao Estado Novo nem, sobretudo, o sentido particular de sua atuação possível a partir dele. As principais ações de Mário no campo das políticas culturais, contudo, se realizam, de fato, à frente do Departamento Municipal de Cultura e Recreação da Prefeitura de São Paulo, criado em maio de 1935.

O Departamento fazia parte de uma série de iniciativas estaduais sob a liderança de Armando de Salles Oliveira que, após o fracasso paulista na chamada Revolução de 1932, buscava dotar o Estado de instituições culturais e científicas modernas, capazes de redefinir os rumos da cultura nacional, a partir de São Paulo, a exemplo da Universidade de São Paulo, criada em 1934. Mário de Andrade assumiu a direção do Departamento de Cultura dias depois de sua criação, em 5 de junho, por intermédio de seu amigo dos tempos do *Diário Nacional*, Paulo Duarte, quadro destacado do Partido Democrático e então chefe de gabinete do prefeito Fábio da Silva Prado. Em função das reviravoltas políticas deflagradas com o golpe de 1937 e a instalação do Estado Novo, a exoneração desse prefeito do cargo, em 1938, anteciparia o fim da experiência de Mário à frente do Departamento. E, mais importante ainda, alteraria definitivamente o destino de ambos, tanto de Mário quanto das políticas públicas de cultura democratizantes que ele então buscava levar a cabo.

Ao assumir o Departamento de Cultura, Mário de Andrade cercou-se de alguns dos mais importantes nomes da intelectualidade paulista da época, como Sérgio Milliet, que ocupou a Divisão de Documentação Histórica e Social, e Rubens Borba de Moraes, responsável então pela Divisão de Bibliotecas. Oneyda Alvarenga assumiu a Discoteca Pública Municipal. Sob sua direção, a atuação do Departamento de Cultura foi extremamente inovadora, promovendo serviços de qualidade reconhecida e com propósitos claramente democráticos: criação de cursos populares, rádio-escola, parques infantis, concertos populares ao ar livre, piscinas públicas, bibliotecas públicas e volantes, discoteca pública, preservação de documentos históricos, pesquisas etnográficas sobre culturas populares e outras. Iniciativas que, pioneiramente, deram forma às atividades culturais como objetos de políticas públicas, algumas delas ainda hoje consideradas paradigmáticas na democratização da cultura (Sandroni, 1988; Barbato Jr., 2004; Calil & Penteado, 2015). E que expressam, a seu modo, a "ida ao povo" que Mário de Andrade e seus companheiros realizariam, por intermédio do Estado, dada a fragilidade de algo que se pudesse identificar então como uma "sociedade civil" (Lahuerta, 1997). Era esse justamente o momento de "rotinização do modernismo" que, como sugeriu Antonio Candido (1985: xiv), animava a "tentativa consciente de arrancar a cultura dos grupos privilegiados para transformá-la em fator de humanização da maioria, através de instituições planejadas".

Se o Estado Novo pôs fim a sua experiência à frente do Departamento de Cultura, foi em seus quadros que Mário de Andrade acabaria, em seguida, encontrando abrigo, chegando a ele, ademais, mediante relações pessoais com seus altos dirigentes na área cultural, a começar pelo próprio ministro Gustavo Capanema e seu chefe de gabinete, Carlos Drummond de Andrade, com quem mantinha estreita relação de amizade desde os anos 1920. Junto ao Ministério da Educação e Saúde Pública, Mário atuou principalmente no Instituto Nacional do Livro (INL), em 1939, ainda que já viesse colaborando em atividades de interesse da pasta, como em 1936, quando foi convocado pelo ministro Gustavo Capanema a preparar um anteprojeto que serviria de base, no ano seguinte, à criação do SPHAN, cujo primeiro diretor foi seu amigo Rodrigo Mello Franco de Andrade. A essa instituição, Mário esteve ligado até sua morte, desempenhando várias funções, sobretudo em São Paulo, e a ela legou, devido a seu valor histórico e artístico, o sítio de Santo Antonio, em São Roque, que comprara em 1944.

Esse aspecto ambíguo, tenso e, como estamos insistindo, algo trágico das relações de Mário de Andrade com o Estado Novo codifica, em parte, relações mais amplas no campo da cultura e da própria democracia no Brasil. No seu caso pessoal, consumado com sua morte em 1945, após seu "exílio no Rio", de 1938 a 1941, expressão que, apesar do risco de fazer tábula rasa da riqueza de sua experiência na então capital federal, não deixa de ser sintomática do trauma sofrido por Mário devido a sua saída do Departamento de Cultura e à ascensão de um regime autoritário, que frustrou suas esperanças e também contribuiu para redefinir o sentido de sua presença na cultura brasileira. Como tragédia, porém, a relação do indivíduo com seu destino tem sempre um fundamento social.

A esse propósito, vale lembrar a análise de Luciano Martins (1987: 85), segundo a qual a fragilidade da "sociedade civil" no período, aliada à obsessão dos intelectuais pelo tema de sua identidade social (o que, na verdade, era mais um dos sintomas daquela condição), tornava os intelectuais extremamente vulneráveis. Sobretudo porque não conseguiram formular uma "teoria da sociedade" que lhes desse uma perspectiva própria de atuação no contexto; a "*intelligentsia* brasileira" dos anos 1920-1940, para usar os termos do autor, permaneceria de modo ambivalente na articulação entre os processos de constituição de uma sociedade civil e de expansão e fortalecimento do papel do Estado. Significando cabalmente a própria interrupção da formação de uma sociedade civil, o Estado Novo acabou isolando a *intelligentsia* sem que ela conseguisse converter esse isolamento em autonomia e projeto político. Por certo, ao lado da incipiente sociedade civil então existente, as dimensões acanhadas do mercado cultural, com consumo cultural reduzido e frágil institucionalização, não foram também sem consequências para a adesão dos intelectuais ao Estado Novo. Não o foram tampouco, certamente, os valores, ideais e convicções intelectuais e políticas da época que também os mobilizavam, além de apenas a sua sobrevivência material.

Duas posições básicas sobre as relações entre Mário de Andrade e a política são distinguíveis na fortuna crítica sociológica e, na verdade, são representativas e mesmo emblemáticas do debate sobre as relações entre intelectuais e Estado Novo, em geral. Desde *Intelectuais e classes dirigentes no Brasil (1920-45)*, de 1979, Sergio Miceli (2001) vem abordando as relações dos intelectuais e artistas com as classes dirigentes como estratégicas para a explicação das posições por eles assumidas no "mercado de postos" em expansão na sociedade brasileira entre 1920 e 1945, tanto no setor privado quanto no público, em especial nas estruturas de poder do Estado. No fundo, o autor procura expor a matriz dos interesses subjacente ao éthos de missão cultivado por intelectuais de diferentes orientações ideológicas – do conservadorismo ao liberalismo, passando pelo socialismo – como se eles fossem portadores dos interesses gerais da sociedade e seus mediadores junto ao Estado (Bastos & Botelho, 2010). Em trabalho mais recente, dedicado especificamente a Mário de Andrade, Miceli (2009) reafirma sua perspectiva analisando o relativo sucesso das estratégias de que o líder modernista teria lançado mão para sua incorporação às estruturas de poder em meio ao processo mais amplo de reconversão das elites em declínio no período. Relacionando, assim, a "ambição e o fenomenal apetite produtivo" de Mário ao "surto" de renovação cultural em São Paulo, chama a atenção tanto para sua inserção inicial em instituições culturais mantidas pelo mecenato oligárquico quanto, posteriormente, para a importância de seu envolvimento político-partidário com o Partido Democrático, este último responsável pela guinada de sua carreira pública e intelectual na nova conjuntura política estadual após a Revolução de 1930 e o insucesso do movimento constitucionalista de 1932. "O itinerário de Mário se explica", argumenta Miceli (2009: 167), "pelas 'escolhas' partidárias e ideológicas, pelas alianças com lideranças antivarguistas, pelo mandato político na prefeitura de Fábio Prado, enfim pelo surto febril da atividade cultural na emergente metrópole paulista: imprensa competitiva, editoras de porte, embrião de mercado de arte, espaços impulsionadores de iniciativas de risco".

Isso, de um lado. De outro, temos *Um poeta na política: Mário de Andrade, paixão e compromisso*, de Helena Bomeny (2012), que, na verdade, consideramos praticamente um balanço de décadas de pesquisas da autora e, em parte, também do grupo de que fez parte no CPDOC-FGV, sobre os experimentos políticos na área da cultura e da educação do Estado Novo. Nesses trabalhos, parte-se das afinidades entre o empenho dos modernistas na renovação cultural brasileira e o lugar estratégico que a ideia de "cultura nacional" passava a assumir no projeto centralizador do Estado autoritário e corporativo que então se implantava para pensar as relações entre essas diferentes esferas (Bastos, 2003). Eles forjam, assim, um tipo de visão mais matizada sobre os condicionantes históricos do jogo político e institucional em que se veem os intelectuais, o que certamente foi favorecido pela recusa em reproduzir a visão mecanicista sobre o próprio Estado, como se constituísse um bloco unívoco e homogêneo de poder. Momento central desse processo é certamente o livro *Tempos de Capanema*, organizado por Simon Schwartzman, Helena Bomeny e Vanda Ribeiro Costa (1984), que materializa o esforço do grupo voltado para a organização documental e a discussão sobre o pensamento social que informa os documentos. Em "Infidelidades eletivas: intelectuais e política", também um tipo de balanço reunido no livro *Constelação Capanema: intelectuais e política*, por ela organizado em 2001, Bomeny volta ao tema. Embora considere necessária a resposta às incômodas perguntas – qual teria sido a aquiescência dos modernistas mineiros na montagem do autoritarismo? quanto aceitaram da experiência de fechamento político e da restrição da liberdade? –, dirige seu olhar àquilo que pode ter constituído a ambiência que justificou para cada um dos intelectuais a aproximação da burocracia estatal. Nessa direção, a autora ressalta, entre outros aspectos, o desenho de um estado de bem-estar, o rompimento com o voluntarismo das elites, a construção de uma política de cultura e educação, o resgate da ciência em benefício de todos. São esses, entre outros, os deslocamentos que estão consolidados no livro de 2012 dedicado especificamente a Mário de Andrade. Lembra Helena que, como para outros de sua geração, também para Mário o Estado se afigurou como caminho possível para a realização do bem coletivo e para o aperfeiçoamento do cidadão brasileiro. Sendo assim, foram seu senso de "responsabilidade social" e seu "compromisso" com a "causa pública" que o levaram a "propor, agir, aglutinar pessoas, refazer e criticar ações que tiveram no espaço político seu veio de realização" (Bomeny, 2012: 44). Três argumentos importantes da autora que ajudam a qualificar a participação de Mário de Andrade no Estado, tanto no âmbito estadual quanto no federal, podem ser aqui destacados. Primeiro, o de que essa atuação, por mais importante que tenha sido, não se confunde com a dos "profissionais da política"; mais ainda, o poeta na política "expõe, talvez de forma única, as contradições e vulnerabilidades" do exercício do poder, cujos recursos e artifícios próprios, ainda mais num Estado autoritário, não domina (Bomeny, 2012: 43). Segundo, o de que o golpe do Estado Novo surpreendeu o então Ministério da Educação e Saúde Pública em pleno funcionamento, com o qual Mário já vinha colaborando regularmente, motivo pelo qual a reorientação autoritária de muitas de suas ações e políticas também não se tenha feito sem tensões e mesmo contradições. Por fim, lembra ainda a autora que o lugar da cultura na reordenação das relações entre Estado e nação foi de tal modo central naqueles anos, que, em todo caso, mais do que pelos "constrangimentos" impostos àqueles que não se afinavam com a "política oficial", o ministério Capanema permanece até hoje como paradigma pelas iniciativas inovadoras no repertório das políticas públicas de cultura e educação no Brasil (Bomeny, 2012: 22).

Assim, ao apontar as afinidades entre o trabalho dos intelectuais sobre "identidade nacional" e "cultura brasileira" e o lugar central que essas tópicas assumiam na própria reordenação do Estado e na nacionalização da sociedade brasileira então em curso, os trabalhos de Helena Bomeny nos ajudam a reconhecer os limites de uma explicação sobre a participação dos intelectuais em termos de "cooptação" por parte do Estado. O problema, ademais, já foi discutido detalhadamente em outro momento (Botelho, 2019), argumentando-se que, se a ideia de "cooptação" pode ser explicativa do intercâmbio entre as forças sociais que se organizam nas estruturas de poder e os intelectuais quando tomados por seus laços familiares, pessoais ou sociais, isso não se verifica, necessariamente, quando se têm em vista seus escritos. Não porque estes existam em qualquer dimensão autônoma da sociedade, mas apenas porque, tendo fundamento social, eles ultrapassam a estrita circunscrição biográfica. O problema foi assinalado, de certa forma, por Antonio Candido (2001: 74), vale sempre lembrar, ao insistir tanto no equívoco de considerar o trabalho simbólico dos intelectuais resultado direto ou transposição de suas experiências pessoais quanto na necessidade de se distinguir analiticamente a situação de dependência do intelectual que "serviu" daquele que "se vendeu" ao poder. Além disso, pode-se enfatizar ainda o fato de que a colaboração dos intelectuais com o Estado Novo também comportava tensões e conflitos que atravessavam todo o espectro político-ideológico, nada impedindo, tampouco, que alguns deles antagonizassem igualmente a ordem estabelecida com suas obras, como é o caso notável de Carlos Drummond de Andrade.

Concordamos, assim, com os limites de uma abordagem centrada exclusivamente nas trajetórias dos intelectuais, sobretudo quando se leva em conta que, no caso em questão, o Estado Novo envolveu a colaboração de intelectuais das mais diferentes orientações ideológicas, com o centro, a direita e a esquerda, que, além disso, também tinham concepções distintas sobre o país e sobre os temas do contexto intelectual da época, a exemplo justamente de "identidade nacional" e "cultura popular". Nosso ponto, porém, é que se há mais diversidade nas relações entre intelectuais e Estado, seja tomando essas relações pelo lado dos intelectuais ou do Estado Novo (que, como lembramos, não deve ser tratado como uma instituição monolítica), há também menos convergência entre as ideias e os temas dominantes da época.

Não só a política, mas também as ideias constituem um campo de forças, e existem várias maneiras de se participar de um mesmo "contexto intelectual". Só situando e interpretando textos em seu contexto intelectual, como lembra Quentin Skinner (1999: 13), "podemos começar assim a ver não apenas que argumentos eles apresentavam, mas também as questões que formulavam e tentavam responder, e em que medida aceitavam e endossavam, ou contestavam e repeliam, ou às vezes até ignoravam (de forma polêmica), as ideias e convenções então predominantes no debate político".

Mário de Andrade na UDF

Antes de trazer à tona, como contraponto, as ideias que subsidiam as políticas públicas de cultura de Mário de Andrade junto ao Ministério da Educação e Saúde Pública, queremos lembrar, brevemente, sua participação muito significativa na experiência da Universidade do Distrito Federal (Jardim, 2005). E, mais ainda, o posicionamento público de Mário em face da dissolução da UDF, colocando-o em oposição ao ministro amigo Gustavo Capanema, a quem também não deixou de se manifestar pessoalmente.

Foi a música que levou Mário de Andrade ao Rio de Janeiro, então capital federal, após o amargo desfecho de sua inovadora experiência no Departamento de Cultura em 1938, quando de sua exoneração do cargo em função das reviravoltas políticas deflagradas com o golpe de 1937 e a instalação do Estado Novo. A velha *expertise* de professor de música abriu as portas para que ministrasse cursos de filosofia e história da arte, e também assumisse a diretoria do Instituto de Artes da Universidade do Distrito Federal, em 1938. Ao contrário de sua longa carreira no Conservatório, iniciada em 1913, sua passagem pela UDF foi muito rápida, porque breve foi também a própria experiência dessa universidade.

Criada em 1935, pela prefeitura do Rio de Janeiro, durante a administração de Pedro Ernesto como interventor e depois prefeito do Distrito Federal, tendo Anísio Teixeira na direção do Departamento de Educação, a UDF foi uma experiência pioneira e original na história da universidade no Brasil. Educador reconhecido, Anísio Teixeira difundiu o movimento da Escola Nova, que defendia o desenvolvimento da autonomia crescente do educando, e esteve à frente de importantes iniciativas institucionais no sistema educacional da Bahia, seu estado natal, e no Rio de Janeiro. Modelo de universidade pública, laica e gratuita, a UDF aliava ensino à pesquisa e, mais do que profissionais qualificados, buscava formar novos quadros intelectuais do país em cinco áreas do conhecimento: ciências, educação, economia e direito, filosofia e artes. Reunia em seu quadro docente, por isso, o que de melhor havia entre artistas e intelectuais brasileiros, bem como professores estrangeiros contratados. Além de Mário de Andrade, foram seus professores Villa-Lobos, Di Cavalcanti, Candido Portinari, Cecília Meirelles, Lúcio Costa, Josué de Castro, Gilberto Freyre, Sérgio Buarque de Holanda, entre outros.

A radicalidade do projeto da UDF logo encontrou forte resistência em meio às tendências centralizadoras e autoritárias do poder que culminaram no Estado Novo, em 1937, além de esbarrar no complexo xadrez de interesses que realinharam o Ministério da Educação e Saúde, pretendendo então fortalecer seu projeto próprio de universidade, a Universidade do Brasil, e setores conservadores da Igreja católica, em disputa pela hegemonia cultural. Ainda em dezembro de 1935, em decorrência da revolta comunista de novembro de 1935, Pedro Ernesto, que logo adiante seria ele mesmo preso, foi obrigado a demitir seu secretário de Educação, Anísio Teixeira, o reitor da UDF, Afrânio Peixoto, e vários professores, abrindo-se grave crise no interior da universidade recém-criada. Com a instauração do Estado Novo em novembro de 1937 e a acusação de abrigar professores comunistas em seus quadros docentes, a UDF foi, enfim, fechada em 1939 e incorporada à Faculdade Nacional de Filosofia da Universidade do Brasil (atual Universidade Federal do Rio de Janeiro). A nova escola deveria ser dirigida pelo intelectual católico Alceu Amoroso Lima e se submeter ao estreito controle doutrinário da Igreja católica, mas sua direção acabou sendo entregue a Francisco Clementino de San Tiago Dantas.

Embora o Brasil vivesse um de seus períodos de mais acentuada repressão, alguns intelectuais não se furtaram a protestar na imprensa, e Mário de Andrade estava entre eles repudiando o desmantelamento da UDF. Mário também não se absteve de se dirigir direta e incisivamente, em carta de 23/02/1939, ao ministro Capanema sobre a extinção da UDF: "Não pude me curvar às razões dadas por você para isso; lastimo dolorosamente que se tenha apagado o único lugar de ensino mais livre, mais moderno, mais pesquisador que nos sobrava no Brasil, depois do que fizeram com a Faculdade de Filosofia, Ciências e Letras de São Paulo. Esse espírito, mesmo conservados os atuais professores, não conseguirá reviver na Universidade do Brasil, que a liberdade é frágil, foge das pompas, dos pomposos e das pesadas burocracias". Se posicionar assim – no fundo, a favor da liberdade democrática – certamente era no mínimo delicado ao extremo, pois, além de tudo, Mário ainda dependeria do ministro naquele momento para conseguir outra colocação no Rio de Janeiro, que veio a ter no Instituto Nacional do Livro.

O período vivido no Rio de Janeiro, entre 1938 e 1941, foi dos mais difíceis para Mário de Andrade, que havia deixado São Paulo extremamente abatido e magoado por seu afastamento do Departamento de Cultura e pelo que entendia ter sido o fracasso de sua gestão à frente dele. Longe de casa e do convívio cotidiano familiar pela primeira (e única) vez, dos amigos de

São Paulo, dos seus livros, quadros e demais objetos de suas coleções tão cuidadosamente dispostas na Rua Lopes Chaves, os três anos passados no Rio foram vividos por ele como um exílio. O afastamento do seu universo de origem, embora se utilizasse com frequência da ponte área Rio-São Paulo, teve também sem dúvidas consequências intelectuais importantes: propiciou a retomada dos estudos, após os anos de rotina burocrática e as pelejas políticas envolvidas no seu dia a dia no Departamento de Cultura, e o adensamento conceitual do seu pensamento estético, também testado no curso ministrado na UDF, cuja aula inaugural se intitulou "O artista e o artesão".

O autoexílio propiciou também a meditação prolongada e realização de balanços sobre sua vida pessoal e o papel intelectual que vinha desempenhando, como aparece na avaliação bastante crítica que acabou por fazer do modernismo e da contribuição de sua geração intelectual na conferência da Casa do Estudante do Brasil. O dia a dia na então capital federal também aproximou de modo mais contundente Mário de Andrade dos graves problemas sociais e políticos da época; o que acirrou o embate que o acompanharia até a morte, quatro anos depois, entre decepção e pessimismo com as agruras do mundo, os impasses de sua subjetividade e afetividade, e a consciência política. Aqueles anos fortaleceram, acima de tudo, sua preocupação com o isolamento do artista contemporâneo e suas convicções sobre a responsabilidade e o compromisso social de artistas e intelectuais, e não simplesmente com a necessidade de politização da arte.

Mas o Rio de Janeiro, afinal de contas, também propiciou a convivência de Mário de Andrade com jovens artistas e intelectuais procedentes de diferentes regiões do país para seu centro cosmopolita. Os debates quentes e os chopes gelados da Taberna da Glória, onde décadas antes Ernesto Nazareth se apresentava frequentemente, não foram esquecidos por seus alunos da Universidade do Distrito Federal e outros jovens, como Moacir Werneck de Castro, Murilo Miranda, Lucio Rangel e Rachel de Queiroz entre os mais chegados. Registros há pouco descobertos de um desses encontros com cantoria de músicas de roda e outras melodias tradicionais com a mesma Rachel, Mário e Mary Pedrosa e Pedro Nava, em 1940, revelaram a voz de Mário de Andrade para as novas gerações. Como especulou posteriormente Mário Barata, ex-aluno, com o fechamento da UDF, Mário de Andrade acabou não tendo a chance de desenvolver o que, num país de ritmo violento e desnorteado como é o do Brasil, ele teria podido, em 10 anos como professor, paralelamente ao brilhante ensino da música a que se dedicou. Poderia ter feito o mesmo nas artes plásticas ou visuais, ter feito um esforço extraordinário, porque os resumos das suas aulas, as apostilas, comprovam o alcance do seu pensamento.

Projetos para o Brasil

O Congresso Nacional da Língua Cantada, organizado pelo diretor do Departamento de Cultura de São Paulo em julho de 1937, é uma iniciativa de política cultural que costuma ser interpretada apenas no sentido de homogeneização das práticas culturais visando à consolidação de um projeto nacionalista afinado ao autoritarismo do período (Pereira, 2006; Bomeny, 2012); impõe-se, então, a pergunta: democratização da cultura combina com padronização da língua? Longe de nós querer livrar Mário das ambiguidades, a nosso ver justamente sua principal riqueza, mas arriscar um olhar menos apressado e menos informado pelo "despotismo de livros", para falar como ele, pode nos ajudar a perceber certos matizes e tensões em suas ideias sobre o problema da língua *cantada* – grife-se. A fixação das normas de dicção diz respeito, como deixa claro o convite e os anais do evento (Andrade, 2006), ao canto de concerto e teatro, e não à língua brasileira, falada e escrita, de modo geral.

Tratava-se, assim, por um lado, de criar uma tradição que filtrasse a importação do *belcanto* para fins didáticos, condicionando-o às especificidades dos fonemas brasileiros, e, por outro, de determinar quais desses fonemas poderiam, na dicção cantada, ser adaptados às exigências artísticas do canto, aproximando assim os universos erudito e popular. A proposta do Congresso de fixar normas – e não leis, como se faz questão de advertir – de pronúncia para a língua cantada implicaria unificação apenas no sentido de permitir comunicação entre a linguagem do canto erudito e a diversidade da língua popular, ao codificar essas diferenças em uma tradição – flexível, como informa o convite – que fecundasse o desenvolvimento artístico daquele, até então penalizado pelas "soluções improvisadas" e individualistas, e que servisse de alternativa ao modelo eurocêntrico do *belcanto*; mas não unificação no sentido de homogeneização, isto é, de apagamento dessas diferenças, que constituem "uma força que nenhuma pessoa nem nenhuma entidade coletiva conseguirá destruir". Assim, "O Primeiro Congresso Nacional da Língua Cantada exalta a pujança e riqueza da língua nacional e lhe reconhece os direitos de vida e movimentos, que serão como a própria vida e os movimentos do Brasil". Nesse sentido, a proposta de adoção de uma língua-padrão para o canto erudito, ainda que pudesse atuar como fator de solidariedade nacional, era convergente ao sentido utilitário e "desprovincianizante" das ideias do autor: menos cantar em uníssono a música brasileira do que dotá-la de instrumentos próprios para se inscrever no concerto polifônico da música ocidental. Ora, afinal, não se imaginam as grandes escolas de canto europeias crivadas de sotaques...

Essa interpretação encontra sustentação também nos dois estudos apresentados por Mário no Congresso, "O problema do nasal brasileiro através dos discos" e "Os compositores e a língua nacional", os quais procuram discutir a complexa acomodação fonética do texto cantado por meio de uma aproximação entre lírica erudita e cantiga popular que não incorra em exotismo (já que se trata de registros artísticos diferentes, que se devem relacionar sem, contudo, se fundir). Formulam ainda uma crítica ao uso do *belcanto* (e suas convenções) como única fonte de estudos para o canto erudito nacional, identificando a diversidade de timbres, acentuações e maneiras expressivas do canto popular e mesmo de registros nasais da nossa língua. Vale lembrar ainda que a Divisão de Expansão Cultural do Departamento de Cultura apresenta no Congresso uma cartografia folclórica das variações linguísticas do país, elaborada em colaboração com a Sociedade de Etnografia e Folclore, e a Discoteca Pública, estudo comparativo sobre as pronúncias regionais, cultas e incultas, do Brasil.

Formulado em 1936 dentro da experiência política liberal de democratização cultural do Departamento, mediante encomenda do ministro da Educação e Saúde, Gustavo Capanema, também o "Anteprojeto de criação do Serviço do Patrimônio Artístico Nacional" (Andrade, 1981; Frota, 1981) guarda muito da concepção de cultura de Mário e de seu programa dos anos 1920, como a valorização da cultura popular, em diferentes manifestações, ainda que as fronteiras entre essas e a cultura erudita permaneçam delimitadas, constituindo categorias distintas no texto. Se, por um lado, essa delimitação contribuía para promover o reconhecimento da diferença dessas manifestações em vez de uniformizá-las em nome de um projeto disciplinador de nação, por outro, eram expressão de inevitáveis negociações com a lógica institucional e com o senso comum de seu tempo, com os quais era preciso jogar até certo ponto para fazer outras inovações avançarem, por exemplo, o próprio reconhecimento das culturas populares como patrimônio cultural que deveria ser objeto de políticas públicas estatais e privadas de preservação, divulgação e cultivo. As conquistas que respiram pelo sistema classificatório do anteprojeto, porém, são de tal alcance, que muitas delas só atualmente começam a se rotinizar no léxico e nas práticas de patrimonialização (Gonçalves, 1996; Cavalcanti, 2008). É isso que sugere a distinção entre patrimônio material e patrimônio imaterial já aí presente, a par da visão cosmopolita própria de Mário sobre a cultura brasileira, que procura valorizar não apenas a pluralidade de suas matrizes – sem buscar domesticá-las em qualquer tipo de síntese, tentando mesmo descentrar o eurocentrismo (então e ainda hoje) imperante, como expressa o reconhecimento da arte ameríndia –, mas também das artes eruditas estrangeiras ao lado da nacional.

O projeto de Mário adotava, assim, uma concepção plural, aberta e dinâmica de patrimônio cultural de caráter socialmente inclusivo, pois valorizava não apenas a diversidade de nossas matrizes étnicas como também seus portadores e praticantes sociais. Seriam dignas de proteção tanto as artes eruditas quanto as ameríndias e populares, e estas, juntamente com as artes arqueológicas, compreenderiam artefatos colecionáveis, mas também paisagens e folclore, os chamados bens imateriais ou intangíveis. Ao lado das jazidas funerárias, dos sambaquis, das cidades lacustres, dos mocambos, da arquitetura popular, estavam formas de expressão como línguas, vocabulários, festas, rituais, danças, lendas, mitos, músicas, saberes, técnicas, fazeres, entre outras manifestações.

De modo coerente com a condição de transitoriedade embutida no conceito andradiano de tradição móvel, como processos culturais dinâmicos, esses bens imateriais – que contemplavam as criações populares anônimas – seriam dotados, em sua visão, de uma dinâmica de desenvolvimento e transformação que tensiona ideias de identidade estáticas e autênticas, historicamente fundantes, como sabemos, das práticas de preservação ocidentais. O projeto de Mário parece estar ancorado numa noção antropológica moderna de cultura, cuja ênfase recai nas relações sociais e/ou mesmo simbólicas. Nesse sentido, até a preservação dos bens tangíveis, móveis ou imóveis, se justificaria não tanto por sua materialidade quanto pelos saberes, técnicas, valores e significados que representam na vida social. A narrativa nacional que emerge do anteprojeto promove, assim, uma diversidade cultural que o discurso nacionalista, modernizante e autoritário de unidade e coerência que se tornaria oficial com o Estado Novo procura homogeneizar. Criado em 1937, o SPHAN oficializaria um conceito de patrimônio restritivo, que enfatizava os tombamentos arquitetônicos percebidos como autenticamente brasileiros, e excluía a cultura imaterial, a cultura popular e ameríndia, e marginalizava seus sujeitos.

Já o anteprojeto da *Enciclopédia brasileira* consiste num estudo feito por Mário de Andrade em 1939 quando funcionário do Ministério de Educação e Saúde, no Instituto Nacional do Livro, dirigido por Augusto Meyer. Sua proposta leva em conta os princípios conceptivos das grandes enciclopédias estrangeiras (Toni, 1993), mas entende que a importação desses modelos para uma enciclopédia brasileira giraria em falso ao interagir com a matéria e as condições locais. Se o plano básico de criação das enciclopédias mais notáveis, tais como a *Britannica* e a *Italiana*, embora nítido e meticuloso, se pauta no critério da "elasticidade" a fim de garantir liberdade e autonomia das colaborações, no caso de uma enciclopédia brasileira, tal plasticidade se impõe não por questões meramente técnicas, mas tem fundamento sociológico: "Somos um país de muito pequena elite cultural, larga massa camponesa analfabeta e populações urbanas irregularíssimas em sua cultura" (Andrade, 1993d: 10).

Partindo do diagnóstico de que o acesso diferenciado à cultura traduz a hierarquia social, a *Enciclopédia brasileira* estaria voltada "à gente brasileira em sua tão variada generalidade", conjugando reconhecimento das diferenças culturais com percepção das desigualdades sociais. O qualificativo *brasileira* não é acessório, como se vê. Indicaria mais do que uma ênfase de conteúdo, uma forma construtiva – "uma ambiciosa multivalência" – adequada à matéria sócio-histórica e à pluralidade da cultura brasileira. Nesse sentido, por um lado, essa multivalência visa abranger todas as camadas sociais de cultura – ideia condensada na expressão "classes culturais" – de potenciais leitores, a elas adequando a linguagem e o caráter dos verbetes – mais prático e educativo quando voltados para as classes trabalhadoras.

Por outro lado, a multivalência procuraria contemplar e valorizar a própria diversidade cultural da "coisa brasileira" – diversidade entendida como diferenças tanto internas quanto externas. Assim, por exemplo, os verbetes biográfico-históricos deveriam priorizar personagens brasileiros de modo a ter importância não só nacional, mas também universal, ao se mostrar útil nos países estrangeiros já dotados de eminentes enciclopédias. Na *Enciclopédia brasileira*, portanto, também a valorização do particular tem sentido a um só tempo nacionalista e cosmopolita, já que figura como condição para a universalização e integração à cena internacional. Conclui Mário de Andrade (1993d: 28): "Semelhante contribuição será uma contribuição brasileira das enciclopédias estrangeiras, e o melhor recenseamento do que somos e do que já fizemos para a cultura e vida humanas". Numa sociedade excludente e desigual e de acesso restrito a livros e à cultura, o fato de a enciclopédia ser patrocinada pelos poderes públicos poderia ajudar a reduzir a distância cultural e, consequentemente, social, que separa a elite econômica e letrada do povo.

Políticas de reconhecimento

A democratização da cultura é para Mário de Andrade um processo de mão dupla: envolve tanto uma redistribuição de bens culturais a que apenas as elites de sua época tinham acesso (e, em grande medida, nossa época, dada a reiterada modernização conservadora em nossa sociedade) quanto uma modificação da própria cultura, problematizando as fronteiras entre o erudito e o popular. Talvez se possa fazer aqui um paralelo com os dois movimentos complementares apontados por Gilda de Mello e Souza (2003) no "sistema de empréstimos" sobre a música erudita e popular utilizados por Mário de Andrade na construção de *Macunaíma*, pelos quais a variação (um dos princípios compositivos da rapsódia) se exprime: o "nivelamento" e o "desnivelamento estético".

O nivelamento é o fenômeno de ascensão de um gênero inferior a um nível superior de arte culta (por exemplo, quando Haendel se aproveitou da siciliana, transformando-a de dança folclórica em ária dramática). O desnivelamento consiste no processo contrário, quando é o povo que aprende e adota a melodia erudita (como nas modinhas imperiais e canções de salão, que dominaram a musicalidade burguesa do Brasil no século XIX). Importante assinalar que esses movimentos não chegam a se fechar, seja na obra, seja na ação política de Mário, formando algo como uma síntese ou mesmo uma orientação normativa de sua busca, titubeando nosso autor, quando muito, entre uma expectativa difusa em devir e uma melancolia pela impossibilidade de esses processos assumirem sentidos unívocos. A ambiguidade num pensamento e numa ação movidos por forças opostas tem certamente a ver com a própria matéria social a que busca dar forma.

Mas o seu cultivo como gesto de resistência às sínteses fechadas e de afirmação do inacabado e do aberto no processo social tem sentido político e claramente democratizante numa sociedade autoritária como a brasileira, sobretudo durante uma ditadura como a do Estado Novo. Espécie de princípio formal da "personalidade socrática" de Mário, o inacabado ganhava expressão no seu modo dialógico, porque permanentemente aberto à participação do outro, de "pensamentear" – verbo que ele inventa e, a nosso ver, traduz sua crença no pensamento como ação e meditação que não busca exatamente um fechamento. E exprimia, por sua vez, a potência utópica de construção de uma nova sociedade pelo exercício da solidariedade, baseado na relação com o outro e a partir da diferença que torne possível o reconhecimento de um "nós" no "eu".

Assim, as concepções plurais, abertas e dinâmicas de cultura, cultura popular e identidades coletivas de Mário de Andrade forjadas em sua obra dos anos 1920 se desdobram na década seguinte em novos âmbitos, como os de seus projetos e ações institucionais, revelando a duração e a transformação de suas ideias – ou repetição com diferença, como aprendemos também com Silviano Santiago (2019).

Se no Departamento de Cultura de São Paulo parecia que o projeto cultural e a mudança social poderiam caminhar juntos, no contexto autoritário do Estado Novo, diante da interrupção da formação de uma sociedade civil e em face de um novo controle autoritário da mudança, que altera fundamentalmente o sentido de uma série de políticas públicas postas em curso, suas ações institucionais buscam ao menos preservar um sentido mais aberto, inclusivo e dinâmico de cultura. Mais do que isso, buscam manter o reconhecimento não apenas da cultura popular, como de seus portadores sociais, que permaneceram subordinados às hierarquias sociais e políticas do Estado Novo, cujas políticas públicas ficaram mesmo praticamente restritas às emergentes classes médias urbanas – como, aliás, ocorreria por muito tempo ainda na sociedade brasileira, lembrando que foram justamente esses os mesmos grupos privilegiados pelas políticas "desenvolvimentistas" da ditadura seguinte, a civil-militar de 1964.

A cultura torna-se, assim, o meio possível que Mário de Andrade encontrou, mais uma vez, para incorporar diversidade cultural sem perder de vista suas interseções com as desigualdades sociais. São essas concepções plurais, abertas e mesmo inacabadas de cultura que dão vida ao anteprojeto do SPAN e culminam na formulação sobre o caráter simultaneamente nacional e cosmopolita de identidades coletivas que se depreende do projeto da *Enciclopédia brasileira*. Elas expressam o empenho em compreender a diversidade da cultura sem reificar as hierarquias e categorias classificatórias então vigentes entre erudito e popular, oral e escrito, letrado e iletrado, material e imaterial, regional e nacional, nacional e estrangeiro etc. que abriram a Mário a possibilidade efetiva de perceber a dimensão local e ao mesmo tempo cosmopolita das culturas populares brasileiras.

Concepções que, sobretudo, reforçam o caráter democrático da posição de Mário de Andrade em seu contexto intelectual e político, e constituem a sua principal crítica ao projeto ideológico do Estado Novo. Por isso, a compreensão das relações entre intelectuais e Estado Novo não pode prescindir da consideração de suas ideias. E, mais ainda, da qualificação de seus sentidos próprios no debate mais amplo de sua época, pois o pertencimento sincrônico implica não apenas compartilhamento de ideias, mas envolve tensões e críticas.

A cultura e o nacional em Mário, tão diferentes do que ocorre com outras concepções contemporâneas que muitas vezes lhes roubam o sentido próprio, permanecem plurais, diversos e abertos em devir, não sucumbindo, portanto, seja ao eurocentrismo, seja à xenofobia, seja à visão de identidade como acabada ou estável. Princípios que vazam o espectro ideológico tanto dos anos 1920 quanto dos anos 1930 e em relação aos quais as ideias de Mário e, em grande medida, sua materialização também nas políticas culturais, constituem contrapontos críticos. Mesmo reconhecendo seu pertencimento histórico, sua noção de cultura nacional, tema inescapável de seu tempo, longe de corroborar o senso comum de então, vive nele a contrapelo. Não tendo se deixado domesticar inteiramente pelos valores hegemônicos de sua época, porém, sua ideia de brasilidade pulsa como todo um mundo que poderia ter sido e ainda não foi, desafiando-nos a nós ainda contemporaneamente. Como *Macunaíma*, sua encarnação maior, ela é um contraponto ao autoritarismo (e ao Estado Novo) e também nos ajuda a repensar os fios que insistem em ligar presente e passado na sociedade brasileira.

A arte da fuga

Se voltarmos agora à fortuna sociológica do modernismo, podemos perceber melhor como as opções até então disponíveis para pensar as relações dos intelectuais com o Estado Novo em termos de cooptação ou missão deixam, em grande medida, de fazer sentido, segundo a nossa proposta de interpretação do modernismo como um "movimento cultural". A ação coletiva dos modernistas, não consensual ou com sentidos unívocos, não se explica nem só por seu voluntarismo nem apenas pelos constrangimentos estruturais à sua reprodução social. Voltado para produzir mudanças culturais em grande escala, o modernismo precisa, enquanto uma forma de movimento social, necessariamente interagir com as estruturas de poder e do Estado, tendo em vista a disputa pela definição de ideais e também de políticas públicas de cultura e de educação para o conjunto da sociedade. Assim, a participação dos intelectuais deixa de ser vista em si mesma – eles movidos por interesses particulares ou por convicções doutrinárias – e pode ser percebida como um meio crucial de ação coletiva conflitiva e reivindicatória no plano da cultura.

Seria possível, porém, aproximar ainda mais a participação dos modernistas no Estado Novo a uma estratégia característica dos movimentos sociais? E em que sentido? Um passo a mais nessa aproximação é possível, considerando, entretanto, uma diferença fundamental. Compreendendo a relação dos movimentos sociais com o Estado como relação de confronto – na qual o Estado é adversário a ser vencido – e de negociação – na qual o Estado é um possível aliado, cujos meios de atuação são desejáveis, mas cujo fim é distinto –, pensamos que a diferença principal está mais no segundo polo, o da negociação. A tensão que se instalaria entre movimento cultural e Estado estaria numa incompatibilidade de meios, aliada à divergência de fins (objetivos), e à convergência no objeto da ação (a sociedade civil). Enquanto o movimento social (no modelo clássico) se organiza para exigir do Estado a mudança na estrutura de redistribuição dos recursos (geralmente materiais ou relativos ao poder político), o movimento cultural procura, através do aparato estatal, empreender uma mudança na matriz cultural da sociedade. Isso implica uma mudança nos princípios que orientam o próprio exercício do poder do Estado enquanto instituição. O tipo de transformação (moral, cultural e estética) que está no horizonte do movimento cultural pode ser concebido como incompatível com o emprego dos meios de exercício do poder estatal. Em contraste, movimentos sociais no sentido típico (de classe, por exemplo) não conceberiam semelhante incompatibilidade. Então, não se trataria de uma simples discordância a respeito da maneira de empreender a mudança, mas de um deslocamento da arena em que se dá a relação entre Estado e movimentos.

Isso demanda um esforço de compreensão sobre como a transformação cultural é agenciada dentro dos (e contra os) meios de exercício do poder estatal. Nesse sentido, a participação dos modernistas representaria uma mediação discursiva entre a expectativa de mudança do movimento cultural e o enquadramento institucional limitado que caracteriza o funcionamento cotidiano do Estado. Esses dois polos devem ser entendidos a nosso ver não como opções que se excluem, mas como ordens de valor que se retroalimentam, entrelaçados na atividade intelectual e burocrática cotidiana. A relação do modernismo enquanto movimento cultural com o Estado ganha sentido justamente no contexto de um campo intelectual ainda não totalmente autônomo, mas que nem por isso é inteiramente assimilado pela instituição. Tanto o Estado quanto o movimento se constituem mutuamente, atravessados pela incompatibilidade dos meios de ação, e pela convergência de seu objeto (a sociedade civil).

Como acontece com os movimentos sociais em geral, também no caso do modernismo como movimento cultural, quando ele consegue fazer com que suas demandas sejam atendidas pelo Estado, uma espécie de paradoxo entra em curso: transformadas em políticas públicas, de um lado, ganharão força e alcance inauditos – a começar pela extensão nacional do Brasil em que passarão a ser aplicadas; mas, de outro, nessa transformação o próprio sentido da demanda tal como existia nas mobilizações sociais pode se perder, ou se modificar, em função das lógicas institucional e política próprias que passam a seguir na órbita do Estado. Toda institucionalização de uma demanda em direito opera como que uma redução do campo social da mobilização e do conflito originais; mas essa redução pode ser também o ponto de partida para novas reinvindicações e até mesmo para reinvindicações mais eficazes, já que há sempre um aprendizado social envolvido no processo, o qual traz inclusive o aperfeiçoamento de recursos e instrumentos para novas mobilizações coletivas.

Compreendemos que essa é uma perspectiva válida para tratar a atuação dos modernistas em geral, e ela expressa muito bem especialmente a de Mário de Andrade, uma atuação constituída na tensão típica de uma relação que se situa entre o conflito e a assimilação. Entre a liberdade e a objetivação da cultura.

CAPÍTULO 6

PROJETO INTERROMPIDO

No início de *A ética protestante e o espírito do capitalismo*, Max Weber delimita a tarefa de sua investigação afirmando que "um filho" do moderno mundo cultural europeu, ao lidar com problemas da história universal, não poderia deixar de perguntar pelo encadeamento de fatores que conduziram ao surgimento de fenômenos culturais, dotados de sentido e validade universais. Tal qualidade universal dos fenômenos culturais parece, ironicamente, reforçar o próprio questionamento dessa universalidade como valor cultural. O sociólogo alemão mostra-se surpreso diante do enigma de seu próprio mundo. Desde o início, Weber parece duvidar de que o universalismo seja uma qualidade intrínseca aos fenômenos do Ocidente; antes de mais nada, a suposta ideia de universalismo seria um valor cultural central e constitutivo da individualidade histórica que é o capitalismo ocidental moderno. A surpresa de Weber não se circunscreve à suposta universalidade, mas abarca também a racionalidade, entendida como adequação de meios a fins. Por que só no Ocidente ela irrompe com toda pujança, atingindo as diversas esferas da vida, incluindo a talvez mais hermética delas, a música?

Por que (devido a que condições sociais), embora outras culturas tenham ouvido muito mais refinado e vida musical muito mais intensa, a música harmônico-tonal só se desenvolveu na Europa e numa determinada época, enquanto em outras partes a racionalização da música empreendeu um caminho bem diferente, frequentemente oposto? Weber lançará mão do método comparativo a fim de evidenciar a particularidade desse desenvolvimento histórico em face da multiplicidade de possibilidades de racionalização, entendida como processo de longa duração passível de assumir sentidos, intensidades e direções muito diferentes, e mesmo contraditórias (Waizbort, 1995).

Em seu escrito inacabado, intitulado *Fundamentos racionais e sociológicos da música*, Weber (1995) aponta que os "fatos fundamentais" de desenvolvimento dos sistemas sonoros (e também de tensão no interior deles) e de racionalização da música são a assimetria da divisão da oitava – problema de natureza lógica que emerge do fato de que o intervalo de oitava só é dividido em frações próprias nos intervalos de quarta e quinta, e é evidenciado pela necessidade de transposição da melodia; e o problema físico (logo, de natureza técnica) dos ciclos de intervalos e da racionalização harmônica do material sonoro (a "desafinação natural" do som) – já que os ciclos de quinta, de quarta ou de qualquer outro intervalo determinado racionalmente nunca se encontram exatamente, isto é, não apresentam sons musicais com frequências idênticas; em outras palavras, se o cálculo não quadrar perfeitamente, haverá sempre um resto, a chamada coma pitagórica.

As diversas culturas musicais desenvolverão de modo contingente sistemas sonoros que trazem soluções historicamente distintas para esses problemas. Portanto, e este é o ponto que cabe enfatizar, para Weber, não há apenas uma e mesma racionalidade, e a música, assim como as demais dimensões da vida social, pode ser racionalizada em direções e intensidades diversas. Tal processo é eminentemente contingente e o seu sentido diferencial, específico para cada singularidade histórica, é o que interessa à compreensão do sociólogo.[26]

Mediante análise comparativa do desenvolvimento de diferentes culturas musicais, Weber aponta como especificidade da racionalidade que opera no sistema sonoro do Ocidente o uso da quinta justa, interpretado harmonicamente como intervalo fundamental para a divisão da oitava, que levará

---

26. Vale notar que essa perspectiva de Weber exprimia uma crítica à musicologia positivista contemporânea. Fundada na crença em uma natureza ordenada, cujas leis deveriam ser reveladas pela ciência por meio de suas relações de causa e efeito, essa corrente musicológica sustentava que a racionalidade era intrínseca ao fenômeno musical, o que a levava a assumir teleologicamente o sistema tonal moderno como o estágio mais avançado de desenvolvimento técnico do princípio tonal de organização sonora. Rezende (2010: 101) observa que a obra de Weber se apoiava "nas investigações empíricas da musicologia comparada e no diagnóstico da falência da concepção ilustrada do progresso unívoco através da ciência e da razão. Desse modo, o sociólogo se opõe às perspectivas últimas das obras que se irmanam na crença em uma racionalidade que organiza e orienta o curso do desenvolvimento dos fenômenos do mundo empírico, e que acabam por conceber as relações musicais como um contínuo movimento de realização dessa racionalidade, seja ele dialético ou não. Por detrás da aparência de unicidade, diria Weber, esse sistema esconde contradições, conflitos e irracionalidades".

por sua vez, com a divisão harmônica da quinta nos intervalos de terças maior e menor, à identificação do intervalo de quarta como dissonância. Conforme discute Weber, a tentativa de equacionar esse problema lógico levará ao desdobramento do princípio da divisão melódica (distância) e do princípio da divisão harmônica dos intervalos. Por outro lado, o temperamento moderno será o sistema de afinação que fornecerá a resposta para o problema técnico da "irracionalidade" dos ciclos de intervalos, ao igualar sete oitavas com 12 quintas justas e dividir o âmbito sonoro da oitava em 12 semitons de mesmo tamanho. Foram os instrumentos que se constituíram, nos termos do autor, nos *portadores* da racionalização desses intervalos, operando sua abstração e organização sequencial nas escalas.

Não é possível nem desejável reconstruir aqui toda a intrincada argumentação de Weber. Tendo em vista nosso propósito, interessa destacar dois desenvolvimentos decisivos para o sentido pelo qual se orientou a racionalização do sistema tonal.[27] Primeiro, a notação mensural, que permite a previsão, o cálculo e a coordenação das diversas vozes, desencadeando assim o declínio das ornamentações improvisadas e a suplantação completa da tradição oral. Segundo, o sistema temperado, o qual implicou, segundo Weber, o apagamento completo das diferenças entre as tonalidades, a redução da variedade dos modos tonais e, com isso, o embrutecimento da sensibilidade melódica. O racionalismo ocidental encontrou no temperamento igual a solução prática mais racional para o problema dos restos, das irracionalidades

---

27. Entre outros elementos de racionalização do sistema sonoro ocidental que elevaram a simultaneidade dos sons gradualmente a princípio estruturador desse sistema, Weber indicava: a regulamentação teórica das dissonâncias, que começam a ser justificadas somente enquanto "colorido", com um lugar temporal determinado para existir (a cadência), e a restrição ao emprego do trítono; a restrição dos movimentos paralelos de vozes e a codificação metódica e sistemática da prática polivocal – a fixidez dos valores temporais relativos das notas e o esquema fixo da divisão do compasso permitiram fixar de forma inequívoca as relações das progressões das vozes singulares entre si; a estruturação ascendente das consonâncias – importando no declínio do canto improvisado; a polivocalidade com três ou mais vozes etc. Com o avanço da racionalização até mesmo os elementos "estranhos" a essa música serão progressivamente incorporados e regulamentados, a exemplo dos intervalos cromáticos na melodia, que foram submetidos às determinações das relações harmônicas passando a ocupar uma posição determinada dentro da cadência. Paulatinamente as cadências finais estereotipadas e a transposição dos hexacordes são substituídas pelo princípio da modulação – com indicação de armadura de clave –, e o trítono passa a ser admitido como resolução final. Dá-se a passagem de uma sensibilidade polifônica para a sensibilidade harmônica, na qual a dissonância se torna passível de uso independente e consciente, deixando de ser concebida como resultado acidental das progressões das vozes autônomas.

que subsistem em qualquer tentativa de racionalização dos intervalos com base em uma afinação pura: desafinar ligeiramente todos os intervalos e assim obter 12 semitons iguais.

Weber considerava o piano o portador por excelência do novo sistema musical, sintetizando em si tanto o princípio do contraponto quanto o da harmonia. Não à toa passou a ser o principal instrumento para os compositores e o centro de gravitação da orquestra, que ele encerra em si virtualmente. Com a universalização de uma educação harmônica baseada no piano, o sistema tonal moderno também tende a se tornar universal. E essa universalidade do sistema tonal, impulsionada pela disseminação em massa do piano, é, segundo o sociólogo alemão, indissociável do "impulso mais irresistível da vida moderna": o capitalismo. O custo cobrado por essa universalização não escapa a Weber: ela retirou de nossos ouvidos a delicadeza que estava na base do refinamento melódico de várias culturas musicais não ocidentais. O texto inacabado de Weber termina por demonstrar que o sistema harmônico-tonal ocidental dificilmente poderia ser visto como um sistema completo, lógico e fechado (Fuente, 2011).

Debruçando-se sobre o sistema tonal em seu clássico *Viena fin-de-siècle*, o historiador Carl Schorske ressalta como ele estava fundado, desde a Renascença, numa organização hierárquica dos sons (a escala diatônica), agrupados em forma de tríades e de acordes que eram usados em encadeamentos harmônicos por meio dos quais funcionava o jogo entre tensão e repouso, equilíbrio e movimento, garantindo o sentido de direção da música – aquela sensação de começo, meio e fim, claramente definida. A tríade tônica constituía o elemento de autoridade, estabilidade e, sobretudo, repouso. No entanto, pondera o autor, "música é movimento; se a consonância é tida apenas como um quadro em repouso, todo movimento será dissonante" (Schorske, 1988: 234).

Nesse sistema musical o movimento estava rigidamente subordinado à tonalidade, de modo que todo movimento surgia da tríade tônica e a ela voltava. A dissonância era legitimada enquanto elemento dinâmico – partindo do contexto da tonalidade –, posto que tinha sempre de a ela se referir. Cabia ao compositor manipulá-la no interesse da consonância, "como um líder político num sistema institucional que manipula o movimento, canalizando-o para servir aos propósitos da autoridade estabelecida" (Schorske, 1988: 234). A passagem de uma à outra tonalidade facultada pelo emprego da modulação era "um momento de ilegitimidade permitida, um estado acentuado de ambiguidade, a ser resolvido por uma nova orientação numa nova modalidade, ou pelo retorno a uma anterior" (Schorske, 1988: 234). Schorske ressalta que a tonalidade na música integrava o mesmo sistema sociocultural que a ciência da perspectiva na pintura, com seu foco centralizado, e o jardim geométrico, como extensão da arquitetura racional sobre a natureza: o sistema barroco do *status* na sociedade e do absolutismo constitucional na política. Não fortuitamente foi Rameau, o músico de corte de Luís XV, o teórico mais inflexível das "leis" da harmonia. Uma vez que "o sistema tonal era uma organização musical onde os tons tinham um poder desigual para expressar, validar e tornar suportável a vida do homem numa cultura hierárquica racionalmente organizada" (Schorske, 1988: 234), a harmonia clássica na teoria e na prática tinha por objetivo fazer com que todo o movimento ao final recaísse dentro da ordem, da "cadência".

O século XIX, no entanto, promove aos poucos a expansão da dissonância e a erosão da tonalidade fixada, centro da ordem tonal:

> Na música e em outros setores, o tempo avançou sobre a eternidade, a dinâmica sobre a estática, a democracia sobre a hierarquia, o sentimento sobre a razão. [...] Os tons cromáticos – os semitons – têm todos um único valor, e constituem um universo de sons igualitário. Para alguém acostumado à ordem hierárquica da tonalidade, tal democracia é perturbadora. É a linguagem do fluxo, da dissolução. Da liberdade ou da morte, dependendo do ponto de vista (Schorske, 1988: 324).

Assim, essas transformações na linguagem musical identificadas por Schorske figuravam uma profunda rejeição aos méritos propalados do autocontrole racional. Nesse sentido, por exemplo, assim como as teorias de Freud sobre as forças irracionais do inconsciente, os experimentos de Schoenberg com o atonalismo, dentro do modernismo musical vienense, colocam em questão a capacidade do homem de ordenar racionalmente o mundo. Mais do que isso, a ruptura com a tonalidade significava um desafio para a ordem (social, política e cultural) que ela representa.

Essas reações de descentramento do paradigma da música ocidental tiveram na valorização das músicas de culturas "primitivas", "tradicionais" e não ocidentais uma de suas principais fontes, a exemplo do encontro de Debussy com a orquestra de gamelão javanesa, seu sistema tonal não diatônico e seu modelo significativo de complexidade rítmica. Para Debussy, a música do Leste representou uma alternativa ao romantismo wagneriano e ao cromatismo. Em obras como *Prélude à l'après-midi d'un faune*, células melódicas curtas e o uso da escala de tom inteiro substituiu a necessidade por um centro tonal, e procedimentos polimétricos e polirrítmicos suplantaram o sentido tradicional de tempo e ritmo.

Já observamos que o fascínio das vanguardas artísticas europeias da belle époque pelo primitivismo transformou por afinidade nosso passado, desrecalcado, em canteiro de obras, e a cultura popular, em fonte de renovação estética. Como afirma Antonio Candido (2006: 127):

> Ora, no Brasil as culturas primitivas se misturam à vida cotidiana ou são reminiscências ainda vivas de um passado recente. As terríveis ousadias de um Picasso, um Brancusi, um Max Jacob, um Tristan Tzara eram, no fundo, mais coerentes com a nossa herança cultural do que com a deles. O hábito em que estávamos do fetichismo negro, dos calungas, dos ex-votos, da poesia folclórica nos predispunha a aceitar e assimilar processos artísticos que na Europa representavam ruptura profunda com o meio social e as tradições espirituais.

Esses são, para dar um exemplo, os ingredientes da fabulação algo surrealista de Mário de Andrade – "sátira às explorações científicas, à etnografia e também social" (Andrade, 2015a: 133) – sobre um encontro com a alteridade selvagem no fundo do mato virgem, relatada no diário de bordo ficcionalmente transfigurado de sua viagem à Amazônia em 1927, publicado como *O turista aprendiz* em 1976. O povo indígena inventado se chamava Dó-Mi-Sol: possuía uma sociabilidade intrinsecamente musical, que os dotava de uma complexa cultura que dava "sentido intelectual aos sons musicais e valor meramente estético aos sons articulados e palavras". Invertia, assim, a separação do som operada na "pré-história" do sistema sonoro ocidental "em som verbal com palavras compreensíveis e som musical inarticulado e sem sentido intelectual". E o número de sons que utilizavam era muito maior que a nossa pobre escala cromática; frequentemente empregavam o quarto de tom ou o quinto de tom. Os Dó-Mi-Sol emitem "chuvas de sons" quando furiosos, chilros e sextos-de-tom no sutil idioleto do filósofo da tribo, intervalos ascendentes e descendentes, grupetos, ataques e intensidades as mais variadas que compõem um "vocabulário" onde os significados são sempre cambiantes. É que, como explica o turista aprendiz, "na língua dos Dó-Mi-Sol a intensidade da emissão, os fortes, os pianos, os crescendos e decrescendos não só davam variantes de significados às expressões, como as podiam modificar profundamente" (Andrade, 2015a: 165). Assim, um mesmo grupo de sons pode ter um significado, o seu contrário, e desdobrar-se ainda nas múltiplas "refrações prismáticas" das significações contíguas, de modo que os conceitos não se fixam, mas "deslizam continuamente através de um fluxo pulsional onde as articulações, extremamente móveis, deixam as virtualidades paradigmáticas de cada palavra como que à flor da pele", como esclarece Wisnik (1979: 9), lembrando ainda que por isso a linguagem musical dos Dó-Mi-Sol não tem tradução, e como sonho, só tem interpretação.

Se a etnografia era "um dos [seus] muitos jeitos de procurar o Brasil" (Andrade, 2018: 172), nessa etnografia imaginária, os povos ameríndios como que expressam justamente a consolidação da percepção de Mário de Andrade sobre a existência diferenciada de relações com a sonoridade entre diferentes grupos sociais, culturas e sociabilidades (Toni, 1990). A diversidade de escalas musicais e intervalos possíveis e as indagações e percepções referentes a novos universos sonoros ampliam sobremaneira a perspectiva do professor do Conservatório Dramático Musical de São Paulo. Mais do que isso, permitem que ele coloque em relação e produza interferências mútuas entre os pontos de vista ou aparatos conceituais de sua cultura e práticas de sentido outras, de modo a não apenas expandir o mundo dos possíveis humanos como a questionar o suposto monopólio do pensamento pela tradição cultural europeia.

É nesse contexto de transformações mais amplas nas práticas e sensibilidades estético-musicais e de grande impregnação teórica, de pesquisa sobre a criação popular e busca de uma solução brasileira para a música que ganha inteligibilidade o trabalho sistemático e metódico de Mário de Andrade sobre o folclore musical nordestino – que daria corpo à obra de fôlego inacabada *Na pancada do ganzá*, composta por quatro livros, *Danças dramáticas do Brasil, Melodias do boi e outras peças, Os cocos* e *Música de feitiçaria no Brasil* (todos organizados e publicados postumamente por Oneyda Alvarenga), além de manuscritos com análises teóricas sobre esses elementos musicais (Teixeira, 2007).[28] De modo geral, essa empreitada revela, a partir da análise dos processos de criação da música popular, uma visão crítica desse sentido assumido pelo processo de racionalização (nas diferentes esferas culturais) no Ocidente moderno. Impossibilitada de se movimentar dentro de um estilo importado, a imaginação popular brasileira, evitando a subserviência da cópia, adotou uma solução peculiar de adaptação "espertalhona" das formas populares europeias, cujo sentido profundo emanava de outra matriz sócio-histórica.

A primeira linha do prefácio desse livro inconcluso – cujo subtítulo é "Subsídios para conhecimento da vida popular brasileira, especialmente do Nordeste" – afirma ser ele não um livro de ciência, mas um "livro de amor". Ato contínuo, Mário escreve: "Deus me livre de negar que a ciência seja por sua vez fenômeno de amor, mas 'conhecer' no sentido de decidir da Verdade, é verbo que me assusta um bocado. [...] De maneira que dou ao verbo conhecer um sentido, se não mais humilde, pelo menos mais 'namorista', pra falar como o caipira" (Andrade, 1984b: 387). Essa abordagem "namorista" facultaria um tipo de compreensão baseado na "empatia", na comunicação intersubjetiva, na capacidade de "ouvir e aceitar o povo". Afinal, como diz ainda no prefácio, "Do fundo das imperfeições de tudo quanto o povo faz, vem uma força, uma necessidade que, em arte, equivale ao que é a fé em religião. Isso é que pode mudar o pouso das montanhas". Ao suspeitar da pretensão de universalidade e objetividade de todo saber substituindo o discurso totalizante e exclusivo sobre as outras culturas, incluída a popular, por um diálogo com elas, esse "ato de amor", em suas palavras, possibilitaria

---

28. Essa guinada "etnográfica" de Mário para a cultura popular envolve fundamentalmente as viagens ao Norte em 1927 e ao Nordeste em 1928-1929, nas quais respectivamente estuda as festas populares do meio do ano e trabalha na coleta de documentos musicais do populário, além de conhecer o cantador de cocos potiguar Chico Antonio. Desde a época da colheita de melodias no Nordeste até 1933, Mário se dedicou a passar a limpo e ordenar os resultados das pesquisas e munir-se de ampla leitura sistemática para estudá-los, registrada numa "Bibliografia" de trabalho iniciada em 23 de agosto de 1929. Os escritos para *Na pancada do ganzá* só começaram em 1934 e devem ter sido elaborados em 1934-1935 (Alvarenga, 1974).

reconhecer os portadores sociais da cultura popular em sua dignidade e alteridade plena, gerando não apenas a ampliação do nosso campo cognitivo, mas formas mais descentradas e inclusivas de identidades. O namoro com a cultura popular seria o compromisso de Mário com a união da imaginação com o sentimento brasileiro, do brasileiro com o Brasil.

O piano e o ganzá

A principal oportunidade de contato pessoal de Mário de Andrade com o universo das práticas e expressões musicais populares que vinha estudando foi em sua viagem ao Nordeste, realizada de meados de dezembro de 1928 a meados de março de 1929. Mário realiza essa viagem como correspondente do jornal paulista *Diário Nacional*, no qual já contribuía regularmente com artigos sobre arte e música desde 1927, ano em que também inicia suas análises sobre canções populares, tanto as coletadas por ele mesmo como as captadas por intermédio de amigos de todo o Brasil. Suas experiências são registradas na forma de crônicas diárias publicadas em coluna desse periódico intitulada O turista aprendiz – reunidas numa pasta nomeada "viagem etnográfica" – e também em diário escrito num caderninho de bolso.

O Nordeste era considerado por Mário um "rico depositório de cultura popular", especialmente musical, o que nos ajuda a entender sua escolha de a estudar e prospectar *in loco*. Essa viagem é comumente reputada pela fortuna crítica como propulsora de uma grande guinada "etnográfica" em direção à pesquisa metódica e sistemática e à valorização do elemento folclórico, sobretudo em sua forma musical (lembremos que nessa empreitada Mário coleta mais de 500 expressões musicais populares, além de objetos, fotografias etc.). Devemos nos acautelar, entretanto, com o qualificativo "etnográfico", que com frequência tem levado intérpretes a recuperar a experiência dessa viagem sob um viés institucionalista e inscrevê-la teleologicamente numa proto-história embrionária da antropologia no Brasil. Como sugere Luna Ribeiro Campos (2014: 12), a concepção de "etnografia" aí se refere antes a uma "sensibilidade" mais ampla naquele contexto, a qual, no escritor modernista, assume o sentido particular da busca e valorização (a afetiva incluída) das diferenças culturais, conjugada à percepção das hierarquias, desigualdades e conflitos sociais. Segundo a autora,

A ideia de uma "sensibilidade etnográfica", a nosso ver, sintetiza bem o clima intelectual que caracterizou os anos 1920, tanto na França e nos Estados Unidos como no Brasil, e que se baseava em uma vontade/curiosidade em estudar e conhecer o "outro". O olhar das vanguardas se voltou e se abriu para as diferenças, e engendrou uma atitude de interesse e respeito com as civilizações que se estendiam para além do olhar ocidental. Enquanto as vanguardas europeias iam à África em busca de "primitivismos", em busca de novos elementos que pudessem renovar e trazer mais dinamismo para a arte ocidental, os modernistas brasileiros se deram conta de que a fonte para a renovação estética e cultural podia ser encontrada no próprio substrato nacional (Campos, 2014: 12).

É certo que Mário de Andrade não apenas contribuiu, como também se beneficiou dos avanços da institucionalização da antropologia, e das ciências sociais como um todo, que acompanhava em suas muitas leituras e mesmo em sua atuação profissional; por exemplo, à frente do Departamento de Cultura de São Paulo, onde sistematizou parte dos materiais trazidos de sua viagem ao Nordeste, mas também, dando-se conta das falhas de sua coleta, aperfeiçoou sua abordagem. É o que se pode ver em três ações principais que levou a cabo buscando formar pesquisadores, conferir uma orientação científica e sistematizar os estudos etnográficos e as coletas folclóricas no Brasil: a criação do Curso de Etnografia, ministrado pela etnógrafa francesa Dina Dreyfus em 1936, a criação da Sociedade de Etnografia e Folclore (SEF), em 1937, e a Missão de Pesquisas Folclóricas, em 1938 (Valentini, 2010).

Mário foi o idealizador da Missão de Pesquisas Folclóricas, realizada em fevereiro de 1938. Em verdade, essa foi a última iniciativa do Departamento de Cultura sob a sua gestão, tendo Mário sido exonerado do cargo quando a Missão não tinha ainda se completado. A equipe era composta por Martin Braunwieser, músico e maestro austríaco membro do Coral Paulistano; Luiz Saia, arquiteto e membro da Sociedade de Etnografia e Folclore e chefe da expedição; Benedito Pacheco, técnico de som; e Antônio Ladeira, assistente técnico de gravação do Departamento de Cultura e auxiliar geral da missão. Equipados com a melhor tecnologia da época e com todos os instrumentos necessários, eles percorreram vários estados do Norte e Nordeste gravando discos populares e coletando imagens, músicas e objetos (Sandroni, 1988; Carlini, 1994; Barbato Jr., 2004). Se a iniciativa de criação da

Missão pode de fato ser entendida como uma maneira de reeditar a viagem etnográfica de Mário ao Nordeste em 1928 (Toni, 1990; Calil, 2006), não se pode minimizar, como alerta Campos (2014), que a "etnografia" pode assumir sentidos diversos de acordo com cada contexto narrativo, e por isso não caracteriza uma categoria com um significado estanque.

Foi no engenho da família do amigo Antônio Bento de Araújo Lima, em Bom Jardim, em 9 de fevereiro, que Mário conheceu Chico Antonio,[29] numa "noite inesquecível". O encantamento arrebatador que o coqueiro potiguar exerceria sobre o poeta modernista ganha tons quase epifânicos pelo lápis do cronista, que utilizaria um piano trazido da fazenda vizinha num carro de boi (compondo uma imagem deliciosa e bem brasileira) para tentar grafar suas melodias praticamente insubmissas ao temperamento do teclado:

> Pra tirar o "Boi Tungão", Chico Antônio geralmente se ajoelha. Parece que ele adivinhou o valor artístico e social sublimes dessa melodia que ele mesmo inventou e já está espalhada por toda esta zona de engenhos. Então se ajoelha pra cantá-la [...]. Estou divinizado por uma das comoções mais formidáveis da minha vida [...]. Não sabe que vale uma dúzia de Carusos. Vem da terra, canta por cantar, por uma cachaça, por coisa nenhuma e passa uma noite cantando sem parada. [...] O que faz com o ritmo não se diz! Enquanto três ganzás, único acompanhamento instrumental que aprecia, se movem interminavelmente no compasso unário, na "pancada do ganzá", Chico Antônio vai fraseando com uma força inventiva incomparável, tais sutilezas certas feitas que *a notação erudita nem pense em grafar, se estrepa*. [...] Sem parar. Olhos lindos, relumeando numa luz que não era do mundo mais. Não era desse mundo mais (grifos meus).

Ainda que descontado seu superlativismo retórico tão característico, não deixa de nos sarapantar, como gostava de dizer, que um crítico musical *habitué* das temporadas de espetáculos da capital paulista confesse que ouvir Chico Antonio cantar – celebrando no "Boi Tungão" "sua parte com o Maioral", como um Adrian Leverkühn brasileiro – foi "umas das sensações

---

29. Para um estudo da biografia, a partir da perspectiva da história de vida, de Francisco Antônio Moreira, o Chico Antônio, cf. Costa (2004). Ver também, do próprio Mário de Andrade (1993b), as seis "lições" da *Vida do cantador*, publicadas como série de crônicas em sua coluna "Mundo Musical" na *Folha da Manhã* entre agosto de 1943 e julho de 1944.

musicais mais fortes" de sua vida. Segundo Mário, Chico Antonio se singularizava em relação a outros coqueiros da região até mais afamados que ele não tanto por sua capacidade de improvisação e de sustentar o desafio na embolada, mas por ser "essencialmente musical" (e não poético, como os demais) e, sobretudo, por seu timbre "firme, sensual, acalorado por esse jeito nasal de cantar que é uma constância de todo o povo brasileiro" (Andrade, 1984b: 378). Com sua voz "incomparável" de tenor levemente abaritonado que tinha "os tons do ouro do sol" (evocando uma imagem "que é literatura mas é verdade também") e era inclassificável dentro da timbração europeia, Chico Antonio "quintessenciava" esse jeito brasileiro de cantar: "um nasal discreto, bem doce e mordente, um nasal caju". Ora, pondera, "o belcanto europeu só pode servir de julgamento para... o belcanto europeu". E acrescenta: "Se esta observação não pretende lhe recusar a beleza magnífica, propõe modestamente a coexistência de outras belezas" (Andrade, 1984b: 383).

Igualmente surpreendente a Mário é o "refinamento inconsciente" do canto de Chico Antonio: capaz de fechar as frases melódicas em fermatas nasais, prolongadas enquanto o coro inicia o refrão; de variar as emboladas dentro de um mesmo coco e também de sair delas e partir num canto largo duplicando os valores de tempo, estabelecendo ritmos com contratempos ricos enquanto o ganzá segue percutindo no mesmo movimento rápido anterior (Andrade, 1984b: 378). O canto sedutor de Chico Antonio é embalado pela música; pouco lhe importa a claridade de sentido das palavras – as quais "não passam de valores musicais" e "são tiradas da subconsciência pela procura do ritmo, rima e som, têm gosto de terra, de amor, de trabalho, e vanglória individualista" (Andrade, 1984b: 378). O coqueiro potiguar atinge valor social através da sua expressão individualista, seu canto exerce "a função das encantações primitivas, canto de todos num rito de dinamogenias benfazejas" (Andrade, 1984b: 379). Como sugere Elizabeth Travassos (1997: 189), ouvindo Chico Antônio, "Mário tinha uma visão otimista da possibilidade de um individualismo perfeitamente social e de uma manifestação artística moderna que não precisava superar a oposição entre subjetividade e cultura".

Nesse sentido, como indica Pedro Meira Monteiro (2012), em Mário de Andrade é possível relacionar o interesse pela cultura popular com a religião, ainda que um não possa ser deduzido da outra. (Poderíamos acrescentar que a própria raiz da noção de sacrifício – tipo de princípio estrutural que articularia a obra e a trajetória do autor – estaria no encontro entre a cultura popular e o catolicismo brasileiro.) Segundo Monteiro (2012: 211), a base do pensamento de Mário está fundada na ideia de que "embora individual, a produção artística se dá num horizonte que aponta para a dissolução do indivíduo". Assim, o artista não deve se guiar pela genialidade individual, mas pela plena realização da coletividade, o que forma o núcleo dos princípios religiosos. Voltando ao canto, pode-se dizer que havia algo na voz do cantador do povo "que aproximaria o indivíduo do momento máximo de resolução coletiva, naquele instante, precisamente, em que ele perde o lastro que o prende à terra, para desmanchar-se num canto único e totalizante, que é, para Mário, o canto do Homem" (Monteiro, (2012: 273).

Em carta de 1928 para Augusto Meyer, Mário discorre "esparramadamente" sobre o catolicismo e o problema religioso capital, a existência ou não de Deus, bem como a possibilidade de prová-la. Deixemos que o autor fale por si:

> Creio em Deus. De que maneira cheguei a esta convicção? Isso agora pia mais fino. Mesmo dentre os católicos você sabe muito bem que alguns acham que há impossibilidade de se chegar a uma prova intelectual da existência de Deus. Maistre por exemplo. Ora pra mim, provas como a Aristotélica, que é intelectual (a do Supremo Motor) são evidentes. Mas apesar de por meio da inteligência eu acreditar em Deus, minha opinião atual é que a inteligência é absolutamente desnecessária prá gente acreditar em Deus. Digo mais: a inteligência é incapaz de acreditar integralmente em Deus, porque a inteligência é lógica e só tem como dados de raciocínio os que a ambiência em que ela se manifesta (o universo) proporciona. Ora Deus não sendo uma abstração é ilógico pros dados concretos da inteligência. Os que tirarem disso uma prova da inexistência de Deus são afobados ou apaixonados, nada mais, porque a inteligência chega a deduções paralógicas com os dados mais lógicos possíveis que são os da Matemática. Por exemplo: o infinito. Deus está absolutamente pra fora da inteligência porque Ele não é inteligente. Isso simplesmente porque não pode existir um conceito de Deus, que seja relativo. Si a gente chega a um conceito verdadeiro de Deus, ao qual até no racionalismo politeísta

grego Aristóteles, provavelmente Platão e outros chegaram, Deus tem de vir acompanhado de todos os requisitos *fatais* do conceito Dele, isto é, onisciente, todo poderoso etc. Sendo assim ele não pode possuir inteligência, que é coisa relativa e reagente, em vez de agente por si. Deus não pode deduzir *porque já sabe.* Etc.. Ora Ele não sendo um fenômeno objetivo, e sendo extrainteligência, si a inteligência chega a acreditar Nele é que ela deixou de ser lógica, isto é deixou de ser inteligência (porque Ele não é nem lógico concretamente, nem é uma abstração). É a que chamo de inteligência paralógica, ou milhor, compreensão paralógica. Constantemente utilizada pelo povo. Substituí inteligência por compreensão porque a compreensão é mais vasta que a inteligência. A compreensão é muitas feitas fisiológica, é sentimental. O fenômeno da compreensão musical por exemplo explica bem o que estou falando. A música não tem dados intelectuais pra quem ignora harmonia, acústica etc. é perfeitamente compreendida por todos. É que nela que é absolutamente extraintelectual, a compreensão é em máxima parte fisiológica por meio do ritmo e do dinamismo sonoro, e em parte sentimental, porque os estados cinestésicos provocados por ela se transformam em estados de sensibilidade afetiva que no entanto não podem ter nenhum significado intelectual (Andrade, 1968: 59-60).

Esse mecanismo intelectual de compreensão paralógica, ninguém o encarnaria melhor, segundo Mário de Andrade, do que o "indivíduo popular". O cantador seria, portanto, um dos seus portadores sociais. Como explica nosso poeta, a poética paralógica da versificação dos cantadores não é compreendida crítica e analiticamente por eles, antes seus "raciocínios aparentemente idiotas penetram nas partes profundas do ser, são sentidos e possuem uma evidência prá qual concorrem os fenômenos da sensação (fisiológicos), do sentimento (psicológicos) e da subconsciência" (Andrade, 1984b: 349).

Como sabemos, Mário reivindica fortemente a valorização do folclore e das práticas culturais populares como meio estratégico de abrasileiramento da cultura erudita produzida no Brasil, procurando aproximá-la criticamente da cultura popular em favor da promoção do diálogo criativo mútuo. É nesse sentido que se pode compreender o fascínio do nosso poeta renascido das cinzas do músico pelas "invenções" "luminosas" e "surrealistas" do cantador de cocos nordestino, que, em geral, interpreta uma partitura invisível, que a "boca geral" vai escrevendo aos poucos: ele não possui a veleidade do criador de obras originais e não está sujeito à fratura entre subjetividade e cultura; afinal, sua atividade consiste em transmitir a criação de um autor sem nome, que é ele próprio e, ao mesmo tempo, o ultrapassa. O cantador também não é um típico intérprete, já que a própria separação entre criar e interpretar lhe é desconhecida. Ademais, não precisa escolher entre alternativas de interpretação, pois na música popular cada peça criada, mesmo quando nunca antes ouvida, é fiel a uma tradição que antecede qualquer peça em particular (Travassos, 1997). Sem texto obrigatório nem entrecho determinado, com quebra das regularidades rítmicas e métricas por meio da interpolação de refrões curtos, com emprego comum da variação e da dialogação entre solista e coro, os cocos, para Mário, têm caráter eminentemente improvisatório: neles observa-se uma libertação muito maior em relação à fórmula do compasso, se comparados até a nossas danças populares, como o maxixe, o cateretê e o samba. Nos cocos, não há conflito entre ritmo e compasso, pois o primeiro é livre e prescinde do esquema métrico do segundo (Andrade, 1984b: 367). Fica evidente, assim, a dificuldade de adequação desses cantares à quadratura do compasso. Diz Mário: "Momentos há em que se torna quase impossível descobrir e grafar com exatidão não só pequenas figurações pequenas 'fitas' virtuosísticas episódicas como até o ritmo geral da peça" (Andrade, 1984b: 365). Opondo-se à binaridade obrigatória na rítmica brasileira, Mário sustenta que o compasso unário tenta ser mais fiel à acentuação prosódica dos cocos. A frase verbal que determina o período também determina o compasso, mas a fala cotidiana não reconhece e não se encaixa nas regras da música escrita, de modo que a partitura do cantador se torna irregular. Ao propor a abolição do paradigma métrico, Mário nos sugere esquecer a concepção tradicional de compasso e adotar unidades mais variadas de tempo, que acompanhariam acentuações também mais suaves e menos simétricas em sua periodicidade.

> Pela maneira com que escutei cantar pessoas acostumadas ao jeito dos coqueiros, o que me parece é que pra estes a música tem um caráter improvisante sempre. Gente que ignora a teoria musical, compasso, ritmo [...]. Não cogitam disso e, quando cantam, o que

sai é um verdadeiro recitativo musical, "ad libitum", a que normaliza ritmicamente apenas a fatalidade fisiológica do ser. E isso é de fato a maneira mais humana e mais verdadeira de conceber o ritmo (Andrade, 1984b: 367).

O ritmo sincopado

Dança, dinamogenia e recitativo articulam-se na arte do cantador, independente da sistematização racional-simétrica da escrita ocidental:

> O cantador aceita a medida rítmica justa sob todos os pontos-de-vista a que a gente chama de Tempo mas despreza a medida injusta (puro preconceito teórico as mais das vezes) chamada compasso. E pela adição de tempos, talequal fizeram os gregos na maravilhosa criação rítmica deles, e não por subdivisão que nem fizeram os europeus ocidentais com o compasso, o cantador vai seguindo livremente, inventando movimentos essencialmente melódicos (Andrade, 1972b: 36).

A transgressão de compasso também era divisada por Mário nos cultos religiosos de transe e encantamento, que libertavam o cantador da divisão rítmica, num contexto em que o discurso civilizado alertava para a necessidade de dar compasso aos ritmos perigosos desse mesmo transe. Mário passou a nomear emblematicamente a sujeição à quadratura rítmica "falsa dinâmica do compasso", mostrando, de diferentes maneiras, a arbitrariedade inescapável de qualquer tentativa de determinação de um compasso único e exato para as rezas cantadas. Lembra-nos que "feitiçaria e música sempre andaram fundidas uma na outra" (Andrade, s/d: 25) e que, pelo ritmo, a música canalizaria sua força dinamogênica, hipnótica e sugestionadora, capaz de atuar sobre o físico, "entorpecendo, dionisiando, tanto conseguindo nos colocar em estados largados de corpo fraco e espírito cismarento, como nos violentos estados fúria" (Andrade, s/d: 39). Nesse sentido, nosso autor distingue três tipos de agência rítmica na música de feitiçaria brasileira. Nas feitiçarias de origem africana, predomina a violência do ritmo rebatido, em geral em peças de eminente caráter coreográfico acompanhadas de dança – a qual colabora para o efeito entorpecente –, com a repetição excessiva de um pequeno motivo rítmico provocando obsessão. Já no catimbó, as melodias – chamadas de "linhas", e não de "pontos" como na macumba – raramente apresentam dança e são de rítmica muito livre, "legítimos recitativos" (Andrade, s/d: 41). Esses ritmos livres, acrescenta Mário, "de andamento lerdo, são eminentemente dubitativos, por assim dizer, deixam o ser eminentemente indeciso, vago, cismarento – o que concorda mais com o estado psíquico propício às manifestações do baixo espiritismo" (Andrade, s/d: 41-42). Há ainda peças construídas em ritmo livre, porém incisivo, como o famoso canto de Xangô da macumba carioca, celebrizado na versão de Villa-Lobos. Um flautista afamado, que já fora ogã de macumba, teria contado a Mário que "às vezes uma pessoa na qual o santo entrou, fica de tal forma possessa que puxa um canto novo. Um canto que ele pelejava pra acompanhar com as batidas do tambor e de que *era impossível escrever o compasso*" (Andrade, s/d: 42, grifos no original). Entre o ritmo rebatido e o ritmo livre, Mário distingue ainda um terceiro processo hipnótico de ritmar as melodias, frequente nas peças coreográficas rurais, e que consiste em introduzir episodicamente, no decorrer duma linha fortemente ritmada (por exemplo, num dois por quatro durante oito compassos), pequenos acréscimos de tempo, em geral um tempo, deslocando assim os acentos e o compasso.

> É justo que as grafemos em binário porque a binaridade é evidente pelos acentos e pela quadratura dos compassos, mas o homem do povo, não usa o defeituoso processo nosso do compasso que nos faz partir do múltiplo prá unidade. Ele utiliza o sábio e lógico princípio de partir da unidade pro múltiplo, como os Gregos, o que lhe permite uma riqueza rítmica enorme. Se ele tem uma palavra a mais, se carece respirar, se lhe vem uma fantasia melódica, ele simplesmente diz a palavra, respira ou vocaliza como quer, acrescentando mais um tempo e deslocando o acento. Na verdade o compasso único legítimo de que o nosso povo se serve nas suas peças de caráter coreográfico, é o compasso unário (Andrade, s/d: 43).

Exemplo notável dessa liberdade rítmica, que torna a linha oscilante e desnorteadora, é dado, segundo o autor, pelo ponto de Ogum, construído numa rítmica fugidia em que a uma série de dois compassos ternários segue-se sempre um compasso binário. Nosso povo utilizaria ainda um "processo curiosíssimo, verdadeiro compromisso rítmico-tonal": fazer com que o ritmo não acabe ao mesmo tempo que a evolução tonal da melodia, o que faz com que a peça seja recomeçada a fim de que a melodia acabe tonalmente, de modo que "se pode dizer que o povo brasileiro já inventou o moto contínuo..." (Andrade, s/d: 43).[30] O ponto de Ogum emprega, além disso, o princípio da variação, tal como usado pelos cantadores do Brasil inteiro, sobretudo nos cocos de embolada no Nordeste. Esse processo – derivado segundo Mário das falhas de memorização, mas sistematicamente praticado – consiste em, na repetição (de um motivo ou frase) da melodia, modificar-lhe dois ou três sons, ou deslocar algum acento em virtude das acentuações das palavras no texto. Constitui, portanto, a contínua modulação diferida dos modelos.

O ritmo é para Mário o mais básico dos parâmetros musicais, e a solução do problema rítmico na música popular brasileira figura de alguma maneira a tensão dilemática da nossa formação social, aquele "sentimento dos contrários" que marca a dinâmica específica da experiência cultural num país colonial como o Brasil, tão bem sintetizado por Antonio Candido (1980: 4, 9) como uma dialética rarefeita entre localismo e cosmopolitismo, entre o não ser e o ser outro: "o brasileiro não pode deixar de viver pendurado no Ocidente e ele deve tentar não viver pendurado no Ocidente. Ele tem que tentar fazer uma cultura dele, mas a cultura que ele pode fazer é uma cultura pendurada no Ocidente [...] Nós somos o outro e o outro é necessário para a identidade do mesmo". "Daí a imundície de contrastes que somos", como disse Mário de Andrade (1974: 8), a qual nos impossibilitaria de "com-

---

30. Desenvolve Mário de Andrade: "Explico bem; sobre um texto dado, se fixou um ritmo de ordem exclusivamente musical, que consiste na repetição geralmente de um, ou mais motivos rítmicos. Esta repetição agrupada pelos acentos fixa a binaridade e a quadratura estrófica da melodia. Assim, quando o texto chega ao seu ponto final, o ritmo da melodia também chegou ao seu ponto final. Isso dá a sensação de repouso, que não apenas permite, mas provoca a terminação da cantoria. Mas sucedeu que a evolução harmônica da melodia, ao finalizarem texto e ritmo, não está na tríade tonal, mas numa das notas de passagem da escala, evocando pois um acorde dissonante. Se a melodia também estivesse na tônica ou na mediante, a sensação de repouso, de fim, seria completa, e levaria a finalizar a repetição. Mas o que a psique nacional deseja é mesmo a repetição, a repetição inumerável que hipnotiza ou embebeda, e por isso a melodia, ao chegar o ponto final de texto e ritmo, está na sensível, no segundo grau, no quarto, em geral provocando justamente o acorde de sétima-de-dominante, que obriga a continuar pelo menos com mais um som. Mas pra que este som seja executado, foi preciso reiniciar o texto e reiniciar o ritmo, e reiniciados estes é imprescindível ir até o fim deles. Mas ao chegar no fim deles é a evolução tonal da melodia que obriga a recomeçar outra vez. E isso leva a multiplicar infindavelmente a pequena frase da cantoria, e tirar pois, fisiopsiquicamente falando, todo o poder hipnótico que ela tem" (Andrade, s/d: 43-44).

preender a alma-brasil por síntese".³¹ Em outras palavras, os ritmos populares como que cifram as contradições culturais do processo de colonização, engendrado no conflito entre os tempos divergentes da música europeia – o tempo da mensuração, do compasso, do ritmo demarcado pelos retornos regulares, em suma, da periodicidade quadrada – e das músicas indígena e africana – o tempo de uma rítmica fraseológica, prosódica, caracterizada pela expansão em aberto e por uma periodicidade continuamente variada. A música indígena e negra se caracteriza não pela subdivisão do compasso, mas pela adição de tempos – tempo afirmativo, que se realimenta na variação. Segundo Mário (1972b: 30), a rítmica musical brasileira traduz musical e metaforicamente essa nossa dualidade constitutiva, ao criar um "jeito fantasista de ritmar" que, produzindo "um compromisso sutil entre o recitativo e o canto estrófico", vai dançando as palavras livre e variadamente por entre as barras do compasso.

As características desse ritmo se fazem presentes também na estrutura das próprias danças dramáticas, que procedem pela aposição e pela variação: formam-nas como que um palimpsesto que guarda a co-incidência de tempos culturais/corporais divergentes (Wisnik, 1979: 140). O ritmo que essa música inventa – elaborando essa complexa superposição de tempos díspares em que as recorrências são sempre sutilmente deslocadas – nos introduz na ambiguidade que surpreendemos em *Macunaíma* como processo construtivo: a tensão de uma narrativa que busca a resolução (enfileirando-se assim na ordem do tempo progressivo) e burla, escamoteia e adia a necessidade dessa resolução, prolongando-se de maneira polimorfa (o que a lança no plano de um tempo regressivo) (Wisnik, 1979; Souza, 2003).

> As tendências naturais estão em luta franca contra a influência européia e se dessa luta provêm muitos estragos na melódica nordestina, se é provável que com o progresso e a Civilização (!) o tonalismo harmônico europeu acabará vencendo e será uma pena amaldiçoada, o nordestino mostra nos seus processos

---

31. Não à toa, num concurso promovido pela revista *Rural* para escolha da rainha das flores brasileiras, Mário dá seu voto à vitória-régia amazônica: "Mistura de mistérios, dualidade interrogativa de coisas sublimes e coisas medonhas, grandeza aparente, dificuldade enorme, o melhor e o pior ao mesmo tempo, calma, tristonha, ofensiva, é impossível a gente ignorar que nação representa essa flor..." (Andrade, 1976a: 184).

> populares e de fazer música o quanto é avesso à harmonia. Por outro lado muitas vezes no coro os cantadores executam variantes melódicas simultaneamente, variantes que às vezes chocam harmonicamente pois dão segundas e outros intervalos harmônicos chamados de dissonantes. As linhas se juntam assim chocantes numa polifonia perfeitamente horizontal, ninguém dando mostras de desagrado por causa dessas dissonâncias. E quais são os instrumentos que acompanham essas melodias? Na infinita maioria das vezes instrumentos de percussão, dando ruídos, puítas, ganzás, bombos, maracás, recos, executando ritmos e isentos de harmonia, livres de harmonização. Assim a música permanece exclusivamente rítmico-melódica. [...] E na pancada do ganzá vai construindo suas linhas raras, variadas, modais, isentas de prisão acordal e tonal.[32]

A não submissão do ritmo à regularidade do compasso constitui justamente, nas danças coreográficas, a força dinamogênica que, ao empurrar os sons da linha para fora do tempo batido, sugestionam o corpo a remelexos e dengues. Naturalmente, Mário surpreendia na síncopa uma potência se não subversiva, ao menos neutralizadora, da métrica regular do compasso.

> A síncopa europeia é uma consequência prática das especulações obtusas dos franco-flamengos e madrigalistas. Na América o conceito de síncopa surgiu doutra necessidade que por mais fisiológica e popular, se poderá chamar de mais essencial. [...] Na América a síncopa não provém da síncopa européia. É uma realização imediata e espontânea das nossas maneiras de dançar, mais sensuais, provinda do clima talvez, e do amolecimento fisiológico das raças que se caldearam pra nos formar e formaram também o remeleixo, o requebro, o dengue. É o movimento dengoso do corpo na dança que deformou a rítmica da polca primeiramente na rítmica da habanera e em seguida no do maxixe (Andrade, 1989b: 476).

Como uma espécie de dobra ou espaço que medeia entre dois tempos, a síncopa se revela metafórica e musicalmente na transformação da polca em maxixe, por meio dos deslocamentos rítmicos – com a decantação da

---

32. "Melódica Anti-harmônica", Melodia: nota de pesquisa, caixa 65. Série Manuscritos, Arquivo Mário de Andrade, IEB/USP.

própria síncopa e seus efeitos contramétricos e balançantes – enlaçados à africanização abrasileirada desse exemplar de dança europeia (portanto, importada) de salão, sincreticamente misturada à música negra dos escravos (Wisnik, 2003). O abrasileiramento operado na sincopação da polca – pela acentuação em pontos deslocados do tempo, fora dos lugares tônicos do compasso binário, fixados originariamente no padrão importado (ou em pontos não tônicos da métrica regular do compasso) – produz um efeito oscilante entre dois pulsos simultâneos e defasados. Nesse sentido, Mário via a rítmica brasileira como uma resultante híbrida, da combinação original da quadratura métrica da música europeia, que procede pela subdivisão do compasso, com uma rítmica fraseológica apoiada em irregularidades internas e que procede pela adição indeterminada de tempos, como as músicas africanas e indígenas. O conceito de síncope aparece então como descompasso entre a partitura, feita para formalizar a harmonia, e uma polirritmia que não se subordina a ela sem deixar um resto. Trata-se, como sugere mais uma vez Wisnik (2003: 36), de uma dialética rítmica que se baseia no balanceio entre uma ordem e sua contraordem acentual, sustentadas num mesmo movimento. Essa dialética põe em movimento um "negaceio estrutural [...], cheio de acenos e recuos, de promessas em aberto, de objetos chamativos e escapadiços, conduzidos numa cadência aliciante" (Wisnik, 2003: 36). Desta maneira, Mário evita definir esses processos rítmicos a partir do ponto de vista unilateral da música europeia, reduzindo-os a desvios da norma do compasso; antes, sua lógica rítmica é eminentemente ambivalente, não se confinando à medida regular do compasso, baseada na subdivisão e replicação de células regulares. A rítmica brasileira seria – parodiando título célebre no debate sobre a aclimatação das ideias – "nacional por adição", isto é, procederia por meio da adição simultânea de células desiguais, pares e ímpares, produzindo múltiplas referências de tempo e contratempo – e, logo, fases e defasagens – que resultaria naquilo que a etnomusicologia denomina *contrametricidade* (Sandroni, 2001). Assim, opera-se uma abertura na quadratura, que cede lugar a outra lógica, fundada na dialética entre duas ordens de acentuação simultâneas que a rítmica afro--europeia-brasileira aciona: a do compasso binário, tensionada pela contrametricidade, e a da adição combinada de células pares e ímpares, que se abrigam e se subdividem, no entanto, no interior do compasso (Sandroni, 2001). Portanto, no encontro promovido pelo processo colonial, em solo ameríndio, entre as culturas da Europa e da diáspora de escravos africana, a música negra resistiu subterrânea e espertalhonamente à supremacia melódica europeia, justamente ao sincopá-la. Em outras palavras, embora submetendo-se, incutia, por meio da rítmica, no sistema tonal europeu, sua concepção temporal-cósmica-rítmica de modo a balançar por dentro suas fundações.

Sabe-se que Mário considerava a melodia o elemento formal mais importante para a identificação das tendências e constâncias da música popular brasileira. Entre essas tendências, justamente a terminação na sensível gera, ao contrário da forma convencional dos *Lieder* alemães (na qual o final suspensivo é apenas um adiamento do final conclusivo), uma tensão harmônica que deixa, no público ouvinte, a sensação física de uma música que não acaba definitivamente, perpetuando, assim, um desejo de continuação. Diz Mário:

> Certos cocos como o Meu Baraio 2 Ouro (Chico Antônio) repetidos 15 minutos em vez de engendrarem na gente o exaspero, a revolta contra a monotonia, é inconcebível o efeito delicioso de quentura amolecida sossego sem previsar, descanso eterno, paz infindável que dão. O cantador exerce uma verdadeira encantação sobre o ouvinte popular e... sobre mim. E constato que a repetição da frase melódica é que convence. Daí a precisão de evitar na linha o efeito cadencial que termina duma vez. Daí a repugnância do brasileiro pela tônica. E daí a verdadeira atração pela sensível terminando o período e obrigando a iniciar outro que nos dê a esperança de acabar.[33]

A aversão ao final cadencial terminado na tônica, característica popular, poderíamos dizer que corresponde à recusa do apolíneo conclusivo e racional, e a terminação suspensiva, exilada na sensível, ao imponderável do dionisismo (Teixeira, 2007: 31), ainda que tais princípios não sejam estan-

---

[33]. "Melódica/Terminação na sensível: n°. 39 dos Congos/ n°. 45 dos Congos". Caixa 65: melodia. Série Manuscritos, Arquivo Mário de Andrade, IEB-USP.

ques e estejam em conexão recíproca. Essa atração da cultura popular pela sensível não poderia ser interpretada como uma espécie de analogia musical do gesto de abertura e inacabamento encetado na obra e atuação de Mário de Andrade? O exame da questão da imponderabilidade da vida social a longo prazo traz consequências ameaçadoras para um mundo que acredita no cálculo, na racionalidade e na previsão, já que a relação de causalidade não é nem infalível nem absolutamente correta (Villas Bôas, 2006). Marianne Weber, em sua biografia do marido, relata-nos que este teria se comovido profundamente com os destinos humanos, sobretudo por ter se dado conta de que uma ideia podia se desenvolver em oposição ao seu sentido inicial, terminando até mesmo por destruir-se a si mesma. Para Mário, como vimos, toda sequência histórica é constituída de uma teia de processos e escolhas, assim como a vida social e cultural é feita de contradições e interdependências, e nos ramais e caminhos abertos há sempre espaço para os imponderáveis. Resta-nos tirar o canto novo:

> Mas tudo é ciência, ciência de viver, mecânica, engenharia do organismo social, resolvida em plena matemática. Hoje se faz uma revolução, se prepara uma apoteose, se elimina um povo e se cria uma raça tão matematicamente como se calcula a resistência de um material. Fala-se muito na bancarrota do cientificismo do século passado. Não houve bancarrota nenhuma. Nunca estivemos tão idólatras da Ciência, nunca estivemos tão escravos do exatismo como agora. Mas há os imponderáveis sempre, os pequeninos espíritos do ar, mesclados e disfarçados nas ventanias. E tudo é um caos. E tudo é uma insapiência milagrosa, em que só pitonisa declama os seus veredictos: a adivinhação. Na lei, na regra, no cálculo, na matemática do mundo atual o imponderável se mistura (Andrade, 2010: 81).

Tradução, traição

Ao estudar diferentes processos de tradução e adensamento cultural na esfera da música, Mário de Andrade não só recusa uma visão disjuntiva entre cópia e original, que será seu cavalo de batalha, como ressalta que as sociedades também aprendem e mudam. Por exemplo, examinando a preeminência da melodia no canto gregoriano, observa que a diferenciação característica entre a musicalidade grega e a cristã não deriva de uma criação inteiramente original do cristianismo, porém "nasce apenas do desenvolvimento dado pelos cristãos à maneira hebraica de praticar o canto". O coral gregoriano seria, assim, o intermediário entre a música oriental (pelo que ainda traz em si de teorias gregas e de práticas hebraicas) e o conceito tonal e harmônico europeu, de que ele já traz os germes. Para ficarmos ainda no exemplo do cantochão, essa recusa das polaridades pode ser percebida ainda na abordagem que faz da essência *anônima* do canto, palavra que supõe uma autoria que, por ser desconhecida, pode ser de todos. Nesse sentido, Mário indica que

> o que faz a intensidade concentrada da arte popular é a maneira com que as fórmulas melódicas e rítmicas se vão generalizando, perdendo tudo o que é individual, ao mesmo tempo que concentram em sínteses inconscientes as qualidades, os caracteres duma raça ou dum povo. A gente bem sabe que uma melodia popular foi criada por um indivíduo. Porém esse indivíduo, capaz de criar uma fórmula sonora que iria ser de todos, já tinha de ser tão pobre de sua individualidade, que se pudesse tornar assim, menos que um homem, um humano [...] Rarissimamente um canto de deveras popular, é obra dum homem apenas. O canto vai se tornar popular, nesse sentido legítimo de pertencer a todos, de ser obra anônima, e realmente representativa da alma coletiva e despercebida, si de primeiro foi criado por um indivíduo tão pobre de individualidade que só pôde ser humano – e que riqueza essa! – canto vai se transformando um pouco ou muito, num som, numa disposição rítmica, gradativamente, e não se fixa quasi nunca, porque também a alma do povo não se fixa (Andrade, 1976b: 32).

Ainda relativamente à questão da cópia, no "Romance de Veludo", composição colhida pelo próprio Mário em Araraquara de moças que a haviam escutado na infância da boca de um palhaço presumivelmente chamado Veludo, o autor observa a junção de um texto tradicional português completamente deformado a um refrão afro-brasileiro. O texto desloca a antiga ideia europeia de, "se aproveitando dos fenômenos da natureza ou da vida, iludir na resposta a uma pergunta que desconfia dos nossos amores se satisfazendo" (Andrade, 1976b: 70-72). Quanto à música, o Romance é, pela estrofe, um documento luso-brasileiro, com base rítmica e melódica na habanera, e, pelo refrão, tradicionalmente reconhecido como afro-brasileiro. Por isso, revela-se "um documento curioso da nossa mixórdia étnica. Quer como literatura quer como música, dançam nele portugas, africanos, espanhóis e já brasileiros, se amoldando às circunstâncias do Brasil" (Andrade, 1976b:). O refrão do Romance vinha de um lundu que esse mesmo palhaço tirava: "Eu fiquei todo sarapantado/ Como gambá que caiu no melado". As variantes da canção recolhidas evidenciam nesse lundu a reunião de documentos musicais distintos, característica do populário brasileiro, de que a mania de finalizar qualquer reisado com a representação do bumba meu boi é um exemplo típico. Revela ainda a predominância da forma musical da suíte, encontrada nos fandangos, no congado, no maracatu, no boi-bumbá, no pastoril etc. Se por serem danças dramáticas, com entrecho mais ou menos obrigado, variavam apenas o modelo inicial do texto; em contrapartida, este era cantado habitualmente com música nova, inventada no lugar; portanto, sempre *in fieri*. Mário nos dá o exemplo do bumba meu boi no Norte, em que a música muda de cidade para cidade, às vezes até de engenho para engenho, e de ano para ano.

Outra questão fundamental do período, especialmente nos chamados ensaios de interpretação do Brasil, como *Raízes do Brasil*, de 1936, e *Casa-grande & Senzala*, de 1933, diz respeito à influência da cultura portuguesa na formação nacional. Mário de Andrade (1976b: 81) não deixa de reconhecer que "a entidade portuguesa exerceu sobre nossa formação os poderes benéficos e maléficos da maternidade. Como início de universalização social devemos tudo à nação portuguesa". Nesse sentido, aponta que a música popular brasileira esteve diretamente baseada no canto e na dança portugueses, não obstante as contribuições africana, espanhola e ameríndia, as quais se amalgamaram e, "transformadas pelos imperativos da fisiopsicologia brasileira", criaram uma música popular já em grande medida caracteristicamente nacional. Com o avanço na fixação dos caracteres musicais brasileiros, as fontes portuguesas se enfraquecem, permanecendo mais facilmente reconhecíveis nas cantigas de roda infantis do Brasil. Estas apresentam "numerosos processos de variação, deformação e transformação de elementos musicais e literários de canções portuguesas" (Andrade, 1976b: 82). A influência não se dá em via de mão única; antes, estabelece-se, para Mário, um sistema de intercâmbios e remodelações intrincado, no qual se trocam textos e melodias; agregam-se vários textos ou várias melodias; fracionam-se textos; inventam-se melodias novas para textos tradicionais. Exemplificando tal sistema, Mário compara as versões brasileira e portuguesa da roda "Carrasquinha", detectando sua equivalência melódica em estrofes de duas outras rodas, "Pombinha" e "O Preto", este último documento designado como "tango" e cuja melodia é caracteristicamente um lundu brasileiro, em rítmica de habanera, abundante nas salas e serenatas urbanas do Brasil oitocentista. O tango, denominação primordial do nosso "maxixe", resulta, segundo o autor, da fusão de elementos rítmicos e melódicos díspares, europeus, africanos, cubanos e outros já brasileiros. Ao evidenciar a correspondência da estrofe do "Preto" com a melodia da "Carrasquinha" brasileira, Mário mostra como se agregou a um texto tradicional português uma melodia brasileira, "a qual seguindo depois pra Portugal na bagagem dos repatriados, levou texto novo, provavelmente português porém recordando os costumes e gentes do Brasil" (Andrade, 1976b: 85). Não passaria de devaneio ufanista acreditar que possamos ter um pensamento autóctone autossuficiente, desprovido de contatos "alienígenas", pois não podemos fazer de conta que a dependência não existe, dada a dívida coercitiva com a cultura metropolitana e europeia que a relação colonial nos impingiu, tampouco podemos nos contentar com a mera visão gloriosa do autóctone ou o elogio edulcorado à miscigenação, em vez de buscar a sua "inserção diferencial na totalização universal", para falar como Silviano Santiago (1982: 22), o que implica não acertar os ponteiros do relógio, mas as contas com as desigualdades históricas.

Vale ainda mencionar o seu comentário acerca da "Ciranda", roda vinda de Portugal, cuja versão brasileira opera uma "seleção discricionária" da melodia portuguesa, aproveitando "só os elementos mais dinamogenicamente aceitáveis à nossa fisiologia, ou mais afeiçoáveis à nossa psicologia étnica" (Andrade, 1976b: 93). Tal argumento, sustenta o autor, não pretende afirmar que as crianças brasileiras conheciam e compararam variantes para escolher o que mais se adequava ao seu temperamento, mas visa a "essas seleções inconscientes que formam enfim uma obra de todos, anônima no sentido mais elevado da palavra" (Andrade, 1976b: 93). É possível, portanto, identificar na roda "Ciranda" "um processo de escolha, aceitação, desbastamento, deformação, que transforma fontes exclusivamente estrangeiras numa organização que sem ser propriamente original, já é necessariamente nacional" (Andrade, 1976b: 93).

Nacional, como está claro, não é sinônimo de "original", afinal, pondera Mário, é forçoso reconhecer que um povo tão misturado, tão novo e de civilização tão importada como a brasileira, bem pouco pode ter que seja exclusivamente seu. O problema reside em receber o elemento estrangeiro passivamente e não criar a partir dele, restringindo-se à mera imitação, caso da "filialdade excessiva" das nossas quadras a Portugal. E isso, reivindica, não é "questão de patriotada e outras besteiras vindas nas pregas duma noção legítima de nacionalidade: é questão de torcida", pois considera perfeitamente razoável e humano a gente torcer pelo que é nosso, "pelo em que vive, pelo com que convive", desde que não implique injustiça humana. É preciso que a coisa importada seja ativa e suficientemente adaptada e nacionalizada, como no caso do seguinte adágio, encontrado por Mário na *Revista Lusitana*: "Guarda-te da mula que faz hin e da mulher que fala latim". Outra variante portuguesa rima: "Cabra que faz mé,/ Mula que faz hin,/ Mulher que sabe latim/ Libera nos Domine!". E outra ainda: "De mula que faz hin/ E de mulher que sabe latim./ Tem barbas e grande pé,/ Libera nos Domine!". A sabichona europeia, transposta para essas viris praias americanas, onde nem advogado quanto mais mulher sabem latim e onde dos carros de boi se passou diretamente para o Ford, se transforma inventivamente: "Caboclo de Taubaté,/ Cavalo pangaré,/ Mulher que mija em pé,/ Libera nos Dominé!" A mula europeia é suplementada pelo cavalo pangaré e a educada mulher europeia que sabe latim, pela nossa cabocla decidida que não tem pudor de realizar certas necessidades vitais. O suplemento da apropriação – isto é, o que se acresce ao original e dele o diferencia – torna a "cópia", paradoxalmente, mais original do que o "modelo", uma vez que ela contém em si ao mesmo tempo "uma representação do texto dominante e uma resposta a esta representação no próprio nível da fabulação" (Santiago, 1982: 23). O texto segundo repete e cita em si mesmo o texto primeiro como arquivo de leitura – ele incorpora o primeiro mais a sua leitura – e, assim, explicita nele a sua condição de texto escrito a partir de outros textos, que é a de todos os textos, subvertendo a lógica autoritária da hierarquização.

Assim, como procuramos discutir, o gesto não afirmativo e ambíguo do intelectual modernista, que se mostra no seu pensamento musical, enceta uma espécie de dialética sem síntese e inacabada. A perspectiva dialógica de Mário – que se confunde com a perspectiva *brasileira* que ele próprio busca desentranhar – inscreve-se, portanto, numa "desgeografia" do "entre-lugar". Foi isso que sugerimos por meio da recuperação do lugar da improvisação e da rebeldia em face da métrica regular do compasso europeia e aos parâmetros do temperamento moderno, divisadas de maneira não essencializada nos processos de criação da música popular. Elementos que apontam para direções e graus diferentes do processo de racionalização musical, que desafiam o sentido de calculabilidade, controle e previsibilidade assumido pela música ocidental. Se por um lado o campo metafórico que assim se abre sinaliza para lógicas alternativas e contra-hegemônicas à marcha civilizatória progressiva do Ocidente, por outro, talvez permita evitar o que há de mais terrível na perspectiva sintética da "metafísica da identidade", a saber, a assimilação ou supressão do outro em proveito da autoafirmação do mesmo. Essa é a própria lógica dos recorrentes mas variados colonialismos e neocolonialismos que se desenvolveram ao longo da história ocidental. Se a verdade da universalidade colonizadora e etnocêntrica está na metrópole, como nota Silviano Santiago (2019), a verdade da universalidade diferencial está nas culturas periféricas. Paradoxalmente.

E é de toda essa história que ninguém mais do que Chico Antônio, talvez, seja o portador social mais emblemático. Suas invenções surrealistas improvisam por meio da variação, não permitem enquadramento em assunto definido e trazem balanceio no andamento. É por meio da interiorização da astúcia antimimética – que é também a de Macunaíma e, por que não, a de Mário – que a imaginação popular brasileira realiza a cópia diferida do modelo, em regime de variação contínua. E o conflito social sem síntese seria, digamos, a matriz histórica prática das diversas codificações do chamado sentimento dos contrários, que em Mário apenas se deixa entrever no dilaceramento irresolvível e nesse "método" aberto e dialógico, e por isso mesmo não normativo. Assim, como o próprio autor disse sobre *Macunaíma*, também Mário – na sua "expressão muito engraçada", no "ritmo do seu braço aventuroso" e no seu "jeito de pensar", como na dinâmica de gestos capturada em "O poeta come amendoim" – copia e repete com diferença o Brasil.

CAPÍTULO 7

O *SELF* MODERNISTA

"Eu respondo sempre aos amigos. Às vezes demoro um pouco, mas nunca por desleixo ou esquecimento. As solicitações da vida é que são muitas", assim Mário de Andrade (2002: 46) respondia a um jovem tímido mineiro que o havia interpelado em carta datada de 28 de outubro de 1924. Ele dizia a Mário: "Procure-me nas suas memórias de Belo Horizonte: um rapaz magro que esteve consigo no Grande Hotel e que muito o estima. Ora, eu desejo prolongar aquela fugitiva hora de convívio com seu claro espírito" (Andrade, 2002: 40). Temos aqui o início do que viria a ser uma das mais notáveis correspondências da cultura brasileira: aquela entre Mário de Andrade e Carlos Drummond de Andrade, que só estrearia em livro anos depois, em 1930, com *Alguma poesia*. Mantida por mais de 20 anos até as vésperas da morte de Mário, em 1945, ela é não apenas uma correspondência intelectual, mas um meio de realização do modernismo como movimento cultural. A circunstância em que trava conhecimento pessoal com Mário de Andrade, evocada por Drummond nessa primeira carta enviada a São Paulo, foi a Semana Santa de 1924, quando Mário esteve em Minas Gerais integrando a caravana de artistas modernistas paulistas e seus mecenas, de que já tratamos.

A correspondência de Mário de Andrade com os jovens mineiros, especialmente a com os do chamado grupo do Estrela, de que Drummond era parte, para além do conteúdo que a atravessa e abre, revela o caráter da aprendizagem estética, moral e intelectual do modernismo, e evidencia ainda a dimensão da vivência ou da experiência do outro, cuja presença sempre afeta sensivelmente os dois (ou mais) lados da correspondência. Criação, circulação e confrontação de ideias estéticas e modernistas em geral se destacam como um dos centros dessa experiência. Mais do que tudo, como discutiremos neste capítulo, a correspondência de Mário de Andrade constituiu um vezo extremamente importante na constituição de um *self* modernista.

Forjar uma liderança intelectual tem seu custo, por certo. Por um lado, logo em sua primeira carta a Drummond, de 10 de novembro de 1924, por exemplo, Mário irá se desculpar por sofrer de "gigantismo epistolar". O correspondente contumaz se aplicava na discussão de cada verso (às vezes de palavras) recebido, sugeria leituras, explicitava reticências e, sobretudo, incentivava que os jovens seguissem naquela aventura modernista. Essa generosidade, porém, não pode ser separada de uma reivindicação de comprometimento dos seus aprendizes. Dádivas, já nos ensinou Marcel Mauss (2003), são simultaneamente interessadas e desinteressadas, e no seu cerne está a possibilidade de reciprocidade, que pode gerar comunhões e alianças, mas também dissidências e conflitos.

A copiosa epistolografia de Mário de Andrade é única na cultura brasileira. Antonio Candido (2008: 91), que convivera pessoalmente com Mário, já advertia, um ano após a morte do escritor, em 1946, que a "sua correspondência encherá volumes e será porventura o maior monumento do gênero da língua portuguesa". E, mais importante do que a quantidade, Candido não deixava de assinalar o lugar da correspondência na rotina intelectual de Mário: "Para ele, escrever cartas era tarefa de tanta responsabilidade moral e literária quanto escrever poemas ou estudos. Esse madrugador que dormia pouquíssimo tinha a religião da correspondência, aplicando nela a correção escrupulosa dum guarda-livros. É provável que nunca tenha deixado sem resposta um simples bilhete, e Deus sabe quantos receberia" (Candido, 2008: 91).[34]

Adaptando livremente sugestões sobre a diferenciação funcional a partir da sociologia de Niklas Luhmann, enfatizamos a correspondência de Mário de Andrade com os jovens mineiros como uma espécie de código simbólico que possibilitou o êxito das relações de comunicação, por mais improváveis que estas fossem. Como aconteceu com os romances dos séculos XVII e XVIII que lograram fixar e codificar comportamentos cruciais em

---

34. Marcos Antonio de Moraes (2007), no estudo mais abrangente sobre a epistolografia de Mário de Andrade, discutindo os vários sentidos assumidos por essa "escrita de si", e as diferentes frentes em que se abre, chama a atenção justamente para a correspondência como espaço de experimentação e de interlocução. Em alguns casos, Mário acaba por exercer uma "pedagogia epistolar" toda própria, sugere ainda Moraes, especialmente aberta à juventude.

ação na sociedade, concorrendo para tornar bem-sucedidas as comunicações amorosas travadas no âmbito do sistema de intimidades discutido em *O amor como paixão* (Luhmann, 1991). Argumentar que o amor constitui um meio de comunicação simbólica generalizado significa, fundamentalmente, que ele aumenta a disposição para receber comunicações e assegura a interação entre o "alter" e o "ego", dois atores que de outro modo não poderiam jogar um determinado jogo amoroso. Quer dizer, o "amor", assim como o "poder" e a "confiança", como Luhmann mostrou em outras investigações, constituem "meios de comunicação" pelos quais se elaboram códigos simbólicos e processos de decisão reguladores da ação social, a tal ponto que algo que era considerado até então uma anomalia pode tornar-se um fato normal na sociedade.[35]

Apesar do tom de intimidade das missivas de Mário, a palavra modernista nelas semeada era transmitida para um destinatário coletivo: corria de mãos em mãos nas mesas de bares e cafés e espalhava-se de boca em boca. É o que indicam depoimentos vários, como por exemplo o de Pedro Nava, que em sua "Evocação da Rua da Bahia" rememora as tardes passadas no Café Estrela, onde se conversava perdidamente "sobre as cartas de Mário, sobre o manifesto do 'pau-Brasil', sobre os rapazes de Cataguases, sobre o aparecimento da *Estética*, sobre o lançamento de *A Revista*, sobre a recuperação das amadas e a poesia do mundo" (Nava, 2012: 414-415). Mais do que a presença do remetente, talvez, essa presentificação produzida pelas cartas de Mário aos jovens mineiros (e a outros), como uma espécie de comunicação performática, vai afetando o destinatário e, por intermédio dele, o seu círculo mais amplo. Lembramos a esse propósito a ideia de "ação de presença" que Hans Ulrich Gumbrecht (2010) discute como "materialidade da comunicação" e a possibilidade da dimensão fática vir a superar a dimensão semântica, i. e. o binômio sujeito-objeto.

---

35. Em suma, o código "encoraja a formação de sentimentos correspondentes. Sem ele, a maioria, segundo la Rochefoucauld, jamais poderia ter acesso a tais sentimentos. E as inglesas, que procuram orientar-se por romances pré-vitorianos, têm até de esperar por sinais visíveis de amor disposto para o matrimônio, antes de poderem descobrir conscientemente o que é o amor" (Luhmann, 1991: 7). Os sistemas sociais, como sustenta o sociólogo alemão, só se tornam mesmo realidade por meio dos processos de comunicação, e foi o romance que proporcionou o sucesso às comunicações improváveis, logrando fixar e codificar comportamentos amorosos que se encontravam já em ação na sociedade.

Elencadas ao lado de outras manifestações exemplares do modernismo dos anos 1920, como revistas e manifestos, as cartas de Mário passavam a integrar um circuito de trocas em que eram lidas, discutidas e então novamente comentadas, frequentemente por outro interlocutor, com seu emissor. A mensagem que assim se propagava ia não apenas modelando a subjetividade daqueles rapazes, que com 20 e poucos anos (ou até menos) iam fazendo escolhas e descobrindo inclinações (Araújo, 2014), mas conformando uma rede que enlaçava diferentes gerações em torno de um projeto comum, "nosso" – como indica a insistência de Mário em adotar nessas epístolas a primeira pessoa do plural. Mais do que novos adeptos de uma causa, os jovens por ele conclamados se tornariam companheiros de uma *aventura* – o modernismo – "num país novo e na escureza completa de uma noite" (Andrade, 2002: 100). *Apostando*, conforme Georg Simmel (1998: 178) define a aventura, "tudo justamente na chance flutuante, no destino e no que é impreciso".

Se movimentos sociais – especialmente os chamados "novos movimentos sociais" em decorrência da importância que o papel da "identidade" assume na mobilização coletiva – são também, simultaneamente, fenômenos discursivos e políticos, o que dizer dos movimentos culturais? Localizados na fronteira entre as referências da vida pessoal e a política, ligam-se a um conjunto de redefinições na formação da identidade dos indivíduos nas sociedades modernas, nas formas de comunicação e na própria definição da cultura. Assim, como ocorre com os movimentos sociais em geral, também com o modernismo como movimento cultural a mudança que se objetiva operar na sociedade implica, igualmente, uma transformação nos próprios atores sociais que dele participam. É nesse sentido que recuperamos, a partir da correspondência de Mário de Andrade com os mineiros, os processos de socialização envolvidos no movimento modernista, os quais buscam formar não apenas os portadores sociais para os ideais de sociedade e de modernidade, mas propriamente um *self* modernista.

Deseducação estética

O forte vínculo afetivo e intelectual estabelecido entre Carlos Drummond e Mário de Andrade aparece, nas lembranças do mineiro, já naquela primeira troca epistolar. Como Drummond faz questão de registrar em sua apresentação ao livro em que reuniu a sua coleção de cartas recebidas de Mário, numa justificativa ou mesmo ilustração do título escolhido para ele, *A lição do amigo*, publicado originalmente em 1982:

> Estabeleceu-se imediatamente um vínculo afetivo que marcaria em profundidade a minha vida intelectual e moral, constituindo o mais constante, generoso e fecundo estímulo à atividade literária por mim recebido em toda a existência. Isto sem falar no que esta amizade me deu em lições de comportamento humano, desvelos de assistência ao homem tímido e desavorado, participação carinhosa nos cuidados de família, expressa em requintes que a memória e a saudade tornaram indeléveis (Andrade, 2015b: 10).

Um dos aspectos mais interessantes da correspondência entre Mário e Drummond é que, na verdade, ela constituiu a forma de convívio mais importante e duradoura entre eles. Diz Drummond em *A lição do amigo*, de 1982: "A bem dizer, e paradoxalmente, jamais convivi com Mário de Andrade a não ser por meio das cartas que nos escrevíamos, e das quais a parte mais assídua era sempre a que vinha de São Paulo". Mesmo quando Mário viveu no Rio entre 1938 e 1941, onde Drummond já se encontrava desde 1934, eles pouco teriam se encontrado, e só teriam retomado a "fraterna conversa" após a volta de Mário para sua cidade natal, pela correspondência.

Vemos, então, como a correspondência entre Mário e Drummond constitui aquela espécie de terceira margem da comunicação, pois ela não replica simplesmente a convivência cotidiana enquanto instrumento funcional, mas, antes, funda uma relação na alteridade que talvez não fosse possível ou desejável no contato pessoal. As cartas de Mário para Drummond são em si dispositivos de conversação a distância em situações de ausências desenvolvidos num contexto em que, como na primeira metade do século XX, seu caráter de meio exclusivo de comunicação a distância já havia sido, efetivamente, deslocado por novas tecnologias como o telégrafo e o telefone.

A correspondência vai perdendo, assim, seu caráter utilitário, e vai ganhando outros sentidos. A própria ideia de que a correspondência é uma comunicação a princípio privada é, nesse caso, bastante problematizada. Mesmo as cartas destinadas a Drummond pretendiam alcançar outros jovens, como já observamos. Como lembra o próprio Drummond (Andrade, 2011: 15): "As cartas de Mário de Andrade ficaram constituindo o acontecimento mais formidável de nossa vida intelectual belo-horizontina". Ao lado do destinatário individual, há o destinatário coletivo, como indica a própria interpelação do remetente em várias cartas: "Não pensem vocês, aí em Minas"... Uma geração depois e a correspondência com Mário permanecerá agregando a juventude mineira, como também se lembrava Otto Lara Resende (2017: 23): "Alguns dos rapazes da nova geração já se correspondiam com ele. Mário estava, assim, sempre presente em nossa turma e se tornara naturalmente um amigo como qualquer outro [...] Era preciso contar tudo ao Mário, aconselhar-se com ele, mandar-lhe os poemas para que ele opinasse".

Drummond desenvolverá na apresentação do livro, como já discutido em outra oportunidade (Botelho, 2015), um "testemunho" sobre a educação estética e moral promovida no diálogo epistolar com Mário de Andrade. E é a partir dessa força própria de testemunho que Drummond busca justificar sua decisão de levar sua coleção de cartas recebidas de Mário de Andrade a público. Decisão que, para Drummond, envolveria dois problemas principais distintos: um que qualifica de natureza "ética", outro "meramente técnico". Falaremos agora apenas do primeiro deles, o segundo será recuperado adiante. O problema qualificado ético é relativo à interdição da publicação da sua correspondência até que se completassem 50 anos da sua morte, como Mário de Andrade dispôs numa espécie de "carta-testamento" ao irmão Carlos em 22 de março de 1944.

Ao colocar o problema, porém, Drummond lembra que o "aparente desrespeito à vontade expressa do escritor" já estaria então resolvido "na prática" desde que Manuel Bandeira, "seu mais categorizado amigo no plano literário e talvez no plano pessoal", havia publicado em livro as cartas que recebeu de Mário. De fato, em 1958, Bandeira organizou e fez publicar *Cartas de Mário de Andrade a Manuel Bandeira*. Quando Drummond se decide por publicar sua coleção de cartas, além do pioneiro de Bandeira, outros livros já haviam sido publicados, como o preparado por Lygia Fernandes com as cartas enviadas a Alceu Amoroso Lima, Augusto Meyer e outros; ou também estavam sendo publicados naquele momento, com cartas destinadas a Pedro Nava, Murilo Miranda, Fernando Sabino, Álvaro Lins, Oneyda Alvarenga, entre outros.

Ainda assim, esse movimento contemporâneo mais amplo de publicação da correspondência ativa de Mário de Andrade não parecia tornar a decisão de Drummond exatamente mais simples. Sua justificativa, de todo modo, é contundente: o respeito à vontade de Mário implicaria a "sonegação de documentos de inegável significação para a história literária do Brasil", e, então, não apenas os "praticantes da literatura perderiam com a falta de divulgação de cartas que esclareçam ou suscitam questões relevantes de crítica, estética literária e psicologia da composição", como ainda os interessados "em assuntos relativos à caracterização da fisionomia social do Brasil também se veriam lesados pela ignorância de valiosas reflexões abrangentes de diversos aspectos da antropologia cultural" (Andrade, 2015b: 11). Ou seja, virtualmente, todos nós leitores perderíamos sem a publicação da sua coleção de cartas. A correspondência completa com Drummond, isto é, a ativa e a passiva, seria publicada apenas em 2002, organizada por Silviano Santiago. Ampliando a ideia de "escrita de si" proposta por Michel Foucault (1992), segundo a qual a carta torna o escritor presente para aquele a quem a dirige, Silviano sugere que, na carta, é "a caligrafia do escritor que monta a ele próprio na folha de papel, no preciso momento em que se encaminha em direção ao outro. Ao querer instigar e provocar o outro, à espera de reação, de preferência uma resposta, o missivista retroage primeiro sobre si mesmo, porque o chute inicial da correspondência pressupõe o exercício de certo *egoísmo abnegado*, se me for permitido o paradoxo" (Santiago, 2002: 12).

Como já foi discutido com mais detalhes (Botelho, 2015), vários temas abordados na apresentação de *A lição do amigo*, já haviam sido tratados anteriormente por Drummond no artigo "Suas cartas", publicado no jornal *Folha Carioca* em 6 de março de 1944 e nesse mesmo ano recolhido em *Confissões de Minas*. "Suas cartas" mostra a clareza com que Drummond apreciou muito cedo o projeto epistolar mariodeandradiano e os sentidos pedagógico e sacrifical assumidos nessa prática de si. Diz Drummond: "Vejo moços no fundo do poço, tentando sair para a vida impressa e realizada. Como falam! Como escrevem! Como bebem cerveja!" (Andrade, 2011: 71). Aquilo que o poeta afirma ver ao debruçar-se, em 1944, à beira de um "poço de dezenove anos de profundidade", lá embaixo, em 1924, claro, é a sua própria juventude. Mas não apenas ela, e sim, "a" juventude:

> Os nomes mudaram, porém, os moços continuam existindo na literatura, amando-a e fazendo dela um valor humano. Por que xingar os moços de literatos? O que há de melhor neles é a literatura, ou seja, a vida fantástica, que aperfeiçoa e cristaliza a vida cotidiana, a literatura que ajuda a viver, e que tanto permite sair da vida como entrar nela (Andrade, 2011: 71).

Embora a correspondência com Mário tenha se estendido por 20 anos, é justamente a mocidade que Drummond destaca nas duas principais oportunidades públicas em que apreciou a sua coleção de cartas, é ela que prende a sua atenção, é sobre ela que quer nos falar. Essa mocidade, porém, não é um estado da natureza. Mas antes – fosse em 1944, como teria sido em 1924 – uma condição ativa, política e social a ser conquistada – e bravamente conquistada, podemos acentuar. Nos anos 1920, pondera Drummond, a "mocidade verdadeira" tinha que vir de "uma depuração violenta dos preconceitos intelectuais", tinha que superar

> fórmulas de bom comportamento político, religioso, estético, prático, até prático! Havia excesso de boa educação no ar das Minas Gerais, que é o mais puro ar do Brasil, e os moços precisavam deseducar-se, a menos que preferissem morrer exaustos antes de ter brigado (Andrade, 2011: 72).

A educação seria então e urgentemente uma deseducação. Deseducar-se, para a juventude modernista de Drummond, parecia constituir a única alternativa para fugir ao destino da geração anterior, a que morreu exausta antes de ter lutado. As imagens mobilizadas no trecho citado são fortes e nos remetem ao título algo paradoxal *Mocidade morta*, que Gonzaga Duque escolheu para o seu romance de 1899. Formados em meio à desagregação da ordem social monárquica e escravocrata e à emergência, do seio desta, de um novo regime de trabalho e de organização política e social, com a República, ao grupo dos "insubmissos" do romance de Duque não foi possível uma adesão unívoca e progressista em face dos desafios do tempo. Eles não tiveram, em suma, como fugir a uma coexistência ambígua entre formas pretéritas e certas antecipações ainda não inteiramente objetivadas do futuro que caracterizam as épocas de transição, e de cuja equação, aliás, parece sempre depender nossa visão do momento presente.

Contra esse destino é que se voltará a ação de Mário de Andrade como parte de uma estratégia de afirmação do modernismo como movimento cultural a partir de 1924. Conhecida e mesmo emblemática é a carta datada de 22 de novembro de 1924, na qual o jovem poeta mineiro desabafa para aquele que já reconhecia como líder intelectual: "Não sou ainda suficientemente brasileiro. Mas às vezes me pergunto se vale a pena a sê-lo [...] O Brasil não tem atmosfera mental; não tem literatura; não tem arte; tem apenas uns políticos muito vagabundos e razoavelmente imbecis e velhacos" (Andrade, 2002: 56). E recorria, na sequência, às afirmações do escritor, político e diplomata Joaquim Nabuco (1976: 26-27), feitas no capítulo três das suas memórias, *Minha formação*, publicadas em 1900, de que "o sentimento em nós é brasileiro, mas a imaginação europeia", e que o "Novo Mundo, para tudo o que é imaginação estética ou histórica é uma verdadeira solidão". Irônico, como quase sempre, e também algo maldoso, Mário não hesitou em observar ao jovem poeta na resposta a sua carta:

> Você fala na "tragédia de Nabuco, que todos sofremos". Engraçado! Eu há dias escrevia numa carta justamente isso, só que de maneira mais engraçada de quem não sofre com isso. Dizia mais ou menos: "o doutor [Carlos] Chagas descobriu que grassava no país uma doença [transmitida pelos barbeiros] que foi chamada moléstia de Chagas. Eu descobri outra doença, mais grave, de que todos estamos infeccionados: a moléstia de Nabuco". É preciso começar esse trabalho de abrasileiramento do Brasil... (Andrade, 2002: 70)

E foi a esse trabalho de "abrasileiramento do Brasil" que Mário de Andrade dedicou-se inteiramente, compartilhando-o com outros modernistas, mas voltado, sobretudo, para os jovens com quem conviveu. Mais ainda, com quem buscava sistematicamente conviver, como chegou a confessar em carta à amiga Tarsila do Amaral, que, como pintora tanto lhe ensinara sobre o tema, também, e na qual conta Drummond como sua principal conquista à causa modernista (Andrade, 2001: 86-89).

Vejamos o que diz Mário em um longo trecho quase autoevidente do problema que estamos discutindo na correspondência com Drummond:

> Carlos, devote-se ao Brasil, junto comigo. Apesar de todo o ceticismo, apesar de todo o pessimismo e apesar de todo o século 19,

seja ingênuo, seja bobo, mas acredite que um sacrifício é lindo. O natural da mocidade é crer e muitos moços não creem. Que horror! Veja os moços modernos da Alemanha, da Inglaterra, da França, dos Estados Unidos, de toda a parte: eles creem, Carlos, e talvez sem que o façam conscientemente, se sacrificam. Nós temos que dar ao Brasil o que ele não tem e que por isso até agora não viveu, nós temos que dar uma alma ao Brasil e para isso todo sacrifício é grandioso, é sublime. E nos dá felicidade. Eu me sacrifiquei inteiramente e quando eu penso em mim nas horas de consciência, eu mal posso respirar, quase gemo na pletora da minha felicidade. Toda a minha obra é transitória e caduca, eu sei. E eu quero que ela seja transitória. Com a inteligência não pequena que Deus me deu e com os meus estudos, tenho a certeza de que eu poderia fazer uma obra mais ou menos duradoura. Mas que me importam a eternidade entre os homens da Terra e a celebridade? Mando-as à merda. Eu não amo o Brasil espiritualmente mais que a França ou a Cochinchina. Mas é no Brasil que me acontece viver e agora só no Brasil eu penso e por ele tudo sacrifiquei. A língua que escrevo, as ilusões que prezo, os modernismos que faço são pro Brasil. E isso nem sei se tem mérito porque me dá felicidade, que é a minha razão de ser da vida. Foi preciso coragem, confesso, porque as vaidades são muitas. Mas a gente tem a propriedade de substituir uma vaidade por outra. Foi o que fiz. A minha vaidade hoje é de ser transitório. Estraçalho a minha obra. Escrevo língua imbecil, penso ingênuo, só pra chamar a atenção dos mais fortes do que eu pra este monstro mole e indeciso ainda que é o Brasil. Os gênios nacionais não são de geração espontânea. Eles nascem porque um amontoado de sacrifícios humanos anteriores lhes preparou a altitude necessária de onde podem descortinar e revelar uma nação. Que me importa que a minha obra não fique? É uma vaidade idiota pensar em ficar, principalmente quando não se sente dentro do corpo aquela fatalidade inelutável que move a mão dos gênios. O importante não é ficar, é viver. Eu vivo (Andrade, 2015b: 21-22).

A educação estética, social e política de Carlos Drummond, o então jovem provinciano embotado de literatura francesa e que, bovarista, se pensava, desse modo, cosmopolita, ou a "deseducação salvadora" exercida sobre ele e seu círculo de mocidade por Mário de Andrade em seu diálogo epistolar, consistia principalmente em aprender que o Brasil não é apenas o lugar do sentimento, mas também da imaginação, do pensamento e da criação artística – e que, juntos, eles poderiam nos proporcionar, até mesmo, uma visão mais integrada do nosso lugar no mundo.

Então, vemos mais uma vez, como em vários momentos deste livro, que abrasileirar-se, do ponto de vista de Mário de Andrade, não significa tornar-se nacionalista, patriótico nem tampouco xenófobo. Sim, ele combate o francesismo de Drummond, e o conclama a se abrasileirar, mas isso significa antes adquirir uma maneira própria de estar, sentir e pensar o mundo. Como nas estrofes finais de "O poeta come amendoim", o poema recolhido em *Clã do jabuti* (Andrade, 1972a: 110) que Mário dedicou justamente a Carlos Drummond de Andrade:

> Brasil amado não porque seja minha pátria,
> Pátria é acaso de migrações e do pão-nosso onde Deus der...
> Brasil que eu amo porque é o ritmo do meu braço aventuroso,
> O gosto dos meus descansos,
> O balanço das minhas cantigas amores e danças.
> Brasil que eu sou porque é a minha expressão muito engraçada,
>
> Porque é o meu sentimento pachorrento,
> Porque é o meu jeito de ganhar dinheiro, de comer e de dormir.

Se a amizade em Mário de Andrade não é simplesmente a sua duplicação, como um "outro eu" – e, portanto, a alteridade mostra-se central nos processos de subjetivação e modelagem do eu envolvidos –, é crucial, também, sondar as divergências e os conflitos em sua correspondência, além das convergências, sobre temas que tanto mobilizaram as duas primeiras gerações modernistas, como a concepção do nacional, a questão da individualidade e da arte engajada, por exemplo. Assim, um vezo importante a ser explorado na investigação da modelagem das subjetividades dos missivistas é justamente os desacordos, arestas, impasses e expectativas frustradas que também reúnem duas pessoas numa relação de amizade.

Se a ascendência do intelectual paulista sobre os neófitos mineiros é irretorquível e está bem estudada pela crítica, há um caso em particular, o de Martins de Almeida, que permite nuançar a relação com o grupo. A conversa dá-se em outro patamar, em alguns aspectos mais horizontal e mesmo igualitário, e menos reverencial, embora sempre respeitoso. Isso se explica, em primeiro lugar, porque, ao contrário dos demais, Martins de Almeida não era propriamente um artista, e sim mais um tipo de consciência crítica do grupo, que submeterá inclusive o próprio Mário a seu crivo, "ousando" lê-lo como ele os lia, isto é, efetivamente criticando sua obra, apontando falhas, contradições etc. Também chega a "descobrir" e recomendar artistas e autores, como é o caso de Ismael Nery e Murilo Mendes, a Mário e outros modernistas.

Não obstante o tom por vezes obsequioso das cartas e as constantes demonstrações de gratidão pelo interesse e espírito de camaradagem de Mário para com eles, jovens mineiros, já em sua primeira carta,[36] de janeiro de 1925, Martins de Almeida explicita sua postura de "pagar na mesma moeda" camaradagem com franqueza. Essa carta, aliás, condensa uma série de questões do nosso interesse, que se abrem a partir de comentários sobre o poema "Noturno de Belo Horizonte", no qual Mário teria manifestado "aquilo que julgava inexistente entre nós: um pouco de imaginação brasileira", a qual não se confundia com os "jogos malabares de palavras" da "gritaria nacionalistica dos últimos tempos". Faz essa constatação não sem antes ter provado, como diz, *Os epigramas irônicos e sentimentais* de Ronald de Carvalho ("puro sabor de classicismo"), *Pauliceia desvairada* ("um quitute afrancesado") e *Os condenados*, de Oswald de Andrade, no qual respirou um ambiente russo: "Grandes livros mas não brasileiros. Até que afinal você nos enviou o Noturno." Nele, discorre Martins de Almeida:

> Senti um pouco as nossas coisas, gosto da terra mineira. Você fez viver a paisagem humana. Eu sempre coloquei como melhor remédio pra nostalgia europeia que nós sofremos, ou antes a moléstia de Nabuco (como diz você), o ambiente histórico. Você até agora tinha fugido ao nosso meio físico. Ainda estava em desacordo com ele, confesse-o. No Noturno você volta-se para a paisagem natural apagando o seu excesso com o fundo humano. Acordo perfeito. Agora já creio que você prefere a qualquer trecho da via-láctea o menor pedaço da nossa natureza. Confesso que eu via em você um pouco de atitude. E havia mesmo. Queria curar-se

---

36. A correspondência manuscrita com Francisco Martins de Almeida e Rosário Fusco foi consultada no Arquivo Mário de Andrade do Instituto de Estudos Brasileiros (IEB/USP) e no Museu de Literatura Brasileira da Casa de Rui Barbosa.

e fingir-se curado. Somos tão mutáveis que acabamos ser aquele que fingimos ser. A atitude em você transformou-se em estado da sensibilidade. É a atitude mais sincera.

Se Mário se mostrava implacável em alvejar o francesismo de Drummond com seus "torpedos de pontaria infalível", nas palavras deste jovem missivista, Martins de Almeida assume essa mesma posição (que o quase inquisitorial "confesse-o" expressa) e não hesita em lhe acusar o francesismo disfarçado sob as "externalidades paulistanas" da *Pauliceia* e afirmar que, com o "Noturno", a brasilidade epidérmica tornara-se visceral. Além disso, se Drummond exigiu de Mário paciente conversão a uma linguagem abrasileirada, evidencia-se como essa preocupação já constituía o espaço de experiência e o horizonte de expectativas de Martins de Almeida. A capacidade de "sentir historicamente a nossa paisagem" atingida por Mário no "Noturno" – que Martins de Almeida denomina perspectiva histórica – seria ao mesmo tempo a "receita terapêutica pra nossa 'moléstia de Nabuco'" e a chave de uma forma brasileira. Promete na carta escrever um artigo sobre Mário desenvolvendo essas ideias.

Se Martins de Almeida declara a Mário que o "Noturno" é "a maior obra poética dos últimos tempos escrita entre nós" e "a poesia mais brasileira que eu já li", não lhe poupa de apontar em parte do poema o "resfriamento intelectual" produzido por um excesso de consciência de pensamento e de dizer, levando a ferro e fogo o código de que não há camaradagem sem franqueza, que considera Mário "ainda um pouco francês": "A sua discrição cromática, a sua visão quase linear das coisas, o coordenamento de suas sensações, seu equilíbrio intelectual e sínteses lógicas, a sobriedade de suas imagens, a precisão algébrica de suas expressões provam que você não é ainda totalmente um brasileiro auriverde." Ao contrário dele próprio que, diz Martins de Almeida, embora ainda um pouco forçado, já estaria mais mudado e se voltava com mais amor para as coisas brasileiras.

O início da carta seguinte não poderia ser mais claro sobre o teor da resposta de Mário: "Não pode calcular quanto vale a firmeza com que você (permita-me) clarificou tendências mal definidas e a sinceridade com que afrontou meus erros e defeitos. [...] Desconfio que você foi benevolente comigo por receio de me ofender. [...] Não trocaria nenhum dos seus esclarecimentos pelos maiores elogios. Fizeram-me um bem imenso. Deram-me um novo alento. [...] Você tem toda a razão em falar da minha covardia, dos meus preconceitos passadistas, do meu francesismo. Eu me reconheci nesses traços com horror". Martins de Almeida revela ter uma consciência da importância e da seriedade do chamado de Mário à causa modernista, o que nem todos do grupo pareciam entender (como Nava, por exemplo). Seria necessário, reconhece o jovem mineiro, longa preparação e disciplina interior a fim de gestar uma disposição da inteligência e da sensibilidade que fosse nacional. Como atesta outra carta de 1925, mas não datada, isso se aplicaria também à estilização da nossa língua popular, de modo que só o contato prolongado com ela, como o de Mário, pode produzir uma solução não improvisada e artificial.

Alimentar a sacra chama[37]

Martins de Almeida sugere que as cartas de Mário – "coração mais largo e generoso desses Brasis" – foram para ele verdadeiro alimento espiritual. O que também é válido para Drummond, que, como vimos, afirma terem as cartas de Mário constituído o acontecimento intelectual mais relevante da sua vida e, sugere, de outras jovens gerações. Seria mesmo difícil imaginar a trajetória do talvez maior poeta brasileiro sem um Mário de Andrade no meio do caminho. Mas o raio de influência de Mário em Minas se estenderia ainda ao círculo intelectual da revista *Verde*, de Cataguases, por via direta, mas também indireta, mediada por um Drummond a essa altura já inteiramente "curado" do mal de Nabuco e militante da mesma causa, convertido em agente socializador do movimento[38] – uma espécie de apóstolo –, como indica a prescrição receitada em carta de 12 de setembro de 1927 a Rosário

---

37. Parte do material empírico inédito de que se vale nossa análise da relação epistolar de Mário de Andrade com os jovens mineiros neste capítulo resulta de pesquisa conjunta realizada por Maurício Hoelz com Andre Bittencourt, a quem gostaríamos de registrar nosso agradecimento. Os resultados preliminares dessa pesquisa foram materializados no *paper* "O modernismo como vocação: Mário de Andrade e os mineiros", apresentado no Grupo de Trabalho de Pensamento social no Brasil no 41º Encontro Anual da Anpocs, em 2016.

38. Fusco contará a Drummond em carta de 12 de outubro de 1927: "O Mario fez muito boas referências de você comigo. E falou que eu pegasse com você de fato. Que você é ele em ponto pequeno. Pois estou aqui bem grudado, pior do que carrapato estrela".

Fusco, um dos fundadores daquela revista: "Em v. o que interessa antes e acima de tudo é a sua ~~capacidade~~ mocidade capaz de produzir. V. está numa fase de procura intensa que é cheia de inquietações, eu sei. Vou lhe dar uma receita que é infalível nessas e noutras [apertices?]: use Mario de Andrade. É o melhor remédio do mundo. E não falha nunca". Se a rasura por si só poderia indicar significativo ato falho, a correção expressa a assimilação de uma grande lição mariodeandradiana acerca do modernismo como movimento cultural que atribui à juventude a capacidade de criação e mudança. É ela a portadora social da palavra modernista.

Mário seria ao mesmo tempo alimento e remédio. Na resposta em carta de 14 de setembro, Fusco diz que Drummond adivinhou o remédio que ele precisava: "Simples e prático. Vou beber aquilo devagarzinho e esperar o resultado que <u>não falha nunca</u>. Conforme v. me garantiu" (sublinhado no original). Em 25 de setembro, então, o jovem poeta de Cataguases contando apenas 17 anos faz seu primeiro contato epistolar com o guru Mário de Andrade, com quem manteria extensa correspondência. Sempre em tom informal e brincalhão, que por vezes beirava a petulância, e em escrita que estilizava a fala, desde a primeira carta, Fusco despeja naquele que então já era reconhecido como o principal líder do modernismo – a quem ele não demoraria a apelidar "MALUCO ADORÁVEL" (em caixa alta) – versos para crítica e pedidos – livros, colaboração para *Verde*, retalhos de jornal, prefácio para seu livro de versos *Codaque* etc.. Em carta de 4 de outubro, conta: "Não sei se já te falei a respeito da receita que o Carlos Drummond me mandou. Qué vê[?] / "<u>Use Mário de Andrade</u> / é o milhor remédio e não *falta* nunca!" (sublinhado no original, itálico nosso). Outro lapso significativo: Mário é o melhor remédio porque não falha e porque não falta. Diz ainda a Mário ter gostado da receita, embora ela pareça irônica: "Esse <u>use</u> aí, a meu ver, parece que quer dizer: <u>copie, decalque</u> etc.", levando-o equivocadamente, segundo Mário e Drummond nessa triangulação epistolar, a forçar a nota do fazer brasileirismo. Sendo assim, em carta de 14 de novembro do mesmo ano, lança-lhe um pedido: "Seja meu mestre, quase pai espiritual".

Outro exemplo interessante é a correspondência com o "pouco trabalhador" e irregular Pedro Nava (Bittencourt, 2017). As cartas de Mário muitas vezes demoravam meses para ser respondidas e outras tantas vinham curtas, incompletas. Se a displicência com a correspondência ainda era relevada por Mário, o que frustrava suas altas expectativas era a falta de compromisso de Nava com o cultivo de seus talentos artísticos modernos, inicialmente na poesia e depois no desenho, levando-o a alertar para o risco de aquele potencial ser desperdiçado.

A propósito, vale lembrar que em 1929 Pedro Nava ilustrou com oito guaches o exemplar de *Macunaíma* que havia recebido do próprio Mário – talvez como resposta à provocação da dedicatória – "A/ Pedro Nava,/ pouco trabalhador/ pouco trabalhador"! De todo modo, não parece ter sido apenas esse o conselho de Mário de Andrade que Nava acabou acolhendo, como sugere a correspondência trocada entre eles. Numa das cartas nos longínquos anos 1920, 50 anos antes da publicação de *Baú de ossos*, Mário o aconselhava novamente a trabalhar muito, pois o fundamental seria chegar a uma organização "geral" da linguagem (literária?) capaz de incluir "todos os meios brasileiros burgueses e populares". Meditada durante décadas e formalizada nas *Memórias*, nessa aproximação Nava, como antes Mário de Andrade, contrapunha-se e, na verdade, contribuía para esvaziar a distinção costumeira entre norma culta – a língua portuguesa escrita de acordo com as regras gramaticais estabelecidas a partir de Portugal – e a língua portuguesa falada, adaptada e recriada no cotidiano brasileiro. Movimento para o qual a valorização das mais diferentes práticas culturais populares tornou-se o vezo de abrasileiramento e de contraponto às visões que opunham (e opõem) o erudito ao popular como figurações antitéticas e excludentes. Uma conquista modernista não apenas estética, mas também social e política, atualizada de modo próprio nas *Memórias* de Pedro Nava.

A preocupação de Mário com o engajamento dos jovens modernistas mineiros aparece principalmente nas cartas de 24 de abril de 1926 e 21 de janeiro de 1927, que transmitem a reação irritada de Mário ao fim anunciado de *A Revista*. Um mês antes, em 22 de março, Nava havia chamado o terceiro número de o "canto de cisne" da publicação, fruto de um desânimo geral em meio aos editores (dos quais ele mesmo não fazia parte) pelas críticas que receberam em Belo Horizonte. A razão do desânimo é repudiada por Mário, que a considera "covarde e profundamente besta" (Andrade, 1982: 74). Escrevendo em tom de sermão pouco comum na correspondência entre os dois (e repetido apenas na carta seguinte), pondera que esse desânimo seria resultado da percepção do esforço de renovação a ser feito, incansável e talvez mesmo inalcançável:

> A gente se mete num movimento de renovação como o nosso, imagina logo e infantilmente que é só escrever uns versinhos e umas critiquinhas, pronto, tá tudo renovado, em vez a realidade chega e a gente põe reparo que não se renova assim à-toa que a base ruim é de pedra dura porque é o costume dos homens e sobretudo repara que tem um trabalho imenso em que terá de botar a vida inteira si quiser mesmo fazer alguminha coisa. E vai, se cansa de antemão e não tem coragem para começar de verdade o que terá de durar a vida toda. Essa é que é a causa verdadeira do desânimo de vocês (Andrade, 1982: 74).

Mário já inclui Nava dentro do esforço coletivo – "nosso" –, que requer dedicação máxima, metódica, quase ascética, para render o mínimo. Renúncia, abdicação e, sobretudo, "sacrifício" são algumas das *necessidades* exigidas para a realização de um projeto, compreende-se melhor agora, comum. Outros já pereceram pelo caminho, faz questão de lembrar: "Os daqui [de São Paulo] quase todos desanimaram. Rubens [Borba de Moraes], Carlos Alberto de Araújo, Luís Aranha largaram de escrever e parece que pra sempre. Não aguentaram o repuxo. Foram frouxos como sempre chamo eles pra eles mesmos. Isso acho horrível" (Andrade, 1982: 74-75).

O juízo severo sobre a fraqueza e falta de coragem revela o temor por um destino que poderia não se cumprir. Isso se confirma pela preocupação com Carlos Drummond, recém-mudado para – e já por – Itabira: "nao quero absolutamente que você se perca aí e abandone as coisas de pensamento pra que tem um jeito certo e que fazem parte do destino de você, tenho a certeza. No que já reparei de você, me parece que você tem uma propensão danada pro desânimo e pro abatimento. Isolado dessa maneira você é capaz de se entregar pra terra e isso eu não quero" (Andrade, 2002: 202). Carlos confirma os temores, se diz "emburrecido" – "estou ficando burro. Sua carta já me encontrou emburrecido. Neste mês de março não li um só livro" (Andrade, 2002: 207) –, reclama da vida, se julga incapaz para a literatura e chega a ameaçar rasgar seu caderno de versos (lembremos que Drummond ainda não havia publicado um livro sequer nessa época). Mário não pagará para ver e exige que Drummond lhe envie toda a sua produção poética, como se lê em carta de 8 de maio, argumentando que os versos compartilhados deixavam de ser da posse dele: "Isso [rasgar o caderno] você não tem o direito de fazer e seria covardia. Você pode ficar pratiquísimo na vida se quiser porém não tem direito de rasgar o que não é mais só seu, que você mostrou pros amigos e eles gostaram" (Andrade, 2002: 215).[39]

A ida de Drummond para Itabira aprofundara o desânimo geral e provocara forte abatimento também em Martins de Almeida, o outro pilar do grupo, que se via em certa medida como o responsável por seus amigos, quase como um irmão mais velho, que aponta a preguiça (tantas vezes em relação a Nava e Emílio Moura), a falta de empenho, os riscos de que se percam, e solicita em casos extremos a intervenção de Mário, que lhe envia palavras de conforto e de alerta ao mesmo tempo: "Carecemos agora de agasalhá-lo ainda mais nos nossos carinhos e esperanças, Martins de Almeida. A terra, assim meio virgem pra onde ele foi, é boa mas traiçoeira. Faz a gente se esquecer da cabeça. A terra ama por demais [...]". Vejamos um longo trecho de carta de maio de 1926 que evidencia o que foi dito:

> Ando aborrecido e desanimado com a retirada do Carlos. Finalmente, éramos nós dois que nos entendíamos melhor. Mas o Nava, o Emílio Moura e João Alphonsus? Eu lhe explico, Mario, o que se dá. O Nava é um camarada inteligentíssimo mas abusa da intuição pisando quase sempre em terreno incerto. Daí uma certa insuficiência crítica. Ele é vadio ao extremo. Eu e o Carlos há muito lutamos para que ele sistematize um pouco as suas leituras e estudos de desenho. Você descobriu logo que eu e o Carlos somos mais <u>velhos</u> que o Nava apesar de termos a mesma idade quase. O Nava é um vertiginoso e, às vezes tenho medo por ele. Carlos e eu muitas vezes o tratamos e damos conselho como a uma criança. Tem uns sete meses ele fez um desenho magnífico – Família ao sol – trabalho de uma simpli[fi]cação linear, de um primitivismo sincero, de uma tranquilidade de massa repousada, tudo de um valor construtivo inigualável. Imagina que o Nava in-

---

39. Em carta a Prudente de Moraes, neto, de 15 de setembro de 1925, Mário de Andrade também se mostrava incomodado com o desânimo do jovem modernista sediado no Rio de Janeiro: "A carta de você veio besta desta vez. Desanimado, que quer dizer desanimado? Não entendo não. Depois: você fala que está desanimado e não diz por causa do que, a gente fica assim com vontade de animar e não sabe como. Enfim: carta besta quasi nada que a gente aproveite" (Andrade, 1985: 99).

tervalou todo esse tempo com apenas aquele retrato do Carlos. E mais nada. Os meus livros que eu faço com que ele os leve voltam muitas vezes sem serem lidos. Acho até que você com a ascendência que tem sobre ele deve fazer-lhe algumas observações a este respeito. Ele precisa de um terreno mais sólido pra pisar. O Emílio Moura é outro camarada a quem estimo tanto quanto ao Carlos e ao Nava. Mas o Emílio foi muito trabalhado pela solidão. Foi um pouco "chupado pela terra" pra usar a sua feliz expressão. Tem as fibras um pouco amolecidas pela vida sertaneja que viveu largos anos em Dores do Indaiá. É um contemplativo. É muito receptivo. É um simples, um puro espírito sem arestas que tem sempre um gesto pra concordar e outro pra discordar sem explicações. Às vezes, sofre crises sentimentais enormes que não compreendo bem porque nunca as atravessei. Com o João Alphonsus não tenho grande intimidade. É um concentrado como todos da família dele. A gente custa a lhe arrancar duas palavras. Não encontrei ainda um ponto de contato com o João Alphonsus. Sou um falador e um expansivo de marca maior. Com o Carlos o caso é diferente. O Carlos abria-se todo pra mim. Tínhamos discussões tremendas mas acabávamos sempre de acordo. Carlos só é um esquisitão, um secarrão pra quem não o conhece direito. Não tenho medo da "terra chupar" ele por causa da cultura sistematizada e da curiosidade sempre alerta de que é dono. Se o Nava ou o Emílio fossem pra Itabira estariam perdidos.

Embora não chegue a fazer autoanálise nessa mesma carta, em várias outras de 1927 Martins de Almeida demonstra preocupação com sua saída de Belo Horizonte rumo às "funduras do interior", ao seu "buraco", em virtude de sua nomeação como promotor de justiça de Oliveira. Diz a Mário que irá precisar dele mais do que nunca. As cartas, porém, sofrem descontinuidade (só voltarão a aparecer na década seguinte, em pequena quantidade) – confirmando talvez os seus temores mudos de que seria "chupado pela terra"?[40]

---

40. Com Rosário Fusco, dá-se o contrário; é o vórtice da cidade grande (Fusco muda-se para o Rio na década de 1930) que traga o indivíduo e retorce o eu, para usar a bela imagem do poema de Drummond: "cidade grande tem uma influência de todo desastrada sobre o espírito da gente: dissolve tudo. Estou estragado, não sei mais de nada, perdi o interesse por tudo, me perdendo nas coisas que a cidadezinha não tem: mulheres bonitas e diversões de toda espécie. Imagine que, como bom provinciano, trouxe até uma paixãozinha que vim curar aqui. No mais, comer e dormir. Vida idiota de verdade".

O esmorecimento ou a frouxidão não teriam espaço no polígrafo laborioso que mesmo nos momentos de dificuldade sabe que é necessário recomeçar a cada nascer do dia. Por aí vemos a gravidade implicada nas epístolas de Mário aos mineiros. Não se tratava de modo algum de partilhar "conselhos úteis", como solicitava um ainda ingênuo Pedro Nava, mas de estabelecer a possibilidade de um destino. Possibilidade porque Mário antevia que a única maneira de aqueles jovens – Nava, Drummond, Martins de Almeida, Fusco, mas também Prudente de Moraes Neto, Sérgio Buarque de Holanda e tantos outros que com ele se corresponderam – se realizarem seria por meio do sacrifício de sua própria pretensão por uma "obra acabada", como discutimos no primeiro capítulo. Cumprir o *seu* destino (de Mário) seria abrir as condições de possibilidade para outros destinos.

Para vingar, porém, os ideais modernistas precisariam ser movidos à *energia renovável e renovadora* da juventude – "o que carece é alimentar a sacra chama" e "organizar a sensibilidade criadora numa corrente contínua" (Andrade, 1982: 79-80). O sucesso do modernismo não dependeria da simpatia de diletantes ou de espasmos de gênios – apelidados acidamente de "Rimbaudzinhos" –, incapazes de "aguentar o tranco", mas de um treinamento e uma atitude disciplinada que quase poderíamos chamar de profissional, uma espécie de exercício de uma vocação: a poesia, a pintura, a prosa, a crítica, cada uma dessas especialidades deveria ser praticada antes com o esmero de um funcionário do que com as idiossincrasias de um *enfant terrible*. O legado de renovação cultural do modernismo como um "movimento" articulado e relativamente descentrado que não se esgota no presente, mas enlaça as gerações num processo, sempre em aberto e inacabado, dependeria, portanto, de um *trabalho permanente* da matéria brasileira: "trabalhe e trabalhe sempre", "você carece de continuar sempre", interpela Mário o destinatário coletivo encarnado no descuidado jovem mineiro Pedro Nava, que assimilaria tardiamente a lição do antigo mentor ao elaborar, em suas *Memórias*, a memória do modernismo.

Juventude: aprendizado social e mudança

O que é forjado nessas redes de sociabilidades modernistas não é somente um ideal normativo que guiará o movimento, mas também a própria identidade de seus participantes enquanto atores sociais e políticos. Peça-chave para a compreensão do problema que estamos construindo, ao lado especialmente da correspondência de Mário de Andrade é ainda a sua conferência de balanço do modernismo proferida em 1942, não por acaso intitulada de "O movimento modernista" (Andrade, 1978).

Mesmo considerando o viés reflexivo e bastante melancólico que Mário de Andrade imprime à história recuperada do movimento modernista 20 anos após a realização da Semana de Arte Moderna de São Paulo, ou melhor, até por isso mesmo, o texto da conferência acaba por adquirir um sentido mais heurístico para nosso tema. Como se trata de uma narrativa *a posteriori*, depois dos eventos narrados, o "passado" acaba tendo mais a ver com o momento em que a conferência é elaborada – momento esse particularmente crítico para Mário após o trauma de seu afastamento involuntário do Departamento de Cultura de São Paulo e sob o impacto das lutas ideológicas e políticas de então, em plena vigência do Estado Novo e da Segunda Guerra Mundial. Daí o olhar que contamina o passado e gera a sua denegação: "E é melancólico chegar assim no crepúsculo, sem contar com a solidariedade de si mesmo. Eu não posso estar satisfeito de mim. O meu passado não é mais meu companheiro. Eu desconfio do meu passado" (Andrade, 1978: 231), diz Mário. Anotamos, a propósito, o contraste perfeito entre a conferência de Mário de 1942 com o otimismo, caracteristicamente triunfalista, da conferência de Oswald de Andrade (1971), dois anos depois, ao comemorar os 20 anos de Pau-Brasil, intitulada "Caminho percorrido".

Trata-se, como é de conhecimento geral, de uma palestra dada por Mário de Andrade numa série da Casa do Estudante do Brasil proferida em abril de 1942, na biblioteca do Palácio Itamaraty, no Rio de Janeiro. Como observou José Luiz Jobim (2012), na conferência há esse narrador que, se apresentando "na rampa dos cincoenta anos", acaba por assumir um ponto de vista melancólico, e mesmo desencantado, sobre o passado e em relação às suas próprias convicções de juventude, que são consideradas por um viés eminentemente negativo.

Detenhamo-nos um pouco no narrador – também ele bastante ambíguo – de "O movimento modernista": há não apenas o "eu" individual do narrador, digamos, na solidão da maturidade, mas também o "nós" que acentua o caráter coletivo da obra passada – em relação à qual também há mais oscilações sobre êxitos e fracassos do que se pode perceber à primeira vista. Talvez, mais importante ainda, à experiência amarga da maturidade que leva à desilusão com o voluntarismo da juventude modernista dos anos 1920 interpõe-se a própria juventude de 1942 (a Casa dos Estudantes do Brasil) para quem, afinal de contas, a conferência foi ideada e proferida.

Observamos que não é fortuito o fato de o convite ter sido feito pela Casa do Estudante do Brasil. A correspondência de Mário de Andrade com Rosário Fusco e Carlos Lacerda mostra que ele mantinha colaboração, ainda que intermitente, com a CEB pelo menos desde 1933, ano em que lá proferiu a importante conferência "A dona ausente" e foi convidado a apresentar outra por ocasião dos 50 anos da "libertação do negro".

É preciso considerar, assim, o horizonte de expectativas do autor e a recepção da conferência para divisar seus sentidos. Esse aspecto permite, inclusive, relativizar a descontinuidade em Mário de Andrade, acentuada por Jobim (2012) como uma questão, entre o narrador entusiasmado das cartas de 1920 e o narrador desiludido da conferência de 1942, mesmo considerando, como pondera muito corretamente o crítico, a avaliação negativa sobre a própria prioridade e, quem sabe, sobre o próprio alvo de combate por parte do movimento modernista nos anos 1920 – ainda que o combate estético modernista não se dê, para o próprio Mário da conferência, dissociado de mudanças mais amplas, como a sentença que abre o texto já deixa claro: "Manifestado especialmente pela arte, mas manchando também com violência os costumes sociais e políticos, o movimento modernista foi o prenunciador, o preparador e por muitas partes o criador de um estado de espírito nacional" (Andrade, 1978: 232).

De fato, se a narrativa do que foi o movimento modernista está centrada no combate estético como vezo de uma mudança cultural mais ampla da sociedade brasileira, e por mais exitoso que ele tenha sido, parece ter deixado em aberto, porém, o tema que se mostrava mais relevante – e também mais premente – ao narrador de 1942. "E apesar de nossa atualidade, da nossa nacionalidade, da nossa universalidade, uma coisa não ajudamos verdadeiramente, duma coisa não participamos: o amilhoramento político-social do homem" (Andrade, 1978: 255).

Nosso ponto parece ganhar mais força ainda se lembrarmos, então, do horizonte de expectativas de Mário de Andrade com relação à recepção da conferência e do próprio caráter performático de uma confissão pública e de um testemunho que então assume – Mário chega a enunciar que fará uma "confissão bastante cruel", ao afirmar perceber em toda sua obra "a insuficiência do absenteísmo". Tendo em vista os efeitos esperados sobre a audiência de tal autocrítica pública, ele parece querer dizer fundamentalmente: juventude de 1942, não repita os erros da juventude de 1920. E o recado, note-se, apenas valoriza a interlocução com a juventude e o papel social que ela tem, afinal, é a principal destinatária da conferência. Ou em suas palavras: "Eu creio que os modernistas da Semana de Arte Moderna não devemos servir de exemplo a ninguém. Mas podemos servir de lição"! (Andrade, 1978: 254).

Assim, perguntamos se não é justamente a juventude o elemento de continuidade nos diferentes horizontes de expectativas desses dois ou mais Mários – o da correspondência com o jovem Drummond e o da Conferência de 1942, por exemplo –, e, mais ainda, se a juventude não é o elemento sociológico relevante na concepção mariodeandradiana de modernismo como "movimento" e para a nossa pergunta sobre esse movimento como "movimento cultural". Queremos realçar, então, essa valorização performática da juventude presente, portanto, tanto na correspondência de 1920, quanto na conferência de 1942, como de resto no conjunto da obra de Mário de Andrade, cujo papel ainda está carecendo de uma explicação mais sistemática e global. Formalmente ela nos parece se relacionar com a personalidade e o método dialógico de Mário, tal como estudado por Gilda de Mello e Souza (2009) e Silviano Santiago (2006), e que se configura enquanto um "discurso inacabado, na medida em que se abre continuamente para o interlocutor, exigindo a cada passo a sua participação efetiva no debate" (Souza, 2009: 44). Em sua vocação para o diálogo, Mário constituiria, assim, aquilo que esses autores chamam de um "temperamento socrático".

Lembremos que a juventude é tema central tanto no modernismo como um todo, em suas diferentes vertentes, quanto no seu contexto mais amplo, cobrindo praticamente todo o espectro ideológico do período: desde o Congresso da Mocidade Brasileira, realizado em São Paulo, em 1917

(Miceli, 2001), até a Organização Nacional da Juventude, pelo Estado Novo (Bomeny, 2010), passando por manifestos artísticos e intelectuais cruciais, como o ensaio de Graça Aranha, "Mocidade e estética", que abre a revista *Estética*, em 1924. E como não lembrar o Monumento à Juventude Brasileira, de Bruno Giorgi? A escultura gigante instalada em 1947 nos jardins do antigo Ministério da Educação e Saúde, atual Palácio Gustavo Capanema, no Rio de Janeiro, foi solicitada pelo sindicato de professores para demonstrar o agradecimento dos alunos do Brasil ao presidente Getúlio Vargas e financiada por meio de arrecadação em escolas. Mário precisou se incumbir da mediação com o escultor, a pedido do ministro Capanema. Não por acaso, talvez por profissão e gosto, Mário esteve sempre próximo de jovens.

Estudando o romance de formação europeu, Franco Moretti (2020: 30) mostra como a juventude se torna verdadeiro símbolo da modernidade: "A juventude é, digamos, a modernidade em estado bruto, sinal de um mundo que busca o seu sentido no futuro em vez de buscá-lo no passado". Nada mais modernista, convenhamos. Não é o caso de esticar ainda mais aqui esse fio da juventude. Observamos, apenas, que ele pode nos levar a considerações sociológicas mais amplas sobre a importância da variável geracional na participação e no protagonismo em ações coletivas, movimentos culturais e mesmo em movimentos sociais (Melucci, 1997). Permitimo-nos acrescentar, por fim, um traço a esse sentido mais heurístico do apelo à juventude, em gerações sucessivas, na condição de protagonista do modernismo como movimento cultural que se desenvolve no tempo enlaçando diferentes gerações. Em Mário de Andrade, o sentido assumido pela juventude acaba por remeter também ao caráter mais aberto e constantemente inacabado do modernismo como movimento que deseja operar mudanças culturais na sociedade brasileira. Daí sua principal conquista, na avaliação do líder, num momento menos melancólico da conferência da Casa dos Estudantes do Brasil: "A fusão de três princípios fundamentais: o direito permanente à pesquisa estética; a atualização da inteligência artística brasileira; e a estabilização de uma consciência criadora nacional" (Andrade, 1978: 242).

Temos, nesse trecho, uma indicação preciosa. Se, de um lado, sugere o fracasso da cultura como um fator isolado para modificar a sociedade como um todo; de outro, conta entre os êxitos do modernismo justamente seu caráter de movimento, aberto para o futuro e enlaçando diferentes gerações. Essa, porém, é apenas uma primeira dimensão do problema. Esses dois lados, talvez, não se excluam. Pois o seu significado sociológico mais forte, parece-nos, é mesmo a afirmação de que as inovações culturais não se realizam de modo independente de seus portadores sociais e do sentido mais amplo assumido para o conjunto da sociedade. Em outras palavras, a própria mudança social não se realiza ou não se efetiva desacompanhada dos processos culturais que lhe dão significado social. O que nos faz lembrar, então, de uma advertência de Alain Touraine (1973, 1984) quanto ao fato de que um movimento social só ganha inteligibilidade quando luta pelo controle dos modelos de conduta a partir dos quais uma sociedade produz suas práticas.

Talvez valha a pena perguntar, então, também pelas diferenças desse tipo de ação coletiva do "movimento cultural" em relação aos movimentos sociais cuja ação, em geral, como se sabe, está circunscrita no tempo e no espaço, e tende a se desfazer uma vez alcançados seus objetivos precípuos, quase sempre com o reconhecimento e a institucionalização dos direitos demandados – ainda que naturalmente a institucionalização desses direitos seja sempre seletiva e que o exercício de um direito possa sempre levar a demandas por novos direitos etc. O sentido do modernismo como "movimento cultural" em Mário de Andrade não apenas não se reduz aos embates de renovação estética, que podem ser, porém, seu vezo próprio de realização, como também é dependente da interação com outras forças e portadores sociais de diferentes gerações. Suas ações coletivas seriam da ordem do processo, não se extinguindo na conjuntura. Como, com a ironia habitual, mas tão rara no texto melancólico de 1942, Mário assinala a propósito da questão – central em seu programa – de uma língua literária brasileira: "Mas isso decerto ficará para outro futuro movimento modernista, amigo José de Alencar, meu irmão" (Andrade, 1978: 247).

A voluta modernista

Não podendo deixar de contar-se "Em suas cartas" entre aqueles moços que, em 1924, falavam, escreviam e bebiam cerveja – quase uma cena de *O amanuense Belmiro* (1937), de Cyro dos Anjos, o romance sabidamente baseado na geração modernista de Belo Horizonte – assume-se Carlos

Drummond de Andrade como livresco e mesmo deslumbrado: "Estou entre eles, mas não sei que sou moço. Julgo-me até velho, e alguns companheiros assim também se consideram. É uma decrepitude de inteligência, desmentida pelos nervos, mas confirmadas pelas bibliotecas, pelo claro gênio francês, pela poeira dos séculos, por todas as abusões veneráveis ainda vigentes em 1924" (Andrade, 2011: 71-72). A orientação do amigo mais experiente é segura: "Tudo está em gostar da vida e saber vivê-la. Só há um jeito feliz de viver a vida: é ter espírito religioso" (Andrade, 2002: 46). Não se trataria, como Mário se apressa em explicar "*milhor*", de ser católico ou budista, "trata-se de ter espírito religioso pra com a vida, isto é, viver com religião a vida". Prossegue Mário na explicação, com sentido educativo, de seu modo de ser:

> Eu sempre gostei muito de viver, de maneira que nenhuma manifestação da vida me é indiferente. Eu tanto aprecio uma boa caminhada a pé até o alto da Lapa como uma tocata de Bach e ponho tanto entusiasmo e carinho no escrever um dístico que vai figurar nas paredes dum bailarico e morrer no lixo depois como um romance a que darei a impassível eternidade da impressão (Andrade, 2002: 46).

"Viver com religião a vida" constitui, enfim, a perspectiva própria a partir da qual Mário de Andrade procurou interpelar Drummond e os outros jovens de Minas e do Brasil. Como bem observou Ricardo Benzaquen de Araújo (2014), não se tratava exatamente de desqualificar a vocação com que Drummond se apresentava encarnando uma racionalidade hipertrofiada – "que diabo! estudar é bom e eu também estudo. Mas depois do estudo do livro e do gozo do livro, ou antes vem o estudo e gozo da ação corporal", diz Mário – mas sim de "batalhar para que ela não envolva um afastamento definitivo do colorido e do calor encontráveis quer nos sentimentos mais íntimos quer no som e na fúria que costumam atravessar o mundo da experiência". E como o próprio Drummond fez questão de acentuar posteriormente, a perspectiva de Mário combinava uma "espontaneidade de espírito" em que a "saturação de cultura não corrompia"; tinha caráter educativo, sem ser uma atitude estética circunstancial, mas antes um "modo de ser" que em nada se confundia com "certa euforia pseudofilosófica então muito generalizada nos arraiais modernistas e que trazia a marca de fábrica de Graça Aranha". A notável capacidade de Mário de Andrade em desempenhar simultaneamente as mais diferentes atividades, sempre lhes conferindo importância, e vivendo-as com intensidade e gozo, seria parte dessa maneira de viver a vida que apresenta, compartilha e contagia o jovem correspondente, e também o/nos desafia.

É certo que ao publicar a coleção de cartas recebidas de Mário de Andrade era de alguma forma também o próprio Carlos Drummond que se entregava. Mas com isso, porém, ele compartilhava mais do que o testemunho da deseducação estética da sua juventude e de seus companheiros: ele buscava imprimir o seu sentido, tornando-a de alguma forma perene e contemporânea a outras e futuras gerações. Sobretudo ao explicitar o público leitor que tem em seu horizonte de expectativas, os "moços, estudantes universitários de letras ou simples aspirantes à criação literária", pensando em quem, ademais, Drummond afirma ter usado e abusado da anotação do texto, agregando informações que supunha prestar serviço aos iniciantes, para não falar dos anexos que preparou para a edição. Ao fazê-lo, Drummond acaba por chamar a atenção para certos aspectos relevantes sobre a perenidade da educação estética e moral que se desenvolve nas cartas, já que nelas os "moços" poderão encontrar "por certo resposta a umas tantas inquietações comuns a cada geração, como inerentes à condição da mocidade, quaisquer que sejam os problemas e a face do mundo que lhes correspondam" (Andrade, 2015b: 11). Não é esse o gesto que nos interessa aqui, porém.

Chegou, enfim, o momento de tratarmos da segunda justificativa de Drummond para publicar as cartas recebidas de Mário, *A lição do amigo*. Drummond o qualifica como meramente "técnico", mas assume ter tido dificuldades em mais uma vez respeitar o remetente. Dessa vez, "as particularidades ortográficas do autor, explicáveis dentro do seu esforço para conseguir, segundo sua própria confissão, 'uma escrita não só honesta como ponderada'" (Andrade, 2015b: 12). Mais uma vez Drummond recorre e se escora no livro de Bandeira, em cujo prefácio o amigo comum observava "o aspecto anárquico de sua escrita". Também Oneyda Alvarenga, "dedicada aluna e fiel colaboradora do escritor", chamaria de "assistemático... o seu sistema ortográfico". E por fim recorre a Telê Porto Ancona Lopez, "até hoje quem mais se empenhou na tarefa de coligir, interpretar e publicar textos esparsos de Mário", e que "ao observar peculiaridades ortográficas do autor, na introdução à edição crítica de *Macunaíma*, reconhece que os seus modismos si (se), *milhor* (melhor) e outros não lograram aceitação oficial ou culta". Assim, tendo tudo isso em vista, também ele Drummond ter-se-ia decidido, pois, "a reproduzir na forma corrente e geral as palavras que ele escrevia à sua maneira, como o si, o *milhor* e o *sube* (soube)" (Andrade, 2015b: 12-13). A seu ver, como afirma, "isto em nada afeta a legítima natureza da escrita de Mário, antes contribui para que o leitor novato deixe de estranhar o texto à primeira abordagem" (Andrade, 2015b: 13).

Se, como afirma Drummond, não é de fato a "originalidade ortográfica" que faz a "grandeza de sua obra", não se pode minimizar, porém, o significado programático da escrita de Mário de Andrade em seu contexto intelectual e estético e seus sentidos sociológicos mais amplos. A adoção da língua portuguesa falada no Brasil e sua recriação na escrita, ou, em outras palavras, a aproximação da língua escrita à falada, aparece nos poemas, romances e ensaios de Mário de Andrade, desde pelo menos 1922, com o "Prefácio interessantíssimo" de *Pauliceia desvairada*. Em carta datada de 18 de fevereiro de 1925 justamente a Drummond, Mário se refere a essa aproximação como uma "aventura que me meti de estilizar o brasileiro vulgar"; uma aventura, porém, "muito pensada e repensada", pois se trata de uma "estilização culta da linguagem popular da roça como da cidade, do passado e do presente. É uma trabalheira danada diante de mim" (Andrade, 2002: 100). E assevera adiante sobre os usos populares brasileiros da língua portuguesa:

> O povo não é estúpido quando diz 'vou na escola', 'me deixe', 'carneirada' 'manfiar', 'besta ruana', 'farra', 'vagão', 'futebol'. É antes inteligentíssimo nessa aparente ignorância porque sofrendo as influências da terra, do clima, das ligações e contatos com outras raças, das necessidades do momento e da adaptação, e da pronúncia, do caráter, da psicologia racial modifica aos poucos uma língua que já não lhe serve de expressão porque não expressa ou sofre essas influências e a transforma afinal numa outra língua que se adapta a essas influências (Andrade, 2002: 100).

Nessa aproximação, como tivemos a oportunidade de observar em diferentes momentos do livro, Mário de Andrade se contrapunha e, na verdade, buscava esvaziar a distinção clássica entre norma culta – a língua portuguesa escrita de acordo com as regras gramaticais estabelecidas a partir de Portugal – e a língua portuguesa falada, adaptada e recriada no cotidiano brasileiro. E reconhecer a língua falada pelo povo como língua literária, como disse na carta acima transcrita e realiza magistralmente em *Macunaíma* (1928), era atitude certamente profana e revolucionária para a época. Ilustra a importância do debate a publicação em 1921 de *A língua nacional*, de João Ribeiro, defendendo a diferenciação, autonomia e legitimidade do português falado no Brasil, e, em 1922, de *A perpetua metrópole*, de Almáquio Diniz, defendendo, ao contrário, nossa subordinação linguística ao que entendia ser o purismo lusitano (Botelho, 2011).

Não restam dúvidas de que foi com a concorrência de Mário de Andrade que a aproximação do que "somos" ao como "falamos" na redefinição de uma língua literária brasileira se processou entre nós, e, certamente, se tornou uma das maiores e mais permanentes conquistas do modernismo. Transformou a literatura, a poesia, a canção, o jornalismo etc. E foi uma conquista não apenas estética, mas também política, já que o reconhecimento da língua cotidiana sem erudições implicou não apenas a renovação radical do código literário, como ainda uma aproximação ao povo e seu reconhecimento, desenvolvendo uma escuta sensível e forjando condições para uma voz própria como "brasileiro".

Se o chão de ferro das Minas Gerais se mostrou fecundo às sementes modernistas que Mário vinha lançando, mais do que uma contradição, corrigir ortograficamente Mário de Andrade como faz Carlos Drummond de Andrade não deixava de ser, também, se não uma contraposição direta, uma tentativa consciente ou inconsciente de domesticação final do seu legado estético e político. Chegávamos ao fim de um volta decisiva, numa espécie de corrida de revezamento, em que o bastão da liderança do modernismo era, enfim, passado ao próximo corredor. Nessa substituição, o gesto de Carlos Drummond de Andrade poderia até acabar por, no limite, destruir o "exemplo" de Mário de Andrade; mas, dificilmente a sua "lição", da qual ele mesmo, Drummond, é a sua mais perfeita expressão. Só mesmo Mário para, se fazendo irmão de José de Alencar, sobreviver a Drummond e ao modernismo mineiro.

Exploramos no capítulo a relação de comunicação – ativa e reflexiva e de parte a parte – entre Mário de Andrade e os então jovens modernistas mineiros. Por mais improvável que fosse, e mesmo comportando conflitos e por vezes assumindo sentidos distintos daqueles intencionados pelos atores sociais em relação, houve sim êxito na comunicação entre eles. Algumas das ideias de Mário tiveram recepção e foram depuradas ao longo de pelo menos 50 anos como um legado ativamente apropriado e reconstruído. Entre elas, decisiva foi a do modernismo como um movimento cultural potencialmente cosmopolita pelo tipo de relação mais descentrada de convivência com o mundial a partir da diferença local. Por certo, o enfrentamento da imemorial ideia de cópia que tem perseguido obsessivamente a cultura brasileira não poderia ser tarefa para apenas uma ou duas gerações (Süssekind, 1984; Botelho, 2019a). Então, a utopia que deu vida ao movimento cultural encetado por Mário de Andrade não acabou ainda, não encontrou sua derradeira forma. O movimento segue em aberto na sociedade brasileira contemporânea, se produzindo e se transformando em novos protagonistas. A voluta é uma espiral, não um círculo.

ABERTO, INACABADO, EM MOVIMENTO

> "[...] somos verdadeiramente uma sétima de dominante, esta dissonância, esta insatisfação, este anseio insofrido, sempre em busca de um acorde perfeito, duma resolução final que aplaque duma vez as tristuras do mundo"
> Mário de Andrade, *Namoros com a medicina*, 1939

Há um aprendizado do Brasil em Mário de Andrade que não se realizou da noite para o dia. A evolução do seu pensamento não constitui assunto controverso entre seus muitos e na maioria das vezes excelentes intérpretes: parece pacífico o reconhecimento de que o desenrolar dos acontecimentos – dos grandes eventos do Brasil e do mundo de sua época ao seu dia a dia repetitivo – interfere e mesmo molda o seu pensamento. Nós mesmos, em parte ao menos, compartilhamos essa posição; afinal também dispusemos textos sempre que possível em relação a contextos, além de termos adotado certa cronologia da vida do autor na narrativa deste livro.

O pertencimento a um mesmo contexto, todavia, não confere automaticamente unidade aos autores, porque nenhum tempo ou contexto comporta posições iguais ou meramente convergentes. Por isso, ainda que se trate de buscar visões mais gerais dos fenômenos, como em certo sentido é sempre o caso da sociologia, não se deve dissolver a diversidade no genérico, as individualidades no conjunto, o teórico no histórico, o cognitivo no político. Daí termos argumentado, ao longo dos capítulos, que, longe de apenas corroborar o senso comum de sua época, Mário de Andrade também viveu nela – e sobrevive para além dela – a contrapelo. Não tendo se deixado domesticar inteiramente pelos valores e práticas sociais hegemônicos de sua época, o móvel de suas ideias desafia-nos contemporaneamente.

Para nós, o pensamento de Mário de Andrade sempre existiu em movimento. Ele não termina inacabado, estancado por sua morte repentina ou devido às contrariedades de uma existência e aos percalços de uma trajetória, para não falar das atribulações políticas decisivas do Brasil que afetaram e alteraram as possibilidades de seus projetos e seu próprio destino etc. Tudo isso não deixa de ser verdade, e vem sendo trabalhado de um jeito ou de outro por seus intérpretes, entre os quais em parte nos incluímos. Quando dizemos, porém, que o pensamento de Mário de Andrade sempre existiu em movimento – melhor seria retomar seu vocabulário original e chamá-lo diretamente de seu "pensamentear" –, desejamos enfatizar sua qualidade de abertura intrínseca, dialógica, posto que dependente necessariamente do outro para existir. Sua força motriz não reside em si e no mesmo.

Essa abertura, por certo, também constituiu um aprendizado social do autor, mas esse gesto de alguma forma sempre esteve presente em seu pensamento, na verdade, foi sua condição de possibilidade. É preciso escutar Mário em seu movimento próprio num passado vivo. E isso requer, por sua vez, também um gesto nosso não disjuntivo, que, em vez de repor binarismos como "antes" ou "depois", favoreça uma perspectiva mais complexa que permita não apenas nuançar, mas colocar em xeque polaridades assentadas, surpreendendo presente e passado numa nova rearticulação tensionada *em processo, em movimento*.

Ao escolher estudar, em lugar da evolução, o movimento do pensamento de Michel de Montaigne, o admirável Jean Starobinsky (1993: 8), admitiu que "partindo de uma inquietude moderna, fazendo a Montaigne, em seu texto, as perguntas do nosso século, não procurei evitar que este *Montaigne em movimento* fosse igualmente um *movimento em Montaigne* e que, assim, a reflexão observadora estabelecesse um nó, ou quiasma, com a obra observada". O termo final a que chega Montaigne, de acordo com Starobinsky (1993: 8), está definido por antecipação, mas como lembra recorrendo a uma metáfora que bem serviria à nossa interpretação de Mário de Andrade, todas "as variações de uma chacona são virtualmente exigidas pela primeira progressão do baixo; a obra, contudo, só se realiza quando todos os seus desenvolvimentos foram produzidos".

Não por acaso, sociólogos que somos, chama-nos antes de tudo a atenção nesse "pensamentear" de Mário de Andrade que a própria noção de sociedade com que opera, em certo sentido tão diferente do que ocorre no notável conjunto ensaístico contemporâneo ao modernismo, seja ela própria não um ente definido, mas um problema – que não comporta resolução definitiva. "[...] juntos formamos este assombro de misérias e grandezas, / Brasil", diz o eu lírico ao final de "Noturno de Belo Horizonte", publicado em *Clã do jabuti*, livro que tece uma meditação sobre esse totem-tabu chamado Brasil a partir de estruturas musicais populares.

Em "Carnaval Carioca", o paulista frio, erudito e preconceituoso, carregado de "policiamentos interiores" e "temores de exceção", dissolvendo-se como vivente anônimo no calor libertador do povo, canta a mistura de cores e tipos, mas não silencia sobre o caráter contraditório, porque excludente, dessa mesma sociedade: "Eu enxerguei com estes meus olhos que inda a Terra há-de comer/ Anteontem as duas mulheres se fantasiando de lágrimas/ A mais nova amamentava o esqueletinho./ Quatro barrigudinhos sem infância, / Os trastes sem aconchego/ No lar-de-todos da rua..."). A fresta democrática da festa não é suficiente para derrubar de vez o muro da exclusão. A religião do Carnaval carioca, ao colocar em suspensão as normas e as identidades, o tempo e o espaço, propicia o gozo imanente do "heroísmo do prazer sem máscaras supremo natural", excepcional e excessivo, e nela o intelectual descobre a felicidade. No fim do transe ritual dessa festa profana, o "eu" talvez renasça, das cinzas, profundamente modificado. Mas e a sociedade?, eis a pergunta que não quer calar.

"Descobrimento" e "Acalanto do seringueiro" – os "Dois poemas acreanos" do mesmo livro – cantam menos as lembranças imaginadas de uma abstrata e intangível comunidade nacional do que o esquecimento do abismo de diferenças e desigualdades que separa nossos corpos, bem como a incapacidade de ver e ouvir – sentir empatia por – esse outro ausente: "Porém nunca nos olhamos/ Nem ouvimos e nem nunca/ nos ouviremos jamais...". A tensão contínua, o dilaceramento agônico e mesmo a impossibilidade estética de resolução são os silêncios e sons da música de uma sociedade inacabada que se grafam, como chagas da paixão, na partitura de si de Mário de Andrade. Não podem, porém, ser dissociados do sentido aberto e inacabado que nela faz também vibrar os harmônicos utópicos de um outro mundo possível.

Tanto a intepretação do Brasil de Mário de Andrade, quanto a ideia de movimento cultural que forjamos a fim de para ela criar uma nova inteligibilidade sociológica implicam, necessariamente, pelos motivos que discutimos ao longo do livro, sentidos inacabados e abertos. Tentamos encontrar e explorar justamente esse ponto de intersecção entre um pensamento que só existe *em movimento* – não apenas porque traduz em sua forma aberta o *processo* social, mas também porque conforma uma ética e uma política da interlocução e, portanto, do reconhecimento do outro – e um pensamento que *se faz movimento*. "O ritmo é a organização expressiva do movimento", define Mário. Insistimos que não basta considerar que a mudança social na sociedade brasileira se realiza mais pela reiteração e acomodação do que apenas pela ruptura para se constatar a atualidade de uma intepretação. Se fosse assim, toda obra do passado seria atual. O poder de interpelação contemporânea de Mário de Andrade é também de ordem teórica, e o testamos na concepção e fatura de textos e nas análises críticas elaboradas por ele de um ponto de vista muito próprio, num cerrado e criativo corpo a corpo com as questões do seu tempo e, anacronicamente, do nosso tempo ainda.

Uma das possibilidades que o nosso percurso realizado permite é tentar fixar minimamente um ponto de chegada metateórico sobre movimentos culturais. Seguiremos por ela para ir encerrando o livro, sem, contudo, pretender fechá-lo. Queremos com esse gesto, particularmente, dar um retorno ao leitor especializado das ciências sociais e outras disciplinas afins das humanidades e artes que, não tendo sido nosso foco exclusivo ao longo do livro, também são nossos interlocutores. Este livro deve, afinal, a seu modo, buscar interpelar e dar sua contribuição ao adensamento do debate acadêmico que, por sua vez, também será sempre provisório e inconcluso. Vai aí algo daquilo que Max Weber chamava de perpétua imaturidade ou o dom da eterna juventude das ciências sociais, pois o fluxo da vida social suscita sempre novos problemas e a produção de novos conceitos, o que não deixa de acentuar o caráter transitório daqueles já formulados.

Mesmo quando a expressão movimento cultural tem sido eventualmente empregada na literatura sociológica, fica difícil perceber um sentido teórico próprio para ela, uma vez que, de fato, ela se confunde, em seus usos, com as visões mais tradicionais sobre o papel da cultura na sociedade. Temos deixado, então, como pressuposto aquilo que caberia ser demostrado: de que modo processos e dinâmicas sociais se articulam com mudanças culturais?

Isso também se dá, em grande medida, na bibliografia da sociologia, tanto teórica quanto na que se volta especificamente para a caracterização dos movimentos sociais. Mesmo os chamados novos movimentos sociais (Melucci, 1980, 2001) – cujas pautas e agendas de mobilização e confronto político são tão marcadas por temas intangíveis, como identidades e estruturas emocionais, por exemplo – não são pensados, porém, como "movimentos culturais", embora, sem dúvida, tenham com eles afinidades decisivas. De modo ainda mais intrigante, isso também acontece quando os movimentos visam claramente à promoção de mudanças em crenças, credos, valores, normas, símbolos e padrões de vida cotidiana, como é o caso, por exemplo, dos movimentos *beatnik* ou *punk*. Em outras palavras, embora se possa dizer que existem visões difusas sobre o papel da mudança cultural nas ciências sociais, elas não têm sido formalizadas em termos explicativos como "movimento cultural", confundindo-se, antes, com as posições mais gerais sobre o papel da cultura na vida social (Swidler, 1986, 1995; Hollanda, 1992).

Como sabemos, não há consenso a esse respeito, ainda que, talvez, poucos sociólogos pareçam dispostos, hoje, a negar que a vida social envolva estruturas e recursos simbólicos, além de materiais, e que a cultura proporcione significado à vida em sociedade, incluindo as regras de ação social, sem as quais seria impossível aos atores chegar a compreender uns aos outros. Desse ponto em diante, contudo, dificilmente se poderia continuar falando em consenso, mesmo no caso das teorias dos movimentos sociais. Nelas, a problemática da cultura permanece associada a duas posições básicas: uma genericamente chamada de idealista, por afirmar com insistência que a sociedade se mantém coesa e/ou muda porque suas normas culturais são compartilhadas; outra, por contraste, materialista, por considerar que as crenças, as ideologias ou as representações coletivas, por exemplo, não atuam senão indiretamente nas dinâmicas sociais. Nesse caso, o mais relevante é perceber a relação entre interesses e oportunidades (ou ameaças) que conduzem à ação, ou apreender o funcionamento das instituições exclusivamente no âmbito sistêmico, como se não mantivessem nenhum vínculo com o chamado mundo da vida. Em relação à segunda abordagem, naturalmente pode-se argumentar que é impossível especificar interesses que não contenham componentes culturais ou que, sem levar em conta os condicionantes culturais – no sentido de valores capazes de unificar vontades e consciências, comportamentos e instituições –, fica difícil explicar como as instituições se enraízam ou não nas condutas dos atores e na própria vida social. Isso, porém, não implica, necessariamente, como preconiza a primeira abordagem, concordar que a cultura seja em si mesma a força capaz de explicar a mudança ou a coesão na sociedade.

A busca de uma nova conexão teórica entre cultura e vida social que, ademais, pode nos auxiliar mais diretamente na formulação de uma proposta sobre "movimentos culturais" vem pautando os últimos trabalhos de Jeffrey Alexander (2006, 2011). Ao teorizar sobre a esfera civil, o autor chama a atenção tanto para suas componentes institucionais – como partidos políticos, associações, cargos públicos, órgãos da justiça e meios de comunicação – quanto para suas dimensões simbólicas e culturais – o discurso da sociedade civil, amparado no universalismo e na ideia de igualdade (Alexander, 2006). Nesse registro, Alexander concebe os movimentos sociais como "tradutores", isto é, como atores sociais que buscam articular, por meio de suas *performances* e com a metalinguagem do discurso da sociedade civil, as demandas por direitos de grupos sociais específicos. Caso essas *performances* sejam bem-sucedidas, os movimentos sociais logram transformar as demandas por direitos em políticas públicas ou em práticas institucionais garantidoras da cidadania. Frequentemente, no entanto, elas sofrem a ação de "contraperformances" que visam deslegitimar, por meio do mesmo discurso da sociedade civil, tais demandas por direitos e, consequentemente, a extensão da própria cidadania. Assim, a luta por direitos e sua efetivação institucional não segue uma lógica linear e progressiva, já que está sujeita a constantes avanços e retrocessos. E, em todos esses casos, como bem demonstrou Alexander (2011) em sua análise sobre os movimentos de direitos civis norte-americanos, é decisivo entender de que modo os movimentos sociais mobilizam a cultura a fim de legitimar, desqualificar ou reprimir certas demandas por direitos.

Os movimentos culturais constituem, a nosso ver, iniciativa articulada – embora descentrada e heterárquica na coordenação das ações coletivas – para alteração, controle ou seleção dos recursos culturais disponíveis nos processos de reflexividade da vida social, por isso, como no caso dos "movimentos sociais", envolvem ainda confronto e política (Alonso, 2015; Tilly; Tarrow, 2015; Tarrow, 2009). Situados num nível meso de escala de análise sociológica, são heurísticos porque condensam os limites e as oportunidades impostos pelos processos mais gerais de mudança social para a alteração das autocompreensões societais, isto é, para as imagens que circulam sobre a sociedade e orientam as forças sociais e políticas em disputa. No nosso caso, frequentemente plasmados em matéria textual, ficam disponíveis para a criatividade cultural das gerações seguintes, que também vão tentar redefinir seus usos e sentidos para as questões próprias que enfrentam. Alguns textos perduram na orientação das formas de autocompreensão societal por muitas gerações. Isso permitiria entender tanto a domesticação do modernismo brasileiro pelo paradigma da identidade nacional quanto seu efeito de naturalização de uma ideia de cultura brasileira.

Assim, também a disjuntiva missão/cooptação dos intelectuais modernistas – que ensejou amplo e polêmico debate na sociologia até aqui – perde o pé, pois essa ação – ação coletiva, mas não consensual ou com sentidos unívocos – não se explica nem só por seu voluntarismo nem apenas pelos constrangimentos estruturais à reprodução social dos intelectuais. O movimento cultural produz efeitos – ou não – de acordo com a sua interação num campo de forças abrangente e cambiante, o que inclui outros movimentos culturais, grupos ocupando posições no interior do Estado e, em alguns casos, também movimentos sociais. Vale a pena levar em conta ainda as várias escalas da diacronia, pois, a despeito da longa duração da modernização conservadora entre nós, houve períodos – curtos – de abertura e promoção pública e privada de inovações culturais e de legitimação da ação dos movimentos culturais democratizantes. O caso de Mário de Andrade parece capturar bem esse anticlímax que foi a redefinição autoritária dos recursos culturais que ele vinha mobilizando em várias frentes.

A ideia de *self modernista*, como argumentamos, é fundamental, pois nos remete, enfim, às diferenças finas e finais entre "movimento cultural" e "movimentos sociais", em geral, e "confronto político", em particular. Se, como os movimentos sociais, o movimento cultural envolve formas específicas de inserção na sociedade e articulações particulares com o arcabouço político-institucional do Estado, suas contribuições não poderiam ser consideradas preponderantemente do ponto de vista da lógica institucional, em termos de um aperfeiçoamento dos mecanismos de intermediação de interesses e demandas – como, aliás, ilustram soberbamente as relações ambíguas do modernismo com o Estado Novo. Talvez mais do que qualquer outro tipo de movimento social, o movimento cultural parece exigir, porém, uma espécie de capilarização rizomática reiterada e progressiva – movida a uma energia renovável, cuja força motriz nesse caso é a juventude – via socialização em diferentes círculos sociais. De que outro modo ideais às vezes tão abstratos de sociedade, cultura e política poderiam fazer sentido para os adeptos do movimento? E, talvez ainda mais importante, de onde viria o engajamento para eles enfrentarem o desafio, central em qualquer movimento social, de fazer compartilhar com o maior número possível de pessoas e grupos sociais – e até mesmo generalizar para o conjunto da sociedade – seus valores e práticas particulares?

Um movimento social só ganha inteligibilidade quando luta pelo controle dos modelos de conduta e dos modos de afecção que determinam os regimes de visibilidade, percepção e sensibilidade a partir dos quais uma sociedade se organiza e (re)produz recursivamente suas práticas. O que está em jogo, do ponto de vista sociológico, para dizer como Max Weber, é transformar a inspiração de poucos na convicção de muitos, isto é, fazer com que determinado sentido de orientação das ações e relações sociais se torne legítimo e coletivo, ganhando persistência ao longo do tempo (Botelho, 2005).

Talvez essa dinâmica interativa do movimento cultural, que pode levar a sociedade a aprender por si mesma, possa ser aproximada do processo da música popular que, estudando o samba rural paulista, Mário de Andrade (1991: 128) denomina consulta coletiva, por meio do qual "a canção popular se compõe a si mesma".

> No grupo em consulta, um solista propõe um texto-melodia. [...] O solista canta, canta no geral bastante incerto, improvisando. [...] O coro responde. O solista canta de novo. O coro torna a responder.

> E assim aos poucos, desta dialogação, vai se fixando um texto-melodia qualquer. O bumbo está bem atento. Quando percebe que a coisa pegou e o grupo, memorizando com facilidade o que lhe propôs o solista, responde unânime e com entusiasmo, dá uma batida forte e entra no ritmo em que estão cantando. Imediatamente à batida mandona do bumbo, os outros instrumentos começam tocando também, e a dança principia. Quando acaso os sambistas não conseguem responder certo ou memorizar bem, ou por qualquer outro motivo, não gostam do que lhes propôs o solista, a coisa morre aos poucos. [...] Às vezes é o mesmo solista que, percebendo pouco viável a sua proposta, propõe novo texto-melodia, interrompendo a indecisão em que se está (Andrade, 1991: 116).

Transformando os próprios atores sociais que dele participam, o modernismo como movimento cultural forja um *self modernista* que se multiplica – e se renova – numa rede descentrada formada pela relação contingente entre a mudança almejada pelos movimentos na sociedade e sua modificação no processo. Nessa "desgeografização" espiralada, poderíamos dizer, o modernismo acabou conseguindo se tornar uma espécie de ponto de vista, de lugar de onde se observar e avaliar a cultura brasileira, de qualquer época do passado e mesmo do futuro, como ilustra o interminável e redivivo debate sobre se ele estaria ou não superado, sobre o que estaria vivo ou morto nele e em seu legado etc. Um tipo de "tradição móvel", usando livremente expressão cara a seu líder. Daí essa aposta permanente e renovada na "juventude" – o acorde dissonante que exige o moto contínuo, para evocar a cantoria popular estudada a fundo por Mário – como portadora social do modernismo que se realizaria no tempo, enlaçando gerações, como aparece tão claramente na atuação de Mário de Andrade. A cada geração a causa modernista – o "direito permanente à pesquisa estética", a "atualização da inteligência artística brasileira" e a "estabilização de uma consciência criadora nacional" – precisaria se renovar para, modificando a si própria, mudar a sociedade.

Para "tirar o canto novo", como queria Mário de Andrade, é preciso se colocar em movimento. E este, definitivamente, não comporta definições de identidades coletivas como "puras" ou "autênticas"; exige, antes, e como trabalhamos ao longo do livro, uma noção de cultura mais dinâmica não como unidade expressiva e homogênea ou campo do consenso e da reconciliação, mas antes da tensão e do conflito em aberto. Afinal, como afirma Max Weber (2015: 381), "Não há como eliminar a luta da vida cultural. É possível alterar seus meios, seu objeto, até mesmo sua orientação básica e seus portadores, mas não excluí-la [...] Ela está sempre presente, e muitas vezes com tanto maiores consequências quanto menos seja percebida". Um pensamento movente que se fez movimento cultural numa sociedade em mudança: Mário de Andrade, presente!

* * *

Um de seus últimos escritos, *O banquete*, não só nasce das contradições de Mário de Andrade (Coli & Dantas, 1989a: 15), mas também permite que suas ambiguidades se projetem polifonicamente na multiplicidade de vozes da forma dialogada que sempre perseguiu. E é justamente nesse texto, interrompido por sua morte, que Mário estabelecerá o "valor dinâmico do inacabado" (Andrade, 1989a: 61). As artes e técnicas do acabado, diz ele, são "eminentemente dogmáticas, afirmativas sem discussão, *credo quia absurdum*". Impositivas, didáticas e "ditatoriais", são impermeáveis ao debate. Já as artes e técnicas do inacabado, de que a estética musical é o exemplo mais perfeito, possuem sentido impreciso e são por excelência associativas, exigindo, para se completar, a participação ativa e constante do público: "O acabado é dogmático e impositivo. O inacabado é convidativo e insinuante. É dinâmico, enfim. Arma o nosso braço" (Andrade, 1989a: 62).

Portanto, como sugere Gilda de Mello e Souza (2009: 54), o próprio discurso dialógico que desenvolve e modula a obra de Mário, como vimos, pode ser entendido, por sua vez, como um discurso inacabado, uma vez que "se abre continuamente para o interlocutor, exigindo a cada passo a sua participação efetiva no debate". Essa abertura para o outro, é preciso ressaltar, não se restringe ao diálogo pela razão, apto a estabelecer uma sempre improvável comunicação entre *ego* e *alter*, mas significa também o relacionamento pela empatia – que Mário associa à forma *charitas* do amor (Alvarenga, 1983:

279) –, capaz de provocar o reconhecimento social simétrico desses outros sujeitos. Como lembra mais uma vez Lévi-Strauss (2011: 631), é sempre o ouvinte que investe o esquema codificado em sons que a música propõe de uma ou várias significações virtuais, de modo que a unidade móvel da obra musical só se produz a dois, ligando o som do lugar de fala de um ao sentido do lugar de escuta do outro: "Daí provém essa espécie de acasalamento intelectual e afetivo que ocorre entre compositor e ouvinte. Nenhum deles é mais importante do que o outro, pois cada um deles possui um dos 'sexos' da música, cuja execução permite e soleniza a união carnal. Só então som e sentido se encontram".

E, nesse entrelugar de fala-escuta, o próprio sujeito se multiplica dividido, dilacerado, como que defrontando o seu duplo, na busca dramática de uma resposta, que, quando ocorre, se revela provisória. O inacabamento constitui, assim, vetor da força revolucionária da dissonância e da luta, móvel democrático do conflito pela abertura permanente à mudança – e, como tal, pulsa no coração dos movimentos culturais.

BIBLIOGRAFIA

ALEXANDER, Jeffrey. *Performance and power*. Cambridge: Polity, 2011.

ALEXANDER, Jeffrey. *The civil sphere*. New York: Oxford University Press, 2006.

ALONSO, Angela. *Flores, votos e balas*: o movimento abolicionista brasileiro (1868-1888). São Paulo: Companhia das Letras, 2015.

ALVARENGA, Oneyda. *Mário de Andrade*: cartas. São Paulo: Duas Cidades, 1983.

_____. *Mário de Andrade, um pouco*. Rio de Janeiro: José Olympio, 1974.

ANDRADE, Carlos Drummond de. *Confissões de Minas*. São Paulo: Cosac Naify, 2011.

_____. *Carlos e Mário*: correspondência entre Carlos Drummond de Andrade e Mário de Andrade: 1924-1945. Organização de Lélia Coelho Frota. Rio de Janeiro: Bem-Te-Vi, 2002.

ANDRADE, Mário de. *O turista aprendiz*. Edição de texto apurado, anotada e acrescida de documentos por Telê Ancona Lopez e Tatiana Longo Figueiredo. Brasília: Iphan, 2015a.

_____. *A lição do amigo*. Cartas de Mário de Andrade a Carlos Drummond de Andrade. São Paulo: Companhia das Letras, 2015b.

_____. *Correspondência Mário de Andrade & Alceu Amoroso Lima*. Organização, introdução e notas Leandro Garcia Rodrigues. São Paulo: Edusp, IEB; Rio de Janeiro: Ed. PUC-Rio, 2018.

_____. *Correspondência Mário de Andrade & Henriqueta Lisboa*. Organização Eneida Maria de Souza. São Paulo: Edusp, IEB, Peirópolis, 2010.

_____. A escrava que não é Isaura (Discurso sobre algumas tendências da poesia modernista). In: SCHWARTZ, Jorge. *Vanguardas latino-americanas*: polêmicas, manifestos e textos críticos. São Paulo: Edusp, 2008a.

_____. Modernismo e ação. In: SCHWARTZ, Jorge. *Vanguardas latino-americanas*: polêmicas, manifestos e textos críticos. São Paulo: Edusp, 2008b.

_____. *Mário, Otávio*: cartas de Mário de Andrade a Otávio Dias Leite (1936-1944). Organização, introdução e notas Marcos Antonio de Moraes. São Paulo: Imprensa Oficial do Estado de São Paulo; Oficina do Livro Rubens Borba de Moraes; IEB-USP, 2006.

_____. *Correspondência Mário de Andrade & Manuel Bandeira*. Organização, introdução e notas Marcos Antonio de Moraes. São Paulo: Edusp, IEB, 2000.

_____. *Introdução à estética musical*. São Paulo: Hucitec, 1995.

_____. *Vida literária*. São Paulo: Edusp, Hucitec, 1993a.

_____. *Vida do cantador*. Belo Horizonte; Rio de Janeiro: Villa Rica, 1993b.

_____. *Música e jornalismo: Diário de S. Paulo*. Organização de Paulo Castagna. São Paulo: Edusp/Hucitec, 1993c.

_____. *A enciclopédia brasileira*. Edição crítica e estudo Flávia Camargo Toni. São Paulo: Giordano; Loyola; Edusp, 1993d.

_____. *Aspectos da música brasileira*. Belo Horizonte; Rio de Janeiro: Villa Rica, 1991.

_____. *O banquete*. São Paulo: Duas Cidades, 1989a.

_____. *Dicionário musical brasileiro*. Belo Horizonte/Brasília/São Paulo: Itatiaia/ Ministério da Cultura/IEB/Edusp, 1989b.

_____. *Cartas de Mário de Andrade a Prudente de Moraes Neto 1924-1936*. Organização Georgina Koifman. Rio de Janeiro: Nova Fronteira, 1985.

_____. *Aspectos das artes plásticas no Brasil*. Belo Horizonte: Itatiaia, 1984a.

_____. *Os cocos*. São Paulo: Duas Cidades; Brasília: INL, 1984b.

_____. Assim falou o papa do futurismo. In: ANDRADE, Mário de. *Entrevistas e depoimentos*. Org. Telê P. Ancona Lopez. São Paulo: T. A. Queiroz, 1983, p. 17-18.

_____. *Correspondente contumaz*. Cartas a Pedro Nava (1925-1944). Rio de Janeiro: Nova Fronteira, 1982.

_____. *Mário de Andrade*: cartas de trabalho. Correspondência com Rodrigo Mello Franco de Andrade (19361945). Organização Lélia Coelho Frota. Brasília: Fundação Nacional Pró-Memória, 1981.

_____. *Namoros com a medicina*. São Paulo: Martins; Belo Horizonte: Itatiaia, 1980.

_____. *Aspectos da literatura brasileira*. São Paulo: Livraria Martins Editora, 1978.

_____. *Táxi e crônicas no Diário Nacional*. Estabelecimento de texto, introdução e notas de Telê Porto Ancona Lopez. São Paulo: Duas Cidades; Secretaria da Cultura, Ciência e Tecnologia, 1976a.

_____. *Música, doce música*. São Paulo: Martins; Brasília: MEC, 1976b.

_____. *Aspectos da literatura brasileira*. 5. ed. São Paulo: Martins; Brasília: INL, 1974.

_____. *Poesias completas*. 3. ed. São Paulo: Martins; Brasília: INL, 1972a.

_____. *Ensaio sobre música brasileira*. 3. ed. São Paulo: Martins; Brasília: INL, 1972b.

_____. Prefácios de *Macunaíma*. In: BATISTA, Marta Rossetti; LOPEZ, Telê P. A. & LIMA, Yone Soares de (Orgs.). *Brasil: 1º tempo modernista*: 1917-1929. Documentação. São Paulo: Instituto de Estudos Brasileiros, 1972c.

_____. *Mário de Andrade escreve*: cartas a Alceu, Meyer e outros. Coligidas e anotadas por Lygia Fernandes. Rio de Janeiro: Editora do Autor, 1968.

_____. A arte religiosa no Rio. *Revista do Brasil*, v. 5, n. 52, abr. 1920.

_____. *Música de feitiçaria no Brasil*. São Paulo: Martins, s/d.

ANDRADE, Oswald de. Esquema ao Tristão de Ataíde. In: RAMOS JR., José de Paula. *Leituras de Macunaíma*: primeira onda (1928-1936). São Paulo: Edusp, 2012.

_____. *Do pau-brasil à Antropofagia e às utopias*. Obras Completas. VI. Rio de Janeiro: Civilização Brasileira, 1972.

_____. O caminho percorrido. In: *Ponta de lança*. Obras Completas. V. Rio de Janeiro: Civilização Brasileira, 1971, p. 93-112.

ARAÚJO, Ricardo Benzaquen de. Um grão de sal: autenticidade, felicidade e relações de amizade na correspondência de Mário de Andrade com Carlos Drummond. *História da historiografia*, Ouro Preto, n. 16, p. 174-185, 2014.

ARRIGUCCI JR., Davi. *Humildade, paixão e morte*: a poesia de Manuel Bandeira. São Paulo: Companhia das Letras, 1990.

ATAÍDE, Tristão de. Macunaíma. In: RAMOS JR., José de Paula. *Leituras de Macunaíma*: primeira onda (1928-1936). São Paulo: Edusp, 2012, p. 261-271.

AZEVEDO, Beatriz. *Palimpsesto selvagem*. São Paulo: Cosac Naify, 2016.

BARBATO JR., Roberto. *Missionários de uma utopia nacional-popular*. Os intelectuais e o Departamento de Cultura de São Paulo. São Paulo: Annablume; Fapesp, 2004.

BARTHES, Roland. *Sade, Fourier, Loyola*. São Paulo: Martins Fontes, 2005.

BASTOS, Elide Rugai. *As criaturas de Prometeu*. Gilberto Freyre e a formação da sociedade brasileira. São Paulo: Global, 2006.

BASTOS, Elide Rugai & BOTELHO, André. Para uma sociologia dos intelectuais. *Dados*. Rio de Janeiro, v. 53, n. 4, p. 889-919, 2010.

BATISTA, Marta Rosseti. *Coleção Mário de Andrade*. Religião e magia; música e dança; cotidiano. São Paulo: Edusp; IEB-USP; Imprensa oficial, 2004.

BATISTA, Marta Rossetti; LOPEZ, Telê P. A. & LIMA, Yone Soares de (Orgs.). *Brasil*: 1º tempo modernista: 1917-1929. Documentação. São Paulo: Instituto de Estudos Brasileiros, 1972.

BERRIEL, Carlos Eduardo Ornelas. *Tietê, Tejo, Sena*: a obra de Paulo Prado. Campinas: Papirus, 2000.

BESSA, Virginia de Almeida. *A escuta singular de Pixinguinha*: história e música popular no Brasil dos anos 1920 e 1930. São Paulo: Alameda, 2010.

BITTENCOURT, Andre Veiga. *A incisão e a lira*: medicina, literatura e modernismo em Pedro Nava. Tese (Doutorado em Sociologia). Universidade Federal do Rio de Janeiro, Rio de Janeiro, RJ, 2017.

BOMENY, Helena. *Um poeta na política*. Mário de Andrade, paixão e compromisso. Rio de Janeiro: Casa da Palavra, 2012.

_____. Antiliberalismo como convicção: teoria e ação política em Francisco Campos. In: LIMONIC, Flávio & MARTINHO, Francisco Carlos P. (Orgs.). *Os intelectuais do antiliberalismo*. Projetos e políticas para outras modernidades. Rio de Janeiro: Civilização Brasileira, 2010, p. 263-316.

_____. (Org.). *Constelação Capanema*: intelectuais e políticas. Rio de Janeiro/Bragança Paulista: Ed. FGV/Ed. Universidade de São Francisco, 2001.

BOSI, Alfredo. Situação de Macunaíma. In: *Céu, inferno*: ensaios de crítica literária e ideológica. São Paulo: Duas Cidades; Ed. 34, 2003.

BOTELHO, André. *O retorno da sociedade*: política e interpretações do Brasil. Petrópolis: Vozes, 2019.

_____. Sinal dos tempos: anacronismo e atualidade de *Uma literatura nos trópicos*. In: SANTIAGO, Silviano. *Uma literatura nos trópicos*. Recife: CEPE Editora, 2019a.

_____. Brasil caixa-postal: por uma educação estética modernista [posfácio]. In: ANDRADE, Mário de. *A lição do amigo*: cartas de Mário de Andrade a Carlos Drummond de Andrade. São Paulo: Companhia das Letras, 2015.

_____. *De olho em Mário de Andrade*: uma descoberta intelectual e sentimental do Brasil. São Paulo: Claroenigma, 2012.

_____. A Pequena história da literatura brasileira: provocação ao modernismo. Tempo social, v. 23, n. 2, p. 135-161, 2011.

_____. *O Brasil e os dias*: Estado-nação, modernismo e rotina intelectual. Bauru: Edusc, 2005.

_____. *Um ceticismo interessado*: Ronald de Carvalho e sua obra dos anos 20. Tese (Doutorado em Ciências Humanas). Universidade Estadual de Campinas, Campinas, SP, 2002. Disponível em: <http://www.repositorio.unicamp.br/handle/REPOSIP/280300>. Acesso em: 1 ago. 2021.

BÜRGER, Peter. *Teoria da vanguarda*. São Paulo: UBU, 2017.

CALIL, Carlos Augusto & PENTEADO, Flavio R. (Orgs.). *Me esqueci completamente de mim, sou um departamento de cultura*. São Paulo: Impressa Oficial do Estado de São Paulo, 2015.

_____. Viagem pessoal e missão institucional. In: *Missão de Pesquisas Folclóricas – Música Tradicional do Norte e Nordeste*. São Paulo: Sesc; Secretaria Municipal de Cultura; Centro Cultural São Paulo, 2006.

CAMPOS, Haroldo de. Da razão antropofágica: diálogo e diferença na cultura brasileira. In: *Metalinguagem & outras metas*: ensaios de teoria e crítica literária. São Paulo: Perspectiva, 2010.

CAMPOS, Luna. *Sensibilidade etnográfica, narrativa e interpretação do Brasil*: a viagem de Mário de Andrade ao Nordeste (1928/29). Dissertação (Mestrado em

Sociologia e Antropologia). Universidade Federal do Rio de Janeiro, Rio de Janeiro, RJ, 2014.

CANDIDO, Antonio. Lembrança de Mário de Andrade. In: *O observador literário*. Rio de Janeiro: Ouro sobre Azul, 2008.

_____. Literatura e sociedade de 1900 a 1945 (Panorama para estrangeiros). In: *Literatura e sociedade*. 9a ed. revista pelo autor. Rio de Janeiro: Ouro sobre Azul, 2006, p. 117-146.

_____. Digressão sentimental sobre Oswald de Andrade. In: *Vários escritos*. 4a ed., reorganizada pelo autor. São Paulo: Duas Cidades; Rio de Janeiro: Ouro sobre Azul, 2004, p. 33-67.

_____. Prefácio. In: MICELI, Sergio. *Intelectuais à brasileira*. São Paulo: Companhia das Letras, 2001, p. 71-76.

_____. Prefácio. In: DUARTE, Paulo. *Mário de Andrade por ele mesmo*. São Paulo: Hucitec; Secretaria Municipal de Cultura, 1985, p. xii-xvii.

_____. Intervenção num debate sobre Paulo Emílio. *Filme Cultura*, n. 35-36, 1980.

CARLINI, Álvaro. *Cante lá que gravam cá*: Mário de Andrade e a Missão de Pesquisas Folclóricas de 1938. Dissertação (Mestrado em História). Universidade de São Paulo, São Paulo, SP, 1994.

CASTAGNA, Paulo. Periódicos musicais brasileiros no contexto das bibliografias e bases de dados na área de música. Encontro de Musicologia Histórica, 7, *Anais...* Juiz de Fora, Centro Cultural Pró-Música, 21-23 de julho de 2006, p. 21-54, 2008.

CAVALCANTI, Maria Laura Viveiros de Castro. *Patrimônio imaterial no Brasil*. Brasília: Unesco; Educarte, 2008.

_____. Cultura popular e sensibilidade romântica: as danças dramáticas de Mário de Andrade. *Revista Brasileira de Ciências Sociais*, v. 19, n. 54, p. 57-78, 2004.

CHAKRABARTY, Dipesh. *Provincializing Europe*: postcolonial thought and historical difference. Princeton: Princeton University Press, 2000.

COLI, Jorge. *Música final*. Campinas: Ed. Unicamp, 1998.

_____. Mário de Andrade e a música. In: BERRIEL, Carlos Eduardo (org.). *Mário de Andrade hoje*. São Paulo: Ensaio, 1990.

CONTIER, Arnaldo Daraya. Mário de Andrade e a utopia do som nacional. *Trama Interdisciplinar*, ano 1, v. 2, p. 73-95, 2010.

_____. O "Ensaio sobre a Música Brasileira": estudo dos matizes ideológicos do vocabulário social e técnico-estético (Mário de Andrade, 1928). *Revista Música*, v. 6, n. 1-2, p. 75-121, 1995.

COSTA, Gilmara Benevides. *O canto sedutor de Chico Antônio*. Natal: Ed. UFRN, 2004.

CUCCAGNA, Claudio. *Utopismo modernista*. O índio no ser-não-ser da brasilidade (1920-1930). Tese (Doutorado em Literatura Brasileira). Universidade de São Paulo, São Paulo, SP, 2005.

DEL PICCHIA, Menotti et al. O atual momento literário. *Correio Paulistano*, 1929.

DUARTE, Paulo. *Mário de Andrade por ele mesmo*. São Paulo: Hucitec; Secretaria Municipal de Cultura, 1977.

DUARTE, Pedro. *A palavra modernista*: vanguarda e manifesto. Rio de Janeiro: Casa da Palavra, 2014.

DURKHEIM, Émile; MAUSS, Marcel. Algumas formas primitivas de classificação. In: BOTELHO, André (Org.). *Essencial Sociologia*. São Paulo: Penguin; Companhia das Letras, 2013.

EDER, Klaus. Identidades coletivas e mobilização de identidades. *Revista Brasileira de Ciências Sociais*, v. 18, n. 53, 2003.

_____. As sociedades aprendem, mas o mundo é difícil de mudar. *Lua Nova*, n. 53, p. 5-29, 2001.

EULÁLIO, Alexandre (Org.). *A aventura brasileira de Blaise Cendrars*. 2. ed., revista e ampliada por Carlos Augusto Calil. São Paulo: Edusp; Fapesp, 2001.

FAUSTO, Carlos. Cinco séculos de carne de vaca: antropofagia literal e antropofagia literária. In: ROCHA, João Cezar de Castro; RUFFINELLI, Jorge (Orgs.). *Antropofagia hoje?*. São Paulo: É Realizações, 2011, p. 161-170.

FERGUSON, James. *Global shadows:* Africa in the neoliberal world order. Durhan; London: Duke University Press, 2006.

FISH, Stanley. *Is there a text in this class?* The authority of interpretative communities. Cambridge: Harvard University Press, 1982.

FOUCAULT, Michel. *O que é um autor?* Lisboa: Vega, 1992.

FRAGELLI, Pedro Coelho. *A Paixão segundo Mário de Andrade*. Dissertação (Mestrado em Literatura Brasileira). Universidade de São Paulo, São Paulo, SP, 2012.

FROTA, Lélia Coelho. Mário de Andrade: uma vocação de escritor público. In: ANDRADE, Mário de. *Mário de Andrade*: cartas de trabalho. Correspondência com Rodrigo Mello Franco de Andrade (19361945). Organização Lélia Coelho Frota. Brasília: Fundação Nacional Pró-Memória, 1981.

FUENTE, Eduardo de la. *Twentieth century music and the question of modernity*. New York; London: Routledge, 2011.

GARRAMUÑO, Florencia. *Modernidades primitivas:* tango, samba e nação. Belo Horizonte: Ed. UFMG, 2009.

GOMES, Angela de Castro. *História e historiadores*. Rio de Janeiro: Editora Fundação Getúlio Vargas, 1996.

GONÇALVES, José Reginaldo Santos. *A retórica da perda*: os discursos do patrimônio cultural no Brasil. Rio de Janeiro: Ed. UFRJ, 1996.

GUMBRECHT, Hans Ulrich. *Produção de presença* – o que o sentido não consegue transmitir. Rio de Janeiro: Contraponto; PUC-Rio, 2010.

HAMILTON-TYRRELL, Sarah. Mário de Andrade, mentor: modernism and musical aesthetics in Brazil, 1920-1945. *Musical Quarterly*, v. 88, n. 1, p. 7-34, 2005.

HOELZ, Maurício. *Entre piano e ganzá*: música e interpretação do Brasil em Mário de Andrade. Tese (Doutorado em Sociologia). Universidade Federal do Rio de Janeiro, Rio de Janeiro, RJ, 2015.

HOLLANDA, Heloisa Buarque de. *Impressões de viagem*: CPC, vanguarda e desbunde. 3. ed. Rio de Janeiro: Rocco, 1992.

_____. *Macunaíma*: da literatura ao cinema. Rio de Janeiro: José Olympo; Empresa Brasileira de Filmes, 1978.

JARDIM, Eduardo. *A brasilidade modernista:* sua dimensão filosófica. Rio de Janeiro: Ed. PUC-Rio; Ponteio, 2016.

_____. *Eu sou trezentos:* Mário de Andrade: vida e obra. Rio de Janeiro: Edições de Janeiro, 2015.

_____. *Mário de Andrade*: a morte do poeta. Rio de Janeiro: Civilização Brasileira, 2005.

JAUSS, Hans Robert. *A história da literatura como provocação à teoria literária*. São Paulo: Ática, 1994.

JOBIM, José Luís. O movimento modernista como memórias de Mário de Andrade. *Revista do Instituto de Estudos Brasileiros*, n. 55, p. 13-26, 2012.

LABRADA, Isadora Bertolini. Mário de Andrade e Ariel – *Revista de Cultura Musical*. Projeto de pesquisa na área de Musicologia (Bacharelado em Comunicação Social com Habilitação em Jornalismo). Instituto de Estudos Brasileiros, Universidade de São Paulo, 2012.

LAFETÁ, João Luiz. *Figuração da intimidade*: imagens na poesia de Mário de Andrade. São Paulo: Martins Fontes, 1986.

LAHUERTA, Milton. Os intelectuais e os anos 20: moderno, modernista, modernização. In: LORENZO, Helena & COSTA, Wilma (Orgs.). *A década de 1920 e as origens do Brasil moderno*. São Paulo: Ed. Unesp, 1997, p. 93-114.

LÉVI-STRAUSS, Claude. *O homem nu*. Mitológicas VI. São Paulo: Cosac Naify, 2011.

_____. *O cru e o cozido*. Mitológicas, v. 1. São Paulo: Cosac Naify, 2004.

LISBÔA, Sérgio Rodrigues. *Da Bucólica ao Ensaio sobre música brasileira*. Dissertação (Mestrado em Musicologia). Universidade de São Paulo, São Paulo, SP, 2015.

LOPEZ, Telê Ancona. *Mariodeandradeando*. São Paulo: Hucitec, 1996.

_____. *Mário de Andrade*: ramais e caminhos. São Paulo: Duas Cidades, 1972.

LUHMANN, Niklas. *O amor como paixão*: para a codificação da intimidade. Lisboa: Difel; Rio de Janeiro: Bertrand Brasil, 1991.

LUPER, Albert. The musical thought of Mário de Andrade (1893-1945). *Yearbook Inter-American Institute for Musical Research*, I, p. 41-54, 1965.

MARQUES, Ivan. *Modernismo em revista*: estética e ideologia nos periódicos dos anos 1920. Rio de Janeiro: Casa da Palavra, 2013.

MARTINS, Ana Luiza. *Revistas em revista*: imprensa e práticas culturais em tempos de República, São Paulo (1890-1922). São Paulo: Edusp; Fapesp, 2008.

MARTINS, Luciano. A gênese de uma *Intelligentsia*: os intelectuais e a política no Brasil,1920 a 1940. *Revista Brasileira de Ciências Sociais*, n. 4, v. 2, p. 65-87, 1987.

MAUSS, Marcel. Ensaio sobre a dádiva. In: *Sociologia e antropologia*. São Paulo: Cosac Naify, 2003, p. 183-313.

MAUSS, Marcel & HUBERT, Henri. *Sobre o sacrifício*. São Paulo: Cosac Naify, 2005.

MELUCCI, Alberto. *A invenção do presente*: movimentos sociais nas sociedades complexas. Petrópolis: Vozes, 2001.

_____. Juventude, tempo e movimentos sociais. *Revista Brasileira de Educação*, n. 5/6, p. 5-14, 1997.

_____. The new social movements: a theoretical approach. *Social Science Information*, v. 19, n. 2, p. 199-226, 1980.

MICELI, Sergio. Mário de Andrade: a invenção do moderno intelectual brasileiro. In: BOTELHO, André & SCHWARCZ, Lilia M. (Orgs.). *Um enigma chamado Brasil*: 29 intérpretes e um país. São Paulo: Companhia das Letras, 2009, p. 160-172.

_____. *Intelectuais à brasileira*. São Paulo: Companhia das Letras, 2001.

MORAES, Marcos Antonio de. Edição da correspondência reunida de Mário de Andrade: histórico e alguns pressupostos. *Patrimônio e memória*, v. 4, n. 2, jun., p. 115-128, 2009.

_____. *Orgulho de jamais aconselhar*. A epistolografia de Mário de Andrade. São Paulo: Edusp; Fapesp, 2007.

MOREIRA, Luiza Franco. *Meninos, poetas e heróis*: aspectos de Cassiano Ricardo do modernismo ao Estado Novo. São Paulo: Edusp, 2001.

MORETTI, Franco. *O romance de formação*. São Paulo: Todavia, 2020.

MONTEIRO, Pedro Meira. "Coisas sutis, ergo profundas": O diálogo entre Mário de Andrade e Sérgio Buarque de Holanda: In: *Mário de Andrade e Sérgio Buarque de Holanda*: correspondência. Organização Pedro Meira Monteiro. São Paulo: Companhia das Letras; Instituto de Estudos Brasileiros; Edusp, 2012.

NABUCO, Joaquim. *Minha formação*. Rio de Janeiro: José Olympio; Brasília: INL, 1976.

NASCIMENTO, Evando. A antropofagia em questão. In: ROCHA, João Cezar de Castro & RUFFINELLI, Jorge (Orgs.). *Antropofagia hoje?*. São Paulo: É Realizações, 2011, p. 331-362.

NAVA, Pedro. *Chão de ferro*. São Paulo: Companhia das Letras, 2012.

NAVES, Rodrigo. *A forma difícil*: ensaios sobre arte brasileira. São Paulo: Ática, 1996.

NAVES, Santuza Cambraia. *O Brasil em uníssono e leituras sobre música e modernismo*. Rio de Janeiro: Casa da Palavra, 2013.

NODARI, Alexandre & AMARAL, Maria Carolina de Almeida. A questão (indígena) do Manifesto Antropófago. *Revista Direito e Práxis*, v. 9, n. 4, p. 2461-2502, 2018.

NOGUEIRA, Maria Guadalupe Pessoa. *Edição anotada da correspondência Mário de Andrade e Renato de Almeida*. Dissertação (Mestrado em Literatura Brasileira). Universidade de São Paulo, São Paulo, SP, 2003.

OLIVEIRA, Lúcia Lippi; VELLOSO, Monica Pimenta & GOMES, Ângela de Castro. *Estado Novo*: ideologia e poder. Rio de Janeiro: Zahar, 1982.

PADILHA, Marcia. *A cidade como espetáculo*: publicidade e vida urbana na São Paulo nos anos 20. São Paulo: Annablume, 2001.

PEREIRA, Maria Elisa. *Lundu do escritor difícil*: canto nacional e fala brasileira na obra de Mário de Andrade. São Paulo: Ed. Unesp, 2006.

PRADO JR., Bento. A linguagem indireta ou o paradigma musical. In: *A retórica de Rousseau*. São Paulo: Editora Unesp, 2018.

PRADO, Paulo. Poesia pau-brasil. In: ANDRADE, Oswald. *Pau-Brasil*. São Paulo: Globo, 1990.

QUINTERO-RIVERA, Mareia. *Repertório de identidades*: música e representações do nacional em Mário de Andrade (Brasil) e Alejo Carpentier (Cuba) (décadas de 1920-1940). Tese (Doutorado em História Social). Universidade de São Paulo, São Paulo, SP, 2002.

RAMOS JR., José de Paula. *Leituras de Macunaíma*: primeira onda (1928-1936). São Paulo: Edusp, 2012.

RICUPERO, Bernardo. O "original" e a "cópia" na antropofagia. *Sociologia & Antropologia*, v. 8, n. 3, p. 875-912, 2018.

ROCHA, João Cezar de Castro & RUFFINELLI, Jorge (orgs.). *Antropofagia hoje?*. São Paulo: É Realizações, 2011.

RESENDE, Otto Lara. No aniversário da morte de Mário de Andrade. In: *O príncipe e o sabiá*: e outros perfis. 2a ed. São Paulo: Companhia das Letras; Instituto Moreira Salles, 2017.

REZENDE, Gabriel Sampaio Souza Lima. *Um universo de pensamentos musicais na escrivaninha de um sociólogo*: Max Weber e "Os fundamentos racionais e sociológicos da música". Dissertação (Mestrado em Sociologia). Universidade Estadual de Campinas, Campinas, SP, 2010.

SÁ PEREIRA, Antonio Leal de. *Carta de 22 de abril a Mário de Andrade*. Arquivo Mário de Andrade, Instituto de Estudos Brasileiros, Universidade de São Paulo, 1923.

SACHS, S. Um crítico no jornal. In: ANDRADE, Mário. *Vida literária*. São Paulo: Edusp/Hucitec, 1993.

SANDRONI, Carlos. *Feitiço decente*. Rio de Janeiro: Zahar, 2001.

_____. *Mário contra Macunaíma*. São Paulo: Vértice; Rio de Janeiro: Iuperj, 1988.

SANTIAGO, Silviano. O entre-lugar do discurso latino-americano. In: *Uma literatura nos trópicos*. Recife: CEPE Editora, 2019.

_____. *O cosmopolitismo do pobre*. Belo Horizonte: Ed. UFMG, 2008.

_____. *Ora (direis) puxar conversa!* Belo Horizonte: Ed. UFMG, 2006.

_____. Prefácio e notas. In: *Carlos e Mário*: correspondência entre Carlos Drummond de Andrade e Mário de Andrade: 1924-1945. Organização Lélia Coelho Frota. Rio de Janeiro: Bem-Te-Vi, 2002.

_____. História de um livro. In: *Nas malhas das letras*. Rio de Janeiro: Rocco, 1982, p. 145-163.

SANTOS, Paulo Sérgio Malheiros dos. *O grão perfumado*: Mário de Andrade e a arte do inacabado. Belo Horizonte: Ed. PUC Minas, 2013.

_____. *Músico, doce músico*. Belo Horizonte: Ed. UFMG, 2003.

SCHORSKE, Carl E. *Viena fin-de-siècle*: política e cultura. Tradução Denise Bottman. São Paulo: Companhia das Letras, 1988.

SCHWARCZ, Lilia Moritz. *Lima Barreto*: triste visionário. São Paulo: Companhia das Letras, 2017.

_____. Uma história de "diferenças e desigualdades": as doutrinas raciais do século XIX. In: *O espetáculo das raças*. Cientistas, instituições e questão racial no Brasil. São Paulo: Companhia das Letras, 1993.

SCHWARTZ, Jorge. *Vanguardas latino-americanas*: polêmicas, manifestos e textos críticos. São Paulo: Edusp, 2008.

SCHWARTZMAN, Simon; BOMENY, Helena & COSTA, Vanda Maria Ribeiro. *Tempos de Capanema*. São Paulo: Paz e Terra; Edusp, 1984.

SCHWARZ, Roberto. *Que horas são?* São Paulo: Companhia das Letras, 2006.

SIMMEL, Georg. *O conflito da cultura moderna e outros escritos*. São Paulo: Senac, 2013.

_____. A aventura. In: SOUZA, Jessé & OËLZE, Berthold (Orgs.). *Simmel e a modernidade*. Brasília: Ed. UnB, 1998.

SKINNER, Quentin. *As fundações do pensamento político moderno*. São Paulo: Companhia das Letras, 1999.

SOUZA, Eneida Maria de. *A pedra mágica do discurso*. Belo Horizonte: Ed. UFMG, 1999.

SOUZA, Gilda de Mello e. *Exercícios de leitura*. São Paulo: Duas Cidades; Ed. 34, 2009.

_____. *A ideia e o figurado*. São Paulo: Duas Cidades; Ed. 34, 2005.

_____. *O tupi e o alaúde*. São Paulo: Duas Cidades; Ed. 34, 2003.

STAROBINSKY, Jean. *Montaigne em movimento*. São Paulo: Companhia das Letras, 1993.

SÜSSEKIND, Flora. *Tal Brasil, qual romance?* Uma ideologia estética e sua história: o naturalismo. Rio de Janeiro: Achiamé, 1984.

SWIDLER, Ann. Cultural power and social movements. In: JOHNSTON, Hank & Klandermans, Bert (Eds.). *Social movements and culture*. Minneapolis: University of Minnesota Press, 1995.

_____. Culture in action: symbols and strategies. *American Sociological Review*, v. 51, n. 2, p. 273-286, 1986.

TARASANTCHI, Ruth Sprung. Paim, um artista nacionalista. *Revista do Instituto de Estudos Brasileiros*, n. 29, p. 101-110, 1988.

TARROW, Sidney. *O poder em movimento*: movimentos sociais e confronto político. Petrópolis: Vozes, 2009.

TRAVASSOS, Elizabeth. *Os mandarins milagrosos*: arte e etnografia em Mário de Andrade e Béla Bartok. Rio de Janeiro: Jorge Zahar; Funarte, 1997.

TEIXEIRA, Maurício de Carvalho. *Torneios melódicos*: poesia cantada em Mário de Andrade. Tese (Doutorado em Literatura Brasileira). Universidade de São Paulo, São Paulo, SP, 2007.

TILLY, Charles. *Coerção, capital e estados europeus*: 990-1992. São Paulo: Edusp, 1996.

TILLY, Charles & TARROW, Sidney. *Contentious politics*. 2a ed. New York: Oxford University Press, 2015.

TONI, Flávia Camargo. O Ensaio sobre música brasileira – campanha e campana. In: ANDRADE, Mário de. *Ensaio sobre música brasileira*. Organização, estabelecimento de texto e notas Flávia Camargo Toni. São Paulo: Edusp, 2020.

_____. A primeira fase de Ariel, uma revista de música. *Revista Música Hodie*, Goiânia, v. 15, n. 1, p. 154-170, 2015.

_____. Revistas musicais estrangeiras e compositores modernos na biblioteca de Mário de Andrade. *Remate de Males*, Campinas, v. 33, n. 1-2, p. 225-244, 2013.

_____. Introdução. In: ANDRADE, Mário de. *A enciclopédia brasileira*. Edição crítica e estudo Flávia Camargo Toni. São Paulo: Giordano; Loyola; Edusp, 1993.

_____. *O pensamento musical de Mário de Andrade*. Tese (Doutorado em Artes). Universidade de São Paulo, 1990.

TOURAINE, Alain. *Le retour de l'acteur*. Paris: Fayard, 1984.

_____. *La production de la société*. Paris: Éditions du Seuil, 1973

VALENTINI, Luísa. *Um laboratório de antropologia*: o encontro de Mário de Andrade, Dina Dreyfuss e Claude Lévi-Strauss em São Paulo (1935-1938). Dissertação (Mestrado em Antropologia Social). Universidade de São Paulo, São Paulo, SP, 2010.

VILLAS BÔAS, Glaucia. Ascese e prazer: Weber *versus* Sombart. In: *A recepção da sociologia alemã no Brasil*. Rio de Janeiro: Topbooks, 2006, p. 29-57.

VIVEIROS DE CASTRO, Eduardo. "Que temos nós com isso?". In: AZEVEDO, Beatriz. *Palimpsesto selvagem*. São Paulo: Cosac Naify, 2016.

_____. *A inconstância da alma selvagem e outros ensaios de antropologia*. São Paulo: Cosac & Naify, 2002.

WAIZBORT, Leopoldo. Introdução. In: WEBER, Max. *Os fundamentos racionais e sociológicos da música*. São Paulo: Edusp, 1995.

WEBER, Max. *Metodologia das ciências sociais*. Parte 2. 5a ed. São Paulo: Cortez; Campinas: Ed. Unicamp, 2015.

_____. *Os fundamentos racionais e sociológicos da música*. São Paulo: Edusp, 1995.

WISNIK, José Miguel. O ensaio impossível. In: MICELI, Sergio & MATTOS, Franklin de (orgs.). *Gilda*: a paixão pela forma. Rio de Janeiro: Ouro sobre Azul; São Paulo: Fapesp, 2007.

_____. Machado maxixe: o caso Pestana. *Teresa. Revista de Literatura Brasileira*, v. 4, n. 5, p. 13-79, 2003.

_____. *O coro dos contrários*. São Paulo: Duas Cidades, 1983.

_____. *Dança dramática (poesia/música brasileira)*. Tese (Doutorado em Teoria Literária e Literatura Comparada). Universidade de São Paulo, São Paulo, SP, 1979.

ZEM EL-DINE, Lorenna Ribeiro. *A alma e a forma do Brasil*: o modernismo paulista em verde-amarelo (anos 1920). Tese (Doutorado em História das Ciências e da Saúde). Casa de Oswaldo Cruz, Fundação Oswaldo Cruz, Rio de Janeiro, RJ, 2017.

POSFÁCIO
O PRESENTE É UMA NEBLINA VASTA

Andre Veiga Bittencourt (UFRJ)

Nos cem anos da Semana de Arte Moderna de São Paulo, como imaginar o Brasil depois do modernismo? Essa pergunta, da qual dificilmente conseguiremos escapar, admite ao menos duas leituras. Em uma delas pressupõe-se que o modernismo acabou: encerrado o modernismo, o que vem a seguir? Em outra, ela se desloca do *fim* para o *começo*: o que acontece após o "impulso" modernista, quando o modernismo desencadeia uma série de novas interpretações e atitudes – interpretações sobre o Brasil, formas de compreender a cultura e sua relação com a sociedade, a modelagem de determinadas concepções sobre o papel dos artistas e intelectuais? Creio que o livro que acabamos de ler nos convida a refletir sobre essa segunda possibilidade.

Teorias sociológicas dos movimentos sociais têm interpretado o que ocorre "depois" de deflagradas ou acionadas sequências de ação coletiva a partir da noção de "ciclos de confronto" ou "ciclos de mobilização". Os ciclos são uma forma de entender as ações coletivas não como eventos isolados, mas sim como processos que ocorrem a longo prazo, uma forma de inclusive dar conta das mudanças que os próprios movimentos operam na estrutura de oportunidades – criando incentivos para a ação, mas também restrições – gerando ressignificações simbólicas, código e contracódigos, além de novos atores e aprendizados sociais. Ao conceberem o modernismo enquanto um movimento cultural, André Botelho e Maurício Hoelz propõem que o modernismo atuou na criação de interesses e identidades que interagiram e seguem interagindo com diversas dimensões da vida social; e fez isso mobilizando, reforçando ou transformando as gramáticas e os repertórios artísticos, intelectuais e políticos disponíveis. Nesse sentido, o modernismo existe para além dele, mas isso que está além dificilmente existiria "apesar" do modernismo.

Há uma *boutade* de Mário de Andrade que talvez resuma bem isso tudo. Ao criticar o livro *Estética do Modernismo*, de Ascendino Leite, Mário notava que as gerações mais jovens estariam maldizendo o modernismo e recusando qualquer influência do movimento. Esses jovens seriam "verdadeiros recordistas do salto sem vara". Por trabalhar com a dimensão do processo, o que a sociologia nos permite ver é justamente como não existe essa modalidade de salto sem vara. Caso contrário, o que ocorreria seria um salto no vazio – num "vazio de relações sociais", para usar um termo que reaparece algumas vezes no livro. Ações, práticas ou rotinas exigem a mobilização de repertórios, esse conjunto de criações culturais compartilhadas e aprendidas. Isso, claro, não implica que esse aprendizado se dê sem conflitos. Como podemos acompanhar ao longo de toda a obra, o conflito está mesmo no cerne da vida e da mudança social.

Mas afinal, qual a imagem de Mário de Andrade que emerge da leitura de *O modernismo como movimento cultural* e permite situá-lo dentro dessa leitura sociológica mais ampla sobre o modernismo?

A figura de Mário de Andrade impõe respeito e é bastante sedimentada. Suas fotos e pinturas destacavam sua altura avantajada, o queixo pronunciado, os óculos arredondados, ora sentado na escrivaninha cheia de livros, ora junto a um piano, sempre de terno e gravata. Ou ainda, a imagem do circunspecto professor de música, funcionário público e pesquisador minucioso do folclore brasileiro. Para não falarmos da figura onipotente do modernismo, como os grandiloquentes "títulos" recebidos, como "papa do modernismo", "glória revolucionária" ou "divino futurista", os dois últimos nas palavras de Oswald de Andrade. Se a seriedade do trabalho intelectual e a capacidade de liderança de Mário parecem incontestes, o que lemos nas páginas de *O modernismo como movimento cultural* é um alargamento e complexificação de certos lugares comuns sobre o intelectual. A começar por um Mário muito mais titubeante, marcado por dúvidas, idas e vindas, assim como por derrotas e fracassos.

Se é verdade que Mário foi um dos protagonistas da Semana de 1922 e do modernismo em geral, também foi ele o responsável por escrever o próprio testamento de sua geração, naquele que provavelmente é um dos textos mais perturbadores da literatura brasileira, "O movimento modernista", lido na Casa do Estudante do Brasil em 1942 e marcado pela desilusão com o voluntarismo dos jovens modernistas 20 anos antes, como destacam os autores. Se também procede que Mário assumiu cargos de prestígio na estrutura do Estado como gestor público da cultura, tendo, portanto, a rara oportunidade de institucionalizar uma parcela de seus projetos democratizantes, acompanhamos no livro seus dramas e fracassos ao esbarrar com a orientação autoritária da ditadura do Estado Novo. Mesmo seu trabalho mais conhecido, *Macunaíma*, que foi imediatamente resenhado e reconhecido (para o bem ou para o mal) pela crítica especializada, sofreu de um tipo curioso de recepção – assim lemos no capítulo 4 – que distorcia as intenções do autor, traía o sentido geral da obra (como na análise de Alceu Amoroso Lima, cuja relação com Mário é minuciosamente recuperada na troca de cartas entre os dois) e era cooptada para uma batalha com a qual Mário não se interessava ou mesmo não concordava, como no caso da antropofagia de Oswald.

Mais do que tudo, o Mário de Andrade que emerge da leitura de *O modernismo como movimento cultural* é o intelectual aberto para as contingências, mais afeito a perguntas do que a respostas peremptórias. Em trecho de um dos prefácios nunca publicados de *Macunaíma*, citado por André e Maurício, Mário sugere que "o presente é uma neblina vasta". Dificilmente teríamos uma frase mais concisa para expressar o sentimento de incerteza que palpitava no escritor. Como se mover?

Há mesmo algo de precário nessa experiência. Qual é, afinal, a obra de Mário de Andrade? Há os livros de poemas, claro. Há *Macunaíma*, sem dúvida alguma. Só isso, provavelmente já seria suficiente para marcar o escritor na história da literatura produzida no Brasil. No entanto, um dos aspectos mais significativos do livro que acabamos de ler diz respeito ao material trabalhado. André e Maurício estudam correspondências, anteprojetos de lei, críticas musicais, artigos circunstanciais, além de um projeto interrompido, *Na pancada do ganzá*, que inclusive ganha lugar central no argumento dos autores. Não se trata apenas de uma questão técnica, de definir o que é ou não é uma obra, mas metodológica. Ao valorizar materiais normalmente pouco explorados ou vistos como inacabados (e, portanto, usualmente tomados como inferiores na hierarquia dos textos), os autores destacam muito mais a dimensão do processo, daquilo que está sendo feito e desfeito a todo instante, do que a monumentalização de uma Obra (com maiúscula) como uma substância estável. Daí a impressão que temos de um Mário de Andrade em movimento, porque a metodologia valoriza justamente a contingência do arquivo em detrimento do já-pronto.

Como consequência do método, vemos também um Mário que se realiza em gêneros considerados menores – sobretudo se comparados com a poesia e o romance – como a crítica musical e a epistolografia. Sobre a segunda, é verdade que muito já foi dito, e voltaremos a ela mais adiante. Mas gostaria de destacar a centralidade assumida pela música e pela crítica de circunstância, escrita "sobre o joelho no intervalo das horas". Em mais uma aparente contradição, Mário tanto recusava seus próprios escritos em jornais anteriores aos anos 1940 quanto afirmava o enorme potencial do gênero. No livro que lemos, a crítica musical permite ao menos duas aberturas interpretativas: de um lado, ela expõe a militância cotidiana de Mário dentro da incipiente imprensa musical da época, sobretudo na revista *Ariel*, na qual escreveu sob diferentes pseudônimos que dialogavam entre si. A ênfase aqui é no "cotidiano", que mais do que nos grandes momentos (como a Semana de 1922), expressa propriamente o labor do intelectual paulista. O escritor argentino Ricardo Piglia (2000:141) já assinalou que a crítica é a "forma moderna da autobiografia", uma vez que "o crítico é aquele que encontra sua vida no interior dos textos que lê". No caso de Mário, a crítica musical também parecia ser uma forma particular de escrever e encontrar a si mesmo, sobretudo o Mário multiplicado (e também fraturado) dos "trezentos, trezentos-e-cinquenta". No entanto, além de encontrar a si mesmo, Mário ao mesmo tempo encontrava os outros na música – e aqui entramos na segunda abertura musical que o livro propicia. É sobretudo *através* da música, entendida no livro enquanto um "código simbólico estruturante", que acompanhamos a particular "interpretação do Brasil" que André e Maurício perseguem no autor.

Creio que a ideia-chave aqui é a de "escuta", termo que aparece diversas vezes ao longo do livro. Formado no Conservatório Dramático e Musical de São Paulo, professor de piano e frequentador de concertos, Mário treinou e aperfeiçoou seu ouvido profissionalmente. Se essa prática foi fundamental, o que lemos é Mário escutando (e sentindo) sons que desafiavam o treinamento erudito que recebeu. Embora atravesse todo o livro (como na leitura do *Ensaio sobre música brasileira* e de *Macunaíma*), é na refinada discussão sobre o ritmo que a sutil dimensão da escuta ganha seu máximo relevo. Esse é um dos grandes temas do projeto inacabado *Na pancada do ganzá*, que organizaria os estudos de Mário sobre a cultura popular brasileira desde a viagem ao Nordeste em 1928-1929, especialmente atento às danças dramáticas e às várias "músicas de feitiçaria", como as de procedência africana, o catimbó e os "pontos de macumba". Como demonstram os autores, Mário passou a surpreender (escutar) nessa diversidade de músicas populares uma série de recursos, sobretudo um uso específico da síncopa, capazes de criar deformações, ora mais sutis, ora mais agressivas, no padrão rítmico europeu. Esses encontros insubmissos marcariam uma forma particular e possível de estar no mundo (ou de "entrar no mundo", como diz uma das epígrafes do livro), um mundo marcado pela violência colonial e pela diáspora de africanos sequestrados e escravizados. Mário escuta porque efetivamente percebe sons e ritmos que os ouvidos "bem-educados" dificilmente alcançariam, e neles decifra (no sentido de que interpreta uma cifra) muito das dinâmicas sociais e culturais brasileiras. Mas Mário também escuta porque está aberto a ouvir o que os sujeitos subalternizados pelo colonialismo e pelas elites burguesas e aristocráticas (como as que animaram o próprio modernismo paulista) têm a dizer.

Notemos que não há nenhum tipo de estabilidade "nacional" aqui. O que há é um conjunto de *relações* em devir. Mário de Andrade, afinal, observa a cultura popular produzida no Brasil através de um "procedimento contrapontístico", para usar termo caro aos autores. Embora não apareça citado (e a ideia do contraponto seja "nativa" em Mário de Andrade), é difícil não lembrarmos da proposta de Edward Said de uma "leitura em contraponto" para pensar as relações entre cultura e imperialismo, o que pressupõe "que uma totalidade cultural não é coesa, mas que muitos setores importantes dela podem ser aprendidos operando juntos em contraponto" e onde "nenhuma identidade pode existir por si só, sem um leque de opostos, oposições e negativas" (Said, 2011). Na interpretação das culturas de Mário de Andrade não há ponto seguro – não há, portanto, alavanca de Arquimedes possível para sustentar o mundo. É nesse sentido que noções como "originalidade", "autenticidade" ou "identidade", termos usualmente lembrados quando se pensa em Mário de Andrade, são complexificadas em O modernismo como movimento cultural. Ao invés de recusar a "cópia" em busca de uma "originalidade", o que interessa a Mário (e a André e Maurício, ao estudá-lo) é pensar os deslizamentos, traduções e conflitos das relações culturais. É assim que o Aleijadinho pode ser lido como um "imitador perspicaz" (e genial) que deforma o modelo estético europeu, ou que o maxixe pode ser compreendido a partir de repetições, com diferença, da polca e da habanera. Ou ainda Macunaíma, que tem em sua própria fatura formal a cópia, a bricolagem e a deformação, a começar pela narrativa de Theodor Koch-Grünberg, Vom Roraïma zum Orinoco.

O método da escuta em contraponto de Mário de Andrade reforça o caráter de contingência de seus escritos e de sua interpretação do Brasil. Ao contrário do intérprete da "identidade nacional" ou da brasilidade, saímos do livro com a impressão de que Mário mais questionava do que efetivamente buscava qualquer entidade nacional estável. Ou que buscou para entender que não era disso que, afinal, se tratava. Que essa não era a pergunta que deveria ser feita. Expressões fortes como a famosa "imundice de contrastes" dão conta justamente dessas incertezas. Mas Mário sabia – e nisso estava sua maior certeza – que para descolonizar o Brasil, torná-lo mais diverso e menos desigual, era preciso agir. Era necessário ocupar as instituições, como lemos no capítulo 5, e também forjar novas gerações ativas e comprometidas com a mudança, como lemos no capítulo de encerramento do livro. Mas não é à toa que a criação de um *self* modernista, ou seja, de modelos de conduta capazes de se tornarem práticas, tenha como premissa antes a "deseducação", como apontam os autores.

As cartas de Mário, justamente cartas, que trazem em si a eterna incerteza do recebimento e aprofundam o diálogo, funcionaram como esse veículo. O que importa ressaltar é que a troca de cartas fazia parte de um aprendizado social mais vasto, aprendizado coletivo e aberto. Não há *telos*. Lidas com atenção, como fazem André e Maurício, vemos que Mário oferece conselhos, faz reprimendas, é severo, orienta, sim, seus jovens interlocutores de Minas Gerais. Mas a relação com cada um deles, o que está em jogo em cada conversa, em cada envelope rasgado, é único. E Mário também escuta.

Há uma passagem famosa de Georg Simmel, autor importante para o livro que acabamos de ler, que diz o seguinte: "Sei que irei morrer sem herdeiros espirituais (e é bom que seja assim). Meu espólio é como uma herança em dinheiro vivo, que é dividida entre muitos herdeiros: cada um converte a sua parte em alguma aquisição de acordo com a sua natureza, de modo que não se pode enxergar a sua proveniência daquele espólio" (Simmel apud Waizobrt, 2007). É provável que Mário tenha tido melhor sorte do que Simmel. Mas sua herança também se dividiu entre muitos herdeiros, cada qual fazendo usos específicos daquilo que foi recebido, a tal ponto que há Mários em lugares insuspeitos. Nos cem anos da Semana de Arte Moderna, talvez a questão que realmente importe é o que selecionaremos dessa herança e, principalmente, o que *nós* faremos com ela. O verde-amarelo, o marco temporal e as estátuas bandeirantes mostram que os debates, os conflitos e as estruturas de poder de um século atrás seguem se repondo, às vezes com a mesma roupagem. Aquela "neblina vasta" que atormentava Mário no passado também nos atormenta no presente. Mas na neblina, é importante lembrar, sempre poderemos continuar nos movendo desde que saibamos reconhecer de onde vêm os sons.

Rio de Janeiro, setembro de 2021

Piglia, Ricardo. *Formas breves*. Barcelona: Editorial Anagrama, 2000.

Said, Edward. *Cultura e imperialismo*. São Paulo: Companhia das Letras, 2011.

Waizbort, Leopoldo. Simmel no Brasil. *Dados*, v. 50, n. 1, 2007.

LEIA TAMBÉM:

Os sociólogos
De Auguste Comte a Gilles Lipovetsky

Sarah Silva Telles e Solange Luçan de Oliveira (organizadoras)

Após as edições sobre autores clássicos de Filosofia, História e Comunicação, a Editora Vozes e a Editora PUC-Rio lançam os *Clássicos das Ciências Sociais*. Já publicamos o volume 1, *Os antropólogos*. Neste volume 2 é a vez de *Os sociólogos*. Está prevista ainda a publicação de *Os cientistas sociais* (volume 3).

A coleção respeitou a divisão das Ciências Sociais nas suas três áreas clássicas: Antropologia, Sociologia e Ciência Política. Apesar da existência de autores que transitam entre elas, como os sociólogos políticos ou os sociólogos antropólogos, optou--se por dividir os autores nas três áreas pela necessidade de cobrir ao mesmo tempo as possibilidades intelectuais contidas nas Ciências Sociais e o número expressivo de seus autores clássicos.

Esse volume oferece uma coletânea de ensaios assinados pelos malores especialistas brasileiros sobre a vida e a obra dos autores clássicos da Sociologia, cobrindo de Auguste Comte (1798-1857) a Gilles Lipovetsky (1944). Cada ensaio traz os seguintes conteúdos: o sociólogo e seu tempo; percurso e influências; conceitos básicos de seu pensamento; e suas principais obras publicadas.

Em todos os volumes publicados até aqui a proposta é a mesma: expor e explicar o pensamento dos autores clássicos de cada área a partir de um ensaio introdutório, escrito por um especialista, com uma linguagem clara e acessível, precisa e rigorosa.

Modernidade, pluralismo e crise de sentido
A orientação do homem moderno

Peter L. Berger e Thomas Luckmann

Essa importante obra produzida por dois renomados sociólogos, Peter L. Berger e Thomas Luckmann, volta agora ao mercado com projeto gráfico e capa reformulados.

Segundo os autores, a característica de nosso tempo é a convulsão das certezas e o questionamento das identidades. A crescente velocidade com que se desenvolvem as sociedades modernas agrava esta tendência por uma transformação cada vez mais intensa das estruturas familiares e das certezas baseadas na experiência. O saber tradicional, como o transmitem a Igreja, a escola, a família ou o Estado, envelhece com maior rapidez. As instituições tradicionais de orientação vão sendo suplementadas, quando não substituídas, por novas. Os conflitos entre as diferentes ofertas de orientação são resolvidos no "mercado"; os fins e os conteúdos da vida fazem concorrência uns com os outros, de modo que neste contexto as orientações que se pretendem eficazes devem responder ao desafio de tornar compatíveis certos conceitos da vida que sejam válidos para o indivíduo com outras indicações que apoiem a condição comunitária da sociedade.

Se a crise de sentido no mundo atual surge dos processos de modernização, pluralização e secularização da sociedade, talvez a solução esteja nas instituições intermediárias, que fazem a ponte entre o indivíduo e o macrossistema social. "Somente quando as instituições intermediárias contribuírem para que os padrões subjetivos de experiência e de ação dos indivíduos participem da discussão e estabelecimento de sentido será possível evitar que as pessoas se sintam totalmente estranhas no mundo moderno; e somente então será possível evitar que a identidade das pessoas individuais e a coesão intersubjetiva das sociedades sejam ameaçadas ou, até mesmo, destruídas pela afecção de crises da Modernidade."

Peter L. Berger e **Thomas Luckmann** *são sem dúvida dois dos sociólogos mais importantes da atualidade. Nasceram na Europa. Berger em Viena e Luckmann na Eslovênia. Emigraram ambos para os Estados Unidos, tornando-se cidadãos americanos. Encontraram-se no curso de pós-graduação na New School for Social Research, onde seriam professores em 1963. Começa nesse ano estreita colaboração, que culmina na publicação em coautoria do famoso livro* The Social Construction of Reality. *Nova York, Doubleday, 1966 (em português* A construção social da realidade, Vozes) *e de três artigos sobre sociologia da religião, identidade pessoal, secularização e pluralismo. Depois disso, Berger ficou nos Estados Unidos e Luckmann foi para a Alemanha. A distância – o Oceano Atlântico entre os dois – impedia a realização de estudos empíricos em comum. Apesar da relativa diferença de interesses e de estudos, produziram em colaboração este fecundo estudo,* Modernidade, pluralismo e crise de sentido.

CULTURAL

Administração
Antropologia
Biografias
Comunicação
Dinâmicas e Jogos
Ecologia e Meio Ambiente
Educação e Pedagogia
Filosofia
História
Letras e Literatura
Obras de referência
Política
Psicologia
Saúde e Nutrição
Serviço Social e Trabalho
Sociologia

CATEQUÉTICO PASTORAL

Catequese
Geral
Crisma
Primeira Eucaristia

Pastoral
Geral
Sacramental
Familiar
Social
Ensino Religioso Escolar

TEOLÓGICO ESPIRITUAL

Biografias
Devocionários
Espiritualidade e Mística
Espiritualidade Mariana
Franciscanismo
Autoconhecimento
Liturgia
Obras de referência
Sagrada Escritura e Livros Apócrifos

Teologia
Bíblica
Histórica
Prática
Sistemática

REVISTAS

Concilium
Estudos Bíblicos
Grande Sinal
REB (Revista Eclesiástica Brasileira)

VOZES NOBILIS

Uma linha editorial especial, com importantes autores, alto valor agregado e qualidade superior.

PRODUTOS SAZONAIS

Folhinha do Sagrado Coração de Jesus
Calendário de mesa do Sagrado Coração de Jesus
Almanaque Santo Antônio
Agendinha
Diário Vozes
Meditações para o dia a dia
Encontro diário com Deus
Guia Litúrgico

VOZES DE BOLSO

Obras clássicas de Ciências Humanas em formato de bolso.

CADASTRE-SE
www.vozes.com.br

EDITORA VOZES LTDA.
Rua Frei Luís, 100 – Centro – Cep 25689-900 – Petrópolis, RJ
Tel.: (24) 2233-9000 – Fax: (24) 2231-4676 – E-mail: vendas@vozes.com.br

UNIDADES NO BRASIL: Belo Horizonte, MG – Brasília, DF – Campinas, SP – Cuiabá, MT
Curitiba, PR – Fortaleza, CE – Juiz de Fora, MG – Petrópolis, RJ – Recife, PE – São Paulo, SP